FINAL
HSKK
실전 모의고사
저자 최은정

고급

시사중국어사

FINAL HSKK
실전 모의고사 고급

초판인쇄	2025년 12월 10일
초판발행	2025년 12월 20일
저자	최은정
감수	解梦宇
편집	연윤영, 주민경, 최미진, 徐洁
펴낸이	엄태상
디자인	이건화, 공소라
조판	이서영
콘텐츠 제작	김선웅, 장형진
마케팅	이승욱, 노원준, 조성민, 이선민, 김동우
경영기획	조성근, 최성훈, 김로은, 최수진, 오희연
물류	정종진, 윤덕현, 신승진, 구윤주
펴낸곳	시사중국어사(시사북스)
주소	서울시 종로구 자하문로 300 시사빌딩
주문 및 교재 문의	1588-1582
팩스	0502-989-9592
홈페이지	http://www.sisabooks.com
이메일	book_chinese@sisadream.com
등록일자	1988년 2월 12일
등록번호	제300 – 2014 – 89호

ISBN 979-11-5720-295-9 14720
 979-11-5720-293-5(set)

＊ 이 책의 내용을 사전 허가 없이 전재하거나 복제할 경우 법적인 제재를 받게 됨을 알려 드립니다.
＊ 잘못된 책은 구입하신 서점에서 교환해 드립니다.
＊ 정가는 표지에 표시되어 있습니다.

저자의 말

말하기는 일종의 기능이다.

중국어 듣기를 아무리 잘하고 독해 수준이 높다고 해도 말을 자연스럽게 잘하기는 어렵다. 중국어를 오래 배우거나 중국에 가서 연수나 유학을 한다 해도 자연스럽게 말하기가 좋아지지는 않는다. 물론 중국에서 생활하게 되면 가격 흥정 등 일상 생활에서 자주 사용하는 말은 익숙해지겠지만, 단순히 생존 중국어를 잘하게 되었다고 해서 어떤 주제에 대해 논리적으로 말할 수 있는 실제 말하기 능력이 향상되었다고는 할 수 없다. 말하기는 마치 피아노를 치는 것처럼 반복적인 연습과 훈련을 통해서만 얻어지는 일종의 기능이다.

그렇다면 말하기를 잘하기 위해서는 어떻게 해야 할까?

1. 학습의 단위를 단어가 아닌 문장으로 해야 한다.

중국어를 말할 때 한국어를 먼저 떠올린 후, 중국어 단어를 떠올리고, 다시 중국어 문장을 만들려고 하면 두 가지 문제가 생긴다. 하나는 생각하는 시간이 너무 오래 걸린다는 점, 다른 하나는 원어민이 쓰지 않는 어색한 문장을 만든다는 점이다. 이런 문제를 해결하기 위한 가장 좋은 방법은 문장 암기를 시작하는 것이다. 그래야만 내가 전달하고자 하는 표현을 통째로 말로 뱉을 수 있고, 진짜 중국어다운 중국어를 구사할 수 있다.

2. 소리 내서 공부하는 습관을 길러야 한다.

앞에서 말했듯이 입을 사용해 말해야만 말하기를 잘할 수 있다. 평소에 좋은 문장이나 말하고 싶었던 표현이 있으면 입에서 술술 나올 때까지 반복해서 말하는 습관을 기르자. 우리가 배우고 있는 것은 중국 '어(語)', 즉 언어라는 사실을 항상 잊지 말자.

3. HSK와 HSKK 학습을 분리하지 말자.

많은 학생이 HSK와 HSKK를 따로 공부하려 한다. 하지만 HSK에는 우리가 평소 회화에 적용할 수 있는 많은 표현과 문장이 있다. 저자의 경우 대학 시절 HSK를 공부할 때 듣기 지문을 소리 내어 암기했고, 이후 말하기 실력이 비약적으로 향상된 적이 있다. 소리 내어 공부하는 방식이 습관이 되면 HSKK 시험을 별도로 준비하지 않아도 문제 유형만 익혀서 충분히 좋은 성적을 취득할 수 있다.

HSKK를 위해 필요한 내용만 담았다!

HSKK 또한 어휘·어법 방면의 지식이 필요하기에 자칫 잘못하면 HSK 종합서와 같은 방대한 내용을 포함한 해설서가 되어 버릴 수 있다. 이 책을 쓰는 과정에서 가장 고민했던 부분이기도 하다. 따라서 이 책은 HSKK에 자주 출제되는 시험 유형을 철저히 분석하여, 시험 응시를 위해 반드시 알아야만 하는 지식 포인트와 응시 요령을 모두 담았다. HSKK 시험 준비를 위해 이 책 한 권이면 충분하다고 자신 있게 말하고 싶다.

저자 최은정

목차

- 저자의 말 3
- 목차 4
- 이 책의 특징 6
- HSKK란? 9
- HSKK 고급 소개 10
- HSKK IBT 일러두기 11
- HSKK 고급 응시 전략 16
- 시험 보기 전! 중요 포인트 정리 18

실전 모의고사

제1회	27
제2회	31
제3회	35
제4회	39
제5회	43
제6회	47
제7회	51
제8회	55
제9회	59
제10회	63

모범 답안 및 해설

제1회	68
제2회	82
제3회	94
제4회	106
제5회	119
제6회	132
제7회	146
제8회	158
제9회	171
제10회	184

이 책의 특징

● 응시 전략 및 중요 포인트 정리

시험에 응시하기 전에 확인하면 좋은 HSKK 고급 응시 전략과 핵심 어법 포인트를 교재 앞부분에 준비했습니다.

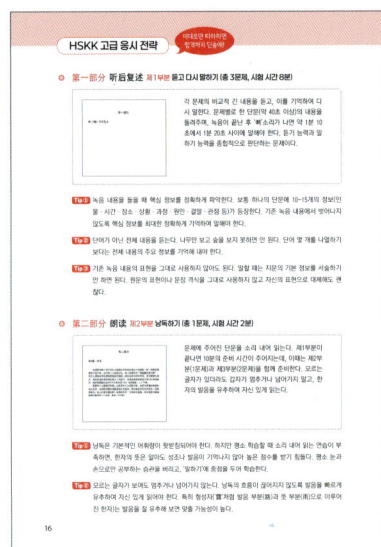
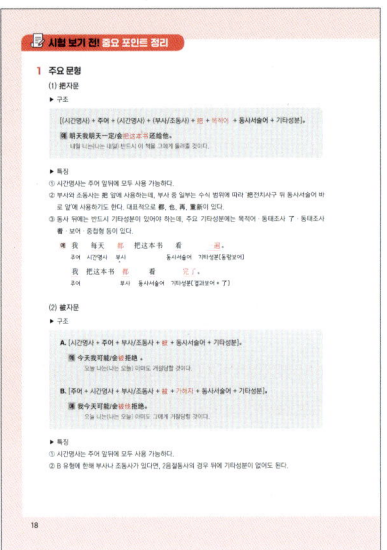

● 실전 모의고사 10회분

실전 감각을 기르기 위한 모의고사 10회분을 준비했습니다.
문제의 QR 코드를 스캔해서 MP3 음원을 들으며,
실제 시험처럼 제한 시간 안에 문제를 풀어 봅니다.

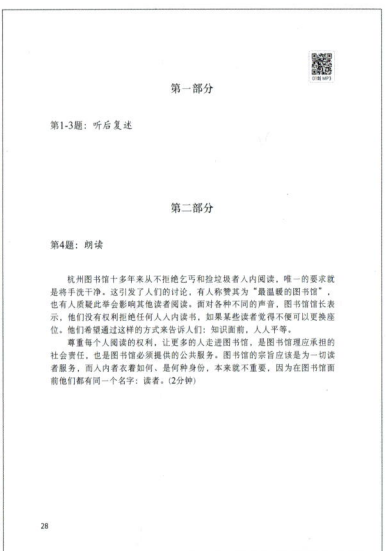

모범 답안 및 해설

제1부분은 들려주는 내용을 한 문장씩 분석하였습니다. 불필요한 부분은 생략하고, 어려운 단어는 쉬운 단어로, 긴 문장은 간결하게 요약하는 풀이 방법으로 정리했습니다. 또한 반드시 활용해야 하는 구문은 따로 정리하여 그 뜻을 명확히 알고, 예시 문장으로 복습도 할 수 있습니다.

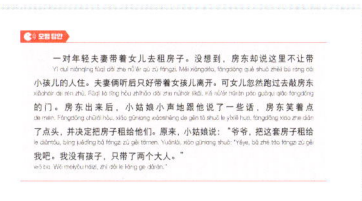

제2부분은 긴 문장을 읽을 때에도 발음이 정확할 수 있게 끊어 읽을 수 있는 곳을 표시했습니다. 또한 고급 실력자일수록 놓치기 쉬운 성조 변화 부분은 색으로 표시했으니, 참고하여 연습한다면 낭독에서 높은 점수를 받을 수 있습니다.

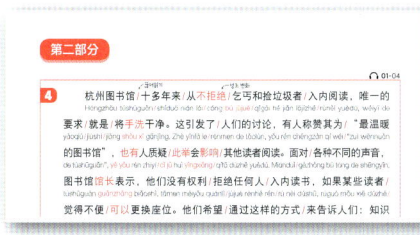

이 책의 특징

제3부분은 한국어로 문단의 맥락을 먼저 구성한 후, 각 맥락의 주제에 맞게 모범 답안을 정리했습니다. 高级版/简单版 또는 질문의 주제에 맞게 모든 답안을 2가지로 제시하였기 때문에 수험자에게 적합한 답안으로 연습할 수 있습니다.

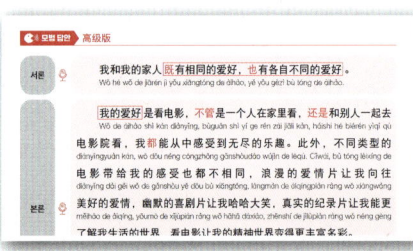

일러두기

· 다양한 버전의 MP3 음원

매회 모의고사와 모범 답안 첫 페이지에 있는 QR코드를 스캔하여 음원을 확인하실 수 있으며, 영역별로 다양한 버전의 음원을 듣고 듣기 실력을 향상할 수 있습니다. 또는 홈페이지(https://www.sisabooks.com/chn/)에 로그인 후, 교재명을 검색하여 음원 파일을 내려 받아 활용해 보세요.

· 품사 정리

명사	명	형용사	형	접속사	접
고유명사	고유	부사	부	감탄사	감
동사	동	수사	수	조사	조
조동사/능원동사	조동	양사	양	이합동사	이합사
대사	대	전치사/개사	전	성어	성

HSKK란?

1 개요

중국어 말하기 능력 평가 시험인 HSKK(中文水平口语考试, HSK Speaking Test)는 중국 교육부령에 의거, 중국 교육부에서 시험 출제·채점·성적표 발급을 맡고 있다. 중국어가 모국어가 아닌 응시생이 일상생활·학습·업무 등의 화제에서 중국어로 타인과 교류하는 능력을 중점적으로 평가한다.

2 등급별 수준

HSKK 등급	HSK 등급	수준	어휘량	상응 평가 기준	
				국제중국어 능력기준	유럽언어공동 참고프레임(CEF)
HSKK 고급	HSK 6급	중국어로 듣고 이해하는 데 수월하며, 자신의 견해를 유창하게 표현할 수 있다.	약 3,000개	5급	C급
	HSK 5급				
HSKK 중급	HSK 4급	원어민과의 교류에서 비교적 유창한 중국어 회화를 진행할 수 있다.	약 900개	3·4급	B급
	HSK 3급				
HSKK 초급	HSK 2급	익숙한 일상생활의 화제에 대해 기본적인 중국어 회화가 가능하다.	약 200개	1·2급	A급
	HSK 1급				

3 시험 방식 및 준비물

▶ IBT : 지정 고사장에서 컴퓨터로 시험 보는 방식
▶ 홈테스트 : 수험생 개인 컴퓨터로 온라인 시험 시스템에서 시험 보는 방식
　　　　　　(마이크 사용 가능한 개인 헤드셋 준비 필요함)
▶ 준비물 : 수험표 및 유효한 신분증

4 성적 확인 및 성적표

▶ 시험일로부터 약 1개월 후 중국고시센터(www.chinesetest.cn) 또는 한국사무국(www.hsk.or.kr)에서 성적 조회가 가능하다.
▶ 개인 성적표는 '시험일로부터 45일 후'에 수령할 수 있다.
▶ 해당 시험의 성적은 시험일로부터 2년간 유효하다.

HSKK 고급 소개

1 시험 수준 및 응시 대상

① HSKK 고급의 수준은 HSK 5, 6급에 해당하며, 《국제중국어능력기준》의 5급 또는 《유럽언어공동참고프레임》 C급에 상응한다.
② 매주 2~3시간씩 2년 이상 중국어를 학습하고, 약 3,000개의 상용 어휘와 관련 어법 지식을 마스터한 응시자를 대상으로 한다.
③ 중국어를 듣고 이해하는 데 문제가 없으며 원어민과의 교류에서 자신의 견해를 유창하게 표현할 수 있다.

2 시험 구성 및 상세 내용

시험 내용		문항 수	시험 시간
응시자 정보(이름·국적·수험 번호 등) 응답하기			
제1부분	듣고 다시 말하기	3문항	8분
준비 시간(제2부분~제3부분)			10분
제2부분	낭독하기	1문항	2분
제3부분	질문에 대답하기	2문항	5분
총계		6문항	약 25분

▶ 100점 만점으로 총점이 60점 이상이면 합격이다.
▶ 성적은 시험일로부터 2년간 유효하다.

HSKK IBT 일러두기

1 시험 시작 전

① 수험표 번호로 고사장 위치 확인 후, 입구에서 좌석 확인하기
② 감독관의 안내에 따라 응시자 정보 및 시험 유의사항 확인하기
③ 언어 선택하기

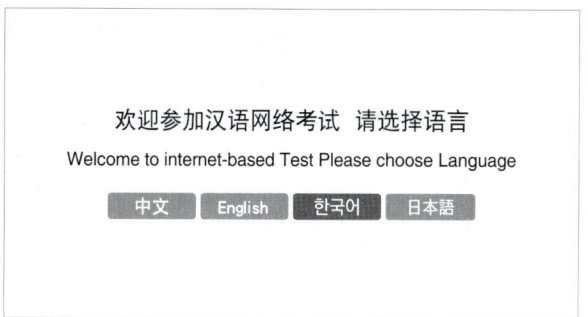

④ 시험 당일 모니터 하단에 부착된 수험 번호와 비밀번호로 로그인하기

⑤ 헤드셋 음량 및 마이크 테스트하기

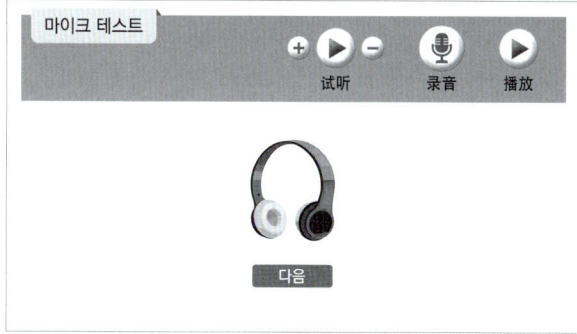

▶ 테스트 듣기(试听): 헤드셋이 잘 들리는지 확인할 수 있습니다.
　　　　　　　　양쪽의 +, - 버튼을 눌러서 볼륨을 조절해 봅니다.
▶ 녹음(录音): 클릭해서 녹음이 되는지 확인해 봅니다. 다시 누르면 녹음이 정지됩니다.
▶ 녹음 재생(播放): 클릭해서 자신의 목소리가 잘 녹음되었는지 확인해 봅니다.
　　　　　　　　다시 누르면 재생이 정지됩니다.

⑥ 시험 시작하기

: 시험 문제는 자동으로 내려 받아지며, '다음' 버튼을 클릭하면 '대기화면'이 보이고, 시험 시작 1분 전에 제1부분이 보입니다.

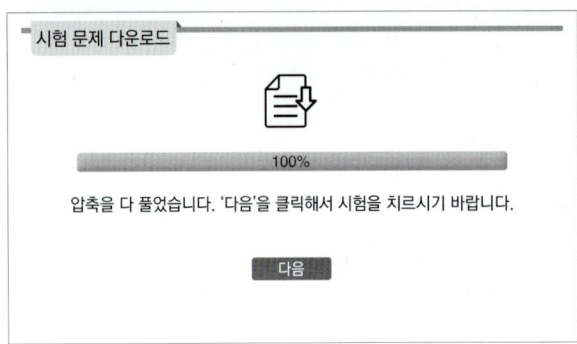

2 시험 시작 후

① 응시자 정보 질의 응답

: 위의 시험 화면 예시를 보고, 아래의 질문에 따라 자신의 정보를 대답한다.

Q1	Nǐhǎo, nǐ jiào shénme míngzì? 你好，你叫什么名字? 안녕하세요. 당신의 이름은 무엇인가요?	A1	Wǒ jiào_____. 我叫_____。 저는 _____입니다.
Q2	Nǐ shì nǎ guó rén? 你是哪国人? 당신은 어느 나라 사람인가요?	A2	Wǒ shì Hánguórén. 我是韩国人。 저는 한국인입니다.
Q3	Nǐ de xùhào shì duōshǎo? 你的序号是多少? 당신의 수험번호는 몇 번인가요?	A3	Wǒ de xùhào shì _____. 我的序号是_____。 저의 수험번호는 _____입니다.

HSKK IBT 일러두기

② **제1부분 시험 시작**

: 제1부분(3문항) 문제 설명이 끝나면 1번 문제가 시작된다. 1번 문제의 녹음 내용이 나온 후 '삐'소리가 들리면 제한 시간(약 1분 30초) 내에 대답한다. 말하기 시작하면 마이크 볼륨이 활성화된다. 1번 문제가 끝나면 바로 2번 문제와 3번 문제가 차례로 시작된다.

> 现在开始第一到三题。每题你会听到一段话，请在"嘀"声后复述这段话。现在开始第一题。
>
> 그럼 지금부터 1번~3번 문제를 시작합니다. 문제별로 한 단락의 내용을 듣게 됩니다. '삐'소리가 들린 후에 이 단락의 말을 다시 말해 보세요. 지금부터 1번 문제를 시작합니다.

③ **제2~3부분 준비하기**

: 10분동안 제2부분과 제3부분의 답을 준비할 수 있다. 메모장에는 중국어로만 표기할 수 있다.

> 现在开始准备第四到六题，可以在试卷上写提纲。准备时间为十分钟。
>
> 그럼 지금부터 4번~6번 문제를 준비하세요. 시험지에 요점을 메모해도 좋습니다. 준비 시간은 10분입니다.

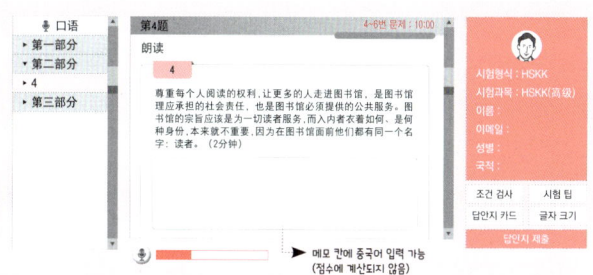

Tip 중국어 입력 방법

- [Alt] + [Shift] 또는 [Alt] + [Space Bar] 키를 누르면 중국어 자판으로 변경된다.
- 발음 [ǔ]의 중국어는 알파벳 v를 입력하면 된다. 예 旅游 lǔyóu → 'lvyou' 입력하기
- 중국어의 문장부호 '、'는 컴퓨터 자판 오른쪽 부분의 [₩] 키를 입력하면 된다.
- 컴퓨터로 한어병음 입력기 sogou를 다운로드하여 미리 연습해 본다.

④ 제2부분 시험 시작

: 준비 시간이 끝나면 바로 제2부분(1문항)이 시작된다. 화면에 보이는 4번 문제의 지문을 약 2분 동안 낭독한다. 우측 상단의 남은 시간을 확인하면서 대답한다.

 准备时间结束。现在开始朗读第四题。 준비 시간이 끝났습니다. 지금부터 4번 문제를 낭독하세요.

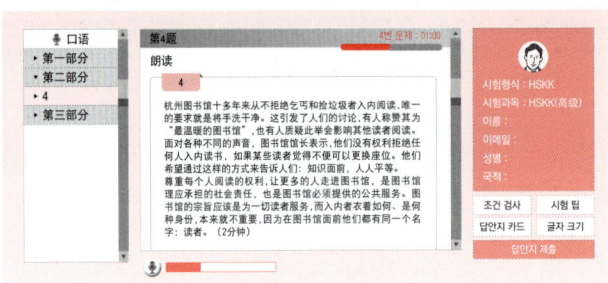

⑤ 제3부분 시험 시작

: 제3부분(2문항)의 5번 문제가 시작되면 약 2분 30초 동안 대답한다. 5번 문제가 끝나면 바로 6번 문제가 시작된다. 6번 문제도 약 2분 30초 동안 대답한다.
6번 문제의 대답을 차례로 말한다. 우측 상단의 남은 시간을 확인하면서 대답한다.

 第四题结束，现在开始回答第五题。 4번 문제가 끝났습니다. 지금부터 5번 문제의 답변을 시작하세요.

 第五题结束，现在开始回答第六题。 5번 문제가 끝났습니다. 지금부터 6번 문제의 답변을 시작하세요.

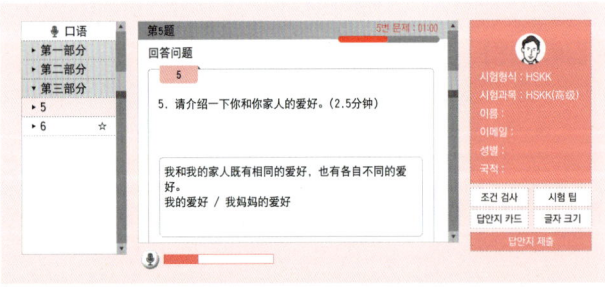

⑥ 시험 종료

: 화면에 시험 종료 안내 문구가 나오면, 자리를 정리한 후 고사장에서 나간다. 시험이 끝나기 전까지 우측 하단의 **답안지 제출** 버튼을 절대 누르지 않는다.

 好，考试现在结束，谢谢你！ 이제 시험이 끝났습니다. 감사합니다!

시험 종료
이제 시험이 끝났습니다. 감사합니다!

HSKK 고급 응시 전략

이대로만 따라하면 합격까지 단숨에!

◯ **第一部分 听后复述** 제1부분 듣고 다시 말하기 (총 3문제, 시험 시간 8분)

각 문제의 비교적 긴 내용을 듣고, 이를 기억하여 다시 말한다. 문제별로 한 단문(약 40초 이상)의 내용을 들려주며, 녹음이 끝난 후 '삐'소리가 나면 약 1분 10초에서 1분 20초 사이에 말해야 한다. 듣기 능력과 말하기 능력을 종합적으로 판단하는 문제이다.

Tip ① 녹음 내용을 들을 때 핵심 정보를 정확하게 파악한다. 보통 하나의 단문에 10~15개의 정보(인물·시간·장소·상황·과정·원인·결말·관점 등)가 등장한다. 기존 녹음 내용에서 벗어나지 않도록 핵심 정보를 최대한 정확하게 기억하여 말해야 한다.

Tip ② 단어가 아닌 전체 내용을 듣는다. 나무만 보고 숲을 보지 못하면 안 된다. 단어 몇 개를 나열하기보다는 전체 내용의 주요 정보를 기억해 내야 한다.

Tip ③ 기존 녹음 내용의 표현을 그대로 사용하지 않아도 된다. 말할 때는 지문의 기본 정보를 서술하기만 하면 된다. 원문의 표현이나 문장 격식을 그대로 사용하지 않고 자신의 표현으로 대체해도 괜찮다.

◯ **第二部分 朗读** 제2부분 낭독하기 (총 1문제, 시험 시간 2분)

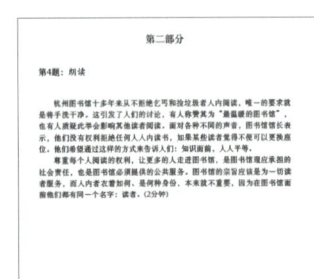

문제에 주어진 단문을 소리 내어 읽는다. 제1부분이 끝나면 10분의 준비 시간이 주어지는데, 이때는 제2부분(1문제)과 제3부분(2문제)을 함께 준비한다. 모르는 글자가 있더라도 갑자기 멈추거나 넘어가지 말고, 한자의 발음을 유추하여 자신 있게 읽는다.

Tip ① 낭독은 기본적인 어휘량이 뒷받침되어야 한다. 하지만 평소 학습할 때 소리 내어 읽는 연습이 부족하면, 한자의 뜻은 알아도 성조나 발음이 기억나지 않아 높은 점수를 받기 힘들다. 평소 눈과 손으로만 공부하는 습관을 버리고, '말하기'에 중점을 두어 학습한다.

Tip ② 모르는 글자가 보여도 멈추거나 넘어가지 않는다. 낭독의 흐름이 끊어지지 않도록 발음을 빠르게 유추하여 자신 있게 읽어야 한다. 특히 형성자('露'처럼 발음 부분(路)과 뜻 부분(雨)으로 이루어진 한자)는 발음을 잘 유추해 보면 맞출 가능성이 높다.

Tip ③ 끊어 읽어야 하는 곳에서 정확히 끊어 읽는다. 즉, '停顿'은 낭독에서 매우 중요한 요소이다. 기본적으로 쉼표·마침표·물음표·느낌표가 있으면 끊어 읽는다. 긴 문장에서 문장 구조에 따라 끊어 읽어야 하는 포인트가 있는데, 이를 잘 판단하려면 문장 구조를 분석하는 능력이 필요하다.

第三部分 回答问题 제3부분 질문에 대답하기 (총 2문제, 시험 시간 5분)

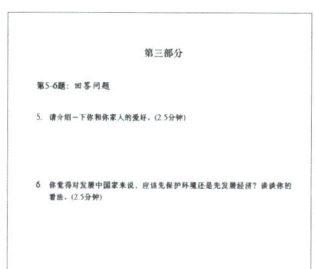

컴퓨터 화면에 보이는 중국어 질문에 대답하면 된다. 총 2문제가 출제되는데, 첫 번째 문제는 주로 서술 유형의 대답을, 두 번째 문제는 주로 논술 유형의 대답을 요구한다.

Tip ① 먼저 질문의 핵심 대답을 정한다. 예를 들어, '당신의 주말을 소개해 주세요.'라는 질문에는 '휴식', '전쟁은 평화를 위한 것이라는 관점에 당신은 동의하는가?'라는 질문에는 '동의함' 혹은 '동의하지 않음'처럼 핵심 대답을 미리 정한다. 그리고 그 대답을 중심으로 다른 내용을 추가한다.

Tip ② 제3부분은 서술의 논리성이 가장 중요하다. 흐름이 정리되지 않은 상태에서 서술하면, 횡설수설하거나 갑자기 말을 끝내는 표현을 써서 대답이 너무 짧아질 수 있다. 제3부분을 준비할 때는 **'서론-본론-결론'**을 지켜, 세 단락으로 서술해 본다. 각 단락에서 무엇을 말할지를 미리 정해두고, 전체적인 이야기의 연관성과 논리성을 유지하며 말해 본다.

예시

- 서론 : 평소에 바쁘기 때문에 주로 휴식함
- 본론 : 이유1 : 늦잠을 잠
  이유2 : 집에서 영화를 봄
  이유3 : 음식을 주문해서 먹음
- 결론 : 주말의 휴식을 통해 한 주 동안 일할 에너지를 얻음

- 메모장 : 呆在家里休息，睡懒觉，在家看电影，点外卖，获得正能量

FINAL TIP!

막상 시험장에 가면 주변 응시자가 말하는 소리 때문에 내 소리가 잘 안 들려 당황할 수 있다. 대답할 때는 큰 소리로 또박또박 말하고, 평소 시끄러운 곳에서도 말하기 연습을 해 본다.

📝 시험 보기 전! 중요 포인트 정리

1 주요 문형

(1) 把자문

▶ 구조

> [(시간명사) + 주어 + (시간명사) + (부사/조동사) + 把 + 목적어 + 동사서술어 + 기타성분]。
>
> 예 明天我明天一定会把这本书还给他。
>   내일 나는(나는 내일) 반드시 이 책을 그에게 돌려줄 것이다.

▶ 특징

① 시간명사는 주어 앞뒤에 모두 사용 가능하다.
② 부사와 조동사는 把 앞에 사용하는데, 부사 중 일부는 수식 범위에 따라 '把전치사구 뒤 동사서술어 바로 앞'에 사용하기도 한다. 대표적으로 都, 也, 再, 重新이 있다.
③ 동사 뒤에는 반드시 기타성분이 있어야 하는데, 주요 기타성분에는 목적어·동태조사 了·동태조사 着·보어·중첩형 등이 있다.

> 예   我   每天   都   把这本书   看   一遍。
>   주어   시간명사 부사   동사서술어 기타성분[동량보어]
>
>   我   把这本书   都   看   完了。
>   주어   부사 동사서술어 기타성분[결과보어 + 了]

(2) 被자문

▶ 구조

> **A.** [시간명사 + 주어 + 부사/조동사 + 被 + 동사서술어 + 기타성분]。
>
> 예 今天我可能会被拒绝。
>   오늘 나는(나는 오늘) 아마도 거절당할 것이다.
>
> **B.** [주어 + 시간명사 + 부사/조동사 + 被 + 가해자 + 동사서술어 + 기타성분]。
>
> 예 我今天可能会被他拒绝。
>   오늘 나는(나는 오늘) 아마도 그에게 거절당할 것이다.

▶ 특징

① 시간명사는 주어 앞뒤에 모두 사용 가능하다.
② B 유형에 한해 부사나 조동사가 있다면, 2음절동사의 경우 뒤에 기타성분이 없어도 된다.

(3) 比자문

▶ 구조

    A. [주어 + 比 + 비교 대상 + 서술어]。

        예 今天比昨天冷。 오늘이 어제보다 춥다.

    B. [주어 + 比 + 비교 대상 + 更/还 + 서술어]。

        예 今天比昨天更冷。 오늘이 어제보다 더 춥다.

    C. ┌ 주어 + 比 + 비교 대상 + 서술어 + 很多/得多/多了(많이) ┐
          │   (一)点儿/(一)些(조금) │
          └   수량사 ┘。

        예 今天比昨天冷很多/得多/多了。 오늘이 어제보다 많이 춥다.
           今天比昨天冷(一)点儿/(一)些。 오늘이 어제보다 조금 더 춥다.
           今天比昨天冷三度。 오늘이 어제보다 3도 더 춥다.

▶ 특징

① B 유형에서 서술어 앞에 일반적인 정도부사 很, 非常, 十分, 真, 太 등을 절대 사용하지 않는다.

② 比 앞이나 서술어 앞에 조동사 要를 사용할 수 있지만, 의미에는 크게 영향을 주지 않는다.

    예 今天要比昨天冷。

(4) 연동문

연동문은 하나의 주어에 두 개 이상의 동사가 이어지는 문형이다. 이때 동사는 시간의 흐름에 따라 나열하면 된다.

▶ 구조

    A. [동사1(去/来/到)……동사2(목적)……]

        예 我 去 吃 饭。 나는 밥을 먹으러 간다.
            동사1 동사2

    B. [동사1(수단이나 방식: 坐/骑/开/用)……동사2……]

        예 我们 用 汉语 聊 天儿。 우리는 중국어를 사용해서 이야기한다.
             동사1   동사2

    C. [동사1(수단이나 방식)……동사2(去/来/到)……동사3(목적)……]

        예 我 坐 飞机 去 中国 学 汉语。 나는 비행기를 타고 중국에 중국어를 공부하러 간다.
             동사1   동사2   동사3

(5) 겸어문

겸어문은 두 개의 문장이 연결된 문형으로, 이 때 我는 서술어1의 목적어와 서술어2의 주어를 겸하고 있기 때문에 '겸어'라고 부르며, 이런 문형을 '겸어문'이라고 한다.

▶ 구조

		주어	서술어2	목적어2
他	让	我	去	中国。
주어	서술어1	목적어1		

(6) 강조문

是……的 강조구문은 동사가 아닌 그 배경이 되는 시간·장소·방식·목적 등을 강조하고자 할 때 강조 포인트 앞에 是를 쓰고 동사 뒤에 的를 쓰는 문형이다.

▶ 구조

[是 + 시간/장소/방식/목적 + 동사서술어 + 的 (목적어)].

▶ 특징

① 是를 생략할 수 있음

　예 他(是)昨天来的。 그는 어제 왔다.

② 부정형은 不是……的를 사용

　예 他不是昨天来的。 그는 어제 온 것이 아니다.

③ 목적어가 있는 경우 的는 목적어 앞뒤에 모두 사용 가능함

　예 他(是)昨天来的中国。 / 他(是)昨天来中国的。 그는 어제 중국에 왔다.

2 주요 관련사

(1) 병렬의 표현

표현	해설	예제
既(又)A，又(又)B	A하기도 하고 B하기도 하다 → A, B는 동사나 형용사 → 같은 주어	她既漂亮，又聪明。 그녀는 예쁘기도 하고, 똑똑하기도 하다
既(也)A，也(也)B	A하기도 하고 B하기도 하다 → A, B는 동사 → 다른 주어도 가능	他既学习，也工作。 그는 공부도 하고, 일도 한다. 他既没去过，我也没去过。 그는 가보지 않았고, 나도 가보지 않았다.
(一)边A，(一)边B	A하면서 B하다 → A, B는 동작동사만 가능 → B가 핵심동작	我一边看电视，一边吃饭。 나는 영화보면서, 밥을 먹는다. 我们边走边说。 우리는 걸으면서 말한다.

(2) 점층의 표현

표현	해설	예제
不但/不仅/不光/不只/ 不单A，而且주어也/ 还B	A할 뿐만 아니라 B하다	他不但会说英语，也会说汉语。 그는 영어 뿐만 아니라, 중국어도 할 수 있다.
不但不/不但没(有)A， 주어反而/反倒B	A하지 않을 뿐만 아니라 오히려 B하다	这样做不但不会解决矛盾，反而会增加矛盾。 이렇게 하면 갈등을 해결할 수 없을 뿐만 아니라, 오히려 갈등이 커질 것이다.

(3) 전환의 표현

표현	해설	예제
虽然/虽说/尽管/ 别看A，但是주어却/ 倒/也/还是B	비록 A하지만, 그러나 (그래도) B하다	他虽然病了，但还是去上课了。 그는 비록 아팠지만, 그래도 수업에 갔다.
固然A，但是주어也B	물론 A하지만, 그러나(또한) B하다	学习固然重要，但不能忽视身体健康。 공부는 물론 중요하지만, 건강을 소홀히 할 수는 없다.

(4) 가정·가설의 표현

표현	해설	예제
如果/要是/万一/假如/假使/假若/若(是)/倘若/一旦 A，那(么)주어就/便/则 B	[가정] 만약 A한다면 B하다 → A는 발생하지 않았거나 현실에 부합되지 않는 일 → B는 A로 인한 변화를 강조	如果明天下雨，我们就不去了。 만약 내일 비가 오면, 우리는 안 갈래.
即使/即便/就是/就算/哪怕/纵然 A，주어也 B	[가설] 설령 A해도 B하다 → A는 발생하지 않았거나 현실에 부합되지 않는 일 → B가 변화하지 않음을 강조	即使明天下雨，我们也要去。 설령 내일 비가 오더라도, 우리는 가야 한다.
幸亏 A，要不然/要不/不然/不然的话/要不然的话/否则주어 B	A해서 다행이지, 그렇지 않으면 B할 뻔하다 → B가 가정. 발생하지 않았거나 현실에 부합되지 않는 일	幸亏你提醒我，要不然我就忘了。 네가 나에게 알려줘서 다행이지, 그렇지 않으면 잊어버릴 뻔했어.

(5) 조건의 표현

표현	해설	예제
① 只有/除非/唯有/惟有 A，주어才 B ② 除非 A，要不然/要不/不然/不然的话/要不然的话/否则주어 B	① 오직 A해야만 B하다 ② 오직 A해야지, 그렇지 않으면 B하다 → 유일 조건을 나타냄	① 只有努力学习，才能成功。 오직 열심히 공부해야만, 성공할 수 있다. ② 除非努力学习，要不然不能成功。 오직 열심히 공부해야지, 그렇지 않으면 성공할 수 없다.
只要 A，주어就/便/则 B	A하기만 하면 B하다 → 충분 조건을 나타냄	只要努力学习，就能成功。 열심히 공부하기만 하면, 성공할 수 있다.
不管/无论/不论 A，주어都/也 B	A에 관계없이 B하다 → A에는 반드시 다음 중 한가지 표현이 있어야 함 ★ ① 의문사 ② (是) A 还是 B ③ 정반의문문 ④ 명사의 나열 ⑤ 양면사	① 不管怎么样，我都得去。 어떻든 간에 내가 가야만 한다. ② 不管是大人还是小孩，都要来帮忙。 성인이든 아이든 관계없이, 모두 와서 도와줘야 해요. ③ 不论这个菜好不好吃，你都得吃。 이 음식이 맛이 있든 없든 관계없이, 너는 모두 먹어야 한다. ④ 不管春夏秋冬，各种蔬菜都很新鲜。 봄·여름·가을·겨울에 관계없이, 각종 채소가 모두 신선하다. ⑤ 不管天气好坏，我们都得去。 날씨가 좋든 안 좋든 관계없이, 우리는 모두 가야만 한다.

(6) 인과의 표현

표현	해설	예제
因为A，所以주어B 由于A，所以/因此/因而주어B	A하기 때문에 B하다 → 원인 + 결과	因为身体不好，所以他没来上课。 몸이 좋지 않기 때문에 그는 수업에 오지 않았다.
之所以B，是因为/是由于A	B한 것은 A하기 때문이다 → 결과 + 원인	他之所以没来上课，是因为身体不好。 그가 수업에 오지 않은 것은 몸이 좋지 않기 때문이다.
既然A，那(么)주어就/便/则B	이미 A한 바에야 B하다	既然你一定要去，那就去吧。 이미 너가 꼭 간다고 했으니, 그럼 그렇게 해라.

(7) 선택의 표현

표현	해설	예제
(是)A，还是B	A이냐 B이냐? (하나만 선택)	你(是)去中国，还是去日本? 너는 중국에 갈 거야 아니면 일본에 갈 거야?
或者A，或者B 要么A，要么B	A이거나 B이다 (둘 다 가능)	或者你去，或者我去。 要么你去，要么我去。 너가 가거나, 내가 가거나.
① 不是A，就是B 　除了A，就是B ② 不是A，(而)是B	① A가 아니면 B이다 ② A가 아니고 B이다	① 他上班不是骑车就是步行。 　그는 자전거 타는 거 아니면 걸어서 출근한다. ② 他上班不是骑车而是步行。 　그는 자전거를 타지 않고 걸어서 출근한다.

(8) 목적의 표현

표현	해설	예제
为了A，B	A를 위해서 B하다 → 목적 + 행동	为了取得好成绩，他拼命地学习。 좋은 성적을 얻기 위해서, 그는 필사적으로 공부한다.
A，是为了/为的是B	A하는 것은 B를 위해서이다 → 행동 + 목적	他拼命地学习，是为了取得好成绩。 그가 필사적으로 공부하는 것은 좋은 성적을 얻기 위해서이다.
A，以免/免得B	B하지 않기 위해 A하다	自行车不要乱放，以免影响交通。 교통에 영향을 주지 않기 위해, 자전거를 아무렇게나 두면 안 된다.

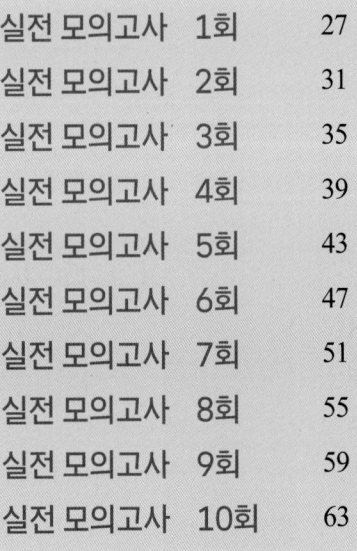

실전 모의고사 1회	27
실전 모의고사 2회	31
실전 모의고사 3회	35
실전 모의고사 4회	39
실전 모의고사 5회	43
실전 모의고사 6회	47
실전 모의고사 7회	51
실전 모의고사 8회	55
실전 모의고사 9회	59
실전 모의고사 10회	63

HSKK 고급
실전 모의고사

中文水平考试
HSK 口语(高级)
模拟试题(一)

注 意

一、 HSK口语(高级)分三部分:

1. 听后复述(3题,8分钟)

2. 朗读(1题,2分钟)

3. 回答问题(2题,5分钟)

二、 全部考试约25分钟(含准备时间10分钟)。

第一部分

第1-3题：听后复述

第二部分

第4题：朗读

  杭州图书馆十多年来从不拒绝乞丐和捡垃圾者入内阅读，唯一的要求就是将手洗干净。这引发了人们的讨论，有人称赞其为"最温暖的图书馆"，也有人质疑此举会影响其他读者阅读。面对各种不同的声音，图书馆馆长表示，他们没有权利拒绝任何人入内读书，如果某些读者觉得不便可以更换座位。他们希望通过这样的方式来告诉人们：知识面前，人人平等。
  尊重每个人阅读的权利，让更多的人走进图书馆，是图书馆理应承担的社会责任，也是图书馆必须提供的公共服务。图书馆的宗旨应该是为一切读者服务，而入内者衣着如何、是何种身份，本来就不重要，因为在图书馆面前他们都有同一个名字：读者。(2分钟)

第三部分

第5-6题：回答问题

5. 请介绍一下你和你家人的爱好。(2.5分钟)

6. 你觉得对发展中国家来说，应该先保护环境还是先发展经济？谈谈你的看法。(2.5分钟)

中文水平考试
HSK 口语(高级)
模拟试题(二)

注 意

一、 HSK口语(高级)分三部分:

    1. 听后复述(3题,8分钟)

    2. 朗读(1题,2分钟)

    3. 回答问题(2题,5分钟)

二、 全部考试约25分钟(含准备时间10分钟)。

第一部分

第1-3题：听后复述

第二部分

第4题：朗读

　　宽容是一种最美丽的情感，宽容是一种良好的心态，宽容也是一种崇高的境界。能够宽容别人的人，心胸像天空一样广阔，像大海一样深沉。宽容自己的家人、朋友、熟人容易，因为他们是我们爱的人。然而，宽容曾经深深地伤害过自己的人或自己的敌人，则是很难的，这也是宽容的最高境界，是人性中最美丽的花朵。
　　仇恨是一把双刃剑，在报复别人的同时，自己也同样受到伤害。心中装着仇恨的人生是痛苦而不幸的，只有放下仇恨选择宽容，心中才会出现一片纯净的"爱的天空"。
　　生活中我们每个人难免与别人产生摩擦、误会，甚至仇恨，这时别忘了在自己心里装满宽容。宽容是温暖明亮的阳光，可以融化内心的冰点，让这个世界充满浓浓的暖意。(2分钟)

第三部分

第5-6题：回答问题

5. 请介绍一下你们国家的传统节日。(2.5分钟)

6. 现代人称那些把每个月的工资都花光的人为"月光族"，谈谈你对这类人的看法。(2.5分钟)

中文水平考试
HSK 口语(高级)
模拟试题(三)

注 意

一、　HSK口语(高级)分三部分：

　　1. 听后复述(3题，8分钟)

　　2. 朗读(1题，2分钟)

　　3. 回答问题(2题，5分钟)

二、　全部考试约25分钟(含准备时间10分钟)。

第一部分

第1-3题：听后复述

第二部分

第4题：朗读

　　"读万卷书，行万里路"，"读书"和"行路"哪个更重要？古人都把"读万卷书，行万里路"作为一种境界，一种追求。它概括了每个人获得真知的途径，二者都能使人开阔眼界，增长知识和潜质。如果非要把二者分个高下，在我看来，还是读书更为重要。因为读万卷书能获得智慧，行万里路是增长阅历。生活体验可以上升为智慧，甚至可能比从书中获得的智慧更实用、更重要。但如果一个人没有一定的知识基础，阅历就只是阅历，不能上升为智慧。

　　举个例子，同样是游览长城，一个不识字的人大概只能说："长城啊！真是太长了！"而一个有学问的人，他面对长城，则容易联想到历史、想到人生的意义、想到国家的前途命运，这两者有着本质的不同。(2分钟)

第三部分

第5-6题：回答问题

5. 谈谈你心中理想的结婚对象。(2.5分钟)

6. 你认为在获得成功的因素中，天赋和努力相比，哪个更重要？(2.5分钟)

中文水平考试
HSK 口语(高级)
模拟试题(四)

注 意

一、 HSK口语(高级)分三部分:

　　1. 听后复述(3题，8分钟)

　　2. 朗读(1题，2分钟)

　　3. 回答问题(2题，5分钟)

二、 全部考试约25分钟(含准备时间10分钟)。

第一部分

第1-3题：听后复述

第二部分

第4题：朗读

  中国有这样一句话："悦人者众，悦己者王"。生活中有许多这样的人，他们为了达到自己的目的，往往会费尽心思去取悦他人，为他人而活，希望通过得到他人的肯定来成就自己。可一味去迎合他人的口味，失去了自己的个性，反而得不到他人的喜爱。

  其实，悦己者才是真正的王者。他们为自己而创作，活出自己的境界和风采，从而获得内心的愉悦和创作的乐趣。悦已者拥有独立的人格和独特的魅力，因为悦己而光彩四射、赢得更多人的关注。这样说来，悦己才能悦人。无论是在婚姻爱情、日常处事中，还是在艺术追求和人生追求中，都应该把悦己放在第一位。做好自己，让自己愉悦，他人才会尊重你。(2分钟)

第三部分

第5-6题：回答问题

5. 请描述一下你心目中理想的居住环境。(2.5分钟)

6. 你认为网络的出现让人们之间的距离变远了还是变近了？谈谈你的看法。(2.5分钟)

中文水平考试
HSK 口语(高级)
模拟试题(五)

注 意

一、 HSK口语(高级)分三部分：

1. 听后复述(3题，8分钟)

2. 朗读(1题，2分钟)

3. 回答问题(2题，5分钟)

二、 全部考试约25分钟(含准备时间10分钟)。

第一部分

第1-3题:听后复述

第二部分

第4题:朗读

　　在现在这样一个网络时代,"读网"已经成为很多人的习惯。网络虽然给生活带来了许多方便和趣味,然而,人们如果将大量的时间投入到网络虚拟空间里,内心反而难以沉静,容易浮躁不安。与社交网络相比,读书不仅能够使人远离纷扰的环境,保持内心平静,还可以使人感受世界,体验人生,有所收获。谈起读书,我们总是抱怨太忙,没时间,但我们偏偏又能挤出时间刷微博、发微信。"读网"是轻松的,可以一目十行,但脑子里不一定会留下印象;读书是深沉的,需要用心去理解和体会。所以,不是时间不够用,而是我们不愿意把时间花在"费脑子"的事情上。拒绝热闹的社交网络,抽出更多的时间读书,是需要勇气的。(2分钟)

第三部分

第5-6题：回答问题

5. 请你谈一谈吸烟有什么危害？(2.5分钟)

6. 现代社会一人户家庭越来越多，请你谈一谈对这一现象的看法。(2.5分钟)

中文水平考试
HSK 口语(高级)
模拟试题(六)

注 意

一、　　HSK口语(高级)分三部分:

　　　　1. 听后复述(3题, 8分钟)

　　　　2. 朗读(1题, 2分钟)

　　　　3. 回答问题(2题, 5分钟)

二、　　全部考试约25分钟(含准备时间10分钟)。

第一部分

第1-3题：听后复述

第二部分

第4题：朗读

　　一般来说，大多数人都认为自己的想法更有道理，往往过高评价和估计自己，这实际上是一种"乐观偏见"。很多实验证明，人们通常会把成功归因于自己的才能和努力，而失败是"运气不佳""问题本身就无法解决"等外部因素造成的。此外，当人们拿自己和别人比较时，也会出现乐观偏见，比如大多数人都认为自己的道德水平更高、更能胜任自己的工作等。
　　当然，乐观偏见对人类很有帮助。首先，它使人们远离抑郁。因为抑郁的人常把失败的原因指向自己。其次，它有助于缓解压力。认为自己比真实中的自我更聪明、更强大，在一定意义上是有利的，因为这种积极的信念能激励人们去努力，并在困境中保持希望。(2分钟)

第三部分

第5-6题：回答问题

5. 在生活中你有坐过站的经历吗？请说一说。(2.5分钟)

6. 你认为最近老年人和年轻人之间的代沟严重吗？(2.5分钟)

中文水平考试
HSK 口语(高级)
模拟试题(七)

注 意

一、 HSK口语(高级)分三部分：

　　1. 听后复述(3题，8分钟)

　　2. 朗读(1题，2分钟)

　　3. 回答问题(2题，5分钟)

二、 全部考试约25分钟(含准备时间10分钟)。

第一部分

第1-3题：听后复述

第二部分

第4题：朗读

　　近年来，中国不少高校开设了恋爱课程，该课程涉及心理学、恋爱方法、恋爱经济学、婚姻与家庭等方面，深受学生欢迎。如中国某大学开设了恋爱心理学选修课，这门选修课的选课人数累计超过一万人，老师会教授一些表白小妙招，课后作业之一就是写情书。

　　高校特意开设恋爱课，说明高校越来越重视大学生的心理健康。开设和爱情婚姻相关的课程是很有必要的。因为在恋爱交往中常会有很多矛盾冲突，大学生因为经验不足往往不能正确对待和处理。当然，讲授恋爱知识并不是让学生成为恋爱高手，而是运用心理学的方法，加深对自我的了解，对自我成长经历的探索，树立正确的婚恋观。(2分钟)

第三部分

第5-6题：回答问题

5. 请说一说你有没有收到过别人亲手做的礼物。(2.5分钟)

6. 你认为固定工作好，还是自由职业好？请谈谈你的看法。(2.5分钟)

中文水平考试
HSK 口语(高级)
模拟试题(八)

注 意

一、 HSK口语(高级)分三部分：

　　1. 听后复述(3题，8分钟)

　　2. 朗读(1题，2分钟)

　　3. 回答问题(2题，5分钟)

二、 全部考试约25分钟(含准备时间10分钟)。

第一部分

第1-3题：听后复述

第二部分

第4题：朗读

　　很多时候，一些孩子会被大人称作熊孩子。熊孩子指的是调皮的孩子，通常年龄小、不懂事，往往没有受过良好的教育。他们可能会删掉你辛辛苦苦写的文档、摔坏你的模型、划烂你的屏幕，把家里搞得一团糟，甚至还固执地要抢走你心爱的漫画、游戏……他们的叫喊声回荡在每一家饭馆和每一节车厢里。看到小孩儿表现得毫无礼貌，甚至做了一些不可理喻的、带有破坏性的事情时，家长会生气地说："这熊孩子"。

　　不过"熊孩子"并非在任何情况下都是惹人讨厌的代名词，有时候它也表示对调皮孩子的爱称。那些孩子调皮捣蛋、让人哭笑不得，但他们本身是带着善意的，带给人们更多的是快乐。(2分钟)

第三部分

第5-6题：回答问题

5. 当和别人发生矛盾时，你一般怎么做？(2.5分钟)

6. 你觉得有很多钱就会很幸福吗？谈谈你的看法。(2.5分钟)

中文水平考试
HSK 口语(高级)
模拟试题(九)

注 意

一、 HSK口语(高级)分三部分:

    1. 听后复述(3题,8分钟)

    2. 朗读(1题,2分钟)

    3. 回答问题(2题,5分钟)

二、 全部考试约25分钟(含准备时间10分钟)。

第一部分

第1-3题：听后复述

第二部分

第4题：朗读

　　一位作家说过："幸运的人一生都被童年治愈，不幸的人一生都在治愈童年。"童年对人的一生影响深远，如果这个阶段留下了美好回忆，那是非常珍贵和幸福的事情。同样的，童年时受到的伤害，也如同影子一样伴随人的一生。童年是人生最宝贵的阶段，会为人的一生奠定基础。中国有句俗语"三岁看大，七岁看老"，意思是说一个人在童年阶段所具有的性格和特质，基本上决定了其个体发展的轨迹与程度。经验总结和实证研究都表明这一观点具有一定的合理性。有很多人天赋一般，但由于家庭氛围幸福，童年愉快，也依然创造出了很大的成就。(2分钟)

第三部分

第5-6题：回答问题

5. 请介绍一下你最尊敬的人。(2.5分钟)

6. 现在很多人提倡简化婚礼，你同意这种观点吗? (2.5分钟)

中文水平考试
HSK 口语(高级)
模拟试题(十)

注 意

一、 HSK口语(高级)分三部分：

　　1. 听后复述(3题，8分钟)

　　2. 朗读(1题，2分钟)

　　3. 回答问题(2题，5分钟)

二、　全部考试约25分钟(含准备时间10分钟)。

第一部分

第1-3题：听后复述

第二部分

第4题：朗读

　　很多人有疑问，观看戏剧表演时第一排为什么不是最佳位置？离舞台越近，不是越能看清演员的神态和表情吗？其实，一台好的舞台剧，除了演员的表演，还有灯光、道具、舞美等因素。如果坐得太近，必然看不清舞台场面的整体变化。所以，坐得近不等于看得清。特别是在前几排，需要一直保持仰头的姿势，时间久了，脖子容易酸痛。另外，在观看一些需要雨雾配合的表演时，坐在前排的观众还可能会"不幸中招"。

　　因而所有剧场价位最高的都是五到八排。这部分区域离舞台不远不近，无论是演员表情的细微变化还是舞台场面的调度，都可以尽收眼底，是看剧的黄金位置。(2分钟)

第三部分

第5-6题：回答问题

5. 请介绍一下你的饮食习惯。(2.5分钟)

6. 你怎么看待上班族辞职以后去国外留学这一现象？(2.5分钟)

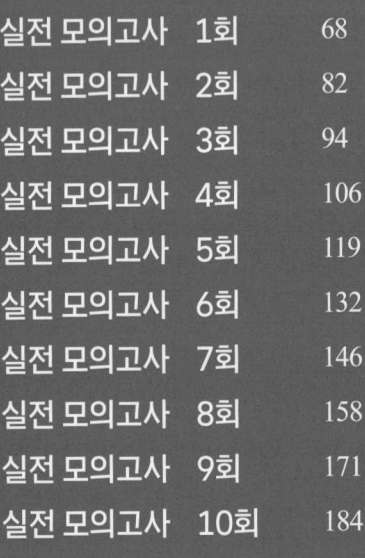

실전 모의고사 1회	68
실전 모의고사 2회	82
실전 모의고사 3회	94
실전 모의고사 4회	106
실전 모의고사 5회	119
실전 모의고사 6회	132
실전 모의고사 7회	146
실전 모의고사 8회	158
실전 모의고사 9회	171
실전 모의고사 10회	184

HSKK 고급 실전 모의고사
모범 답안 및 해설

실전 모의고사 1회

모범 답안 및 해설

第一部分

🎧 01-01

1 有对年轻夫妻带着女儿去租房子。没想到，房东却说这里不租给带小孩儿的住户。夫妻俩听后一脸无奈，只好带着女孩儿离开。可走到门口的时候女儿忽然跑过去敲房东的门。房东出来后，小姑娘在他耳边说了一番话，房东大笑着对小姑娘点了点头，并决定把房子租给他们。原来，小姑娘说："爷爷，把这套房子租给我吧。我没有孩子，只带了两个大人。"

해석 젊은 부부가 딸을 데리고 집을 구하러 갔는데, 뜻밖에도 집주인이 이곳은 어린 아이가 있는 집에는 세를 놓지 않는다고 말했다. 부부는 듣고서 체념하며 할 수 없이 딸을 데리고 떠났다. 하지만 입구에 이르렀을 때 딸이 갑자기 달려가 집주인의 문을 두드렸다. 집주인이 나오고 소녀는 그의 귓가에 말을 하였고, 집주인은 크게 웃으며 소녀를 향해 고개를 끄덕이고는 집을 그들에게 임대해 주기로 결정하였다. 알고 보니 소녀는 "할아버지, 이 방을 저에게 세를 놓으세요. 저는 아이가 없고 어른 두 명만 데리고 있거든요."라고 말했다.

어휘 夫妻 fūqī 명 부부 | 租 zū 동 세를 놓다, 세를 주다 | 住户 zhùhù 명 주민, 거주자 | 无奈 wúnài 동 어찌할 도리가 없다, 할 수 없다 | 忽然 hūrán 부 갑자기, 별안간 | 敲 qiāo 동 두드리다, 치다, 때리다 | 姑娘 gūniang 명 딸 | 点头 diǎntóu 이합사 머리를 끄덕이다 | 原来 yuánlái 부 1. 본래, 원래 2. 알고 보니

핵심요약

1. 有对年轻夫妻带着女儿去租房子。
   → 一对年轻夫妻带着女儿去租房子。
   → 一对夫妻带着女儿去租房子。

> **코너 속 어법 Tip**
> **목적의 연동문**
> 동사1 [来/去] + 동사2 [목적] : [목적]을 하기 위해 오다/가다
> 예) 学生们来教室上课。 학생들이 수업하기 위해 교실로 온다.

2. 没想到，房东却说这里不租给带小孩儿的住户。
   → 没想到，房东却说这里不让带小孩儿的人住。

3. 夫妻俩听后一脸无奈(제거)，只好带着女孩儿离开。
   → 夫妻俩听后只好带着女孩儿离开。

4. 可走到门口的时候女儿忽然跑过去敲房东的门。 (제거)
   → 可女儿忽然跑过去敲房东的门。

5. 房东出来后，小姑娘在他耳边说了一番话，房东大笑着对小姑娘点了点头，并决定把房子租给他们。 (제거, 제거)
   → 房东出来后，小姑娘小声地跟他说了一些话，房东笑着点了点头，并决定把房子租给他们。

> **코너 속 어법 Tip**
>
> 把 + 목적어 + 술어 + 给 + 사람 : ~을 ~에게 ~하다
>
> 예 我要把这本书送给朋友。 나는 이 책을 친구에게 선물하려고 한다.

6. 原来，小姑娘说："爷爷，把这套房子租给我吧。我没有孩子，只带了两个大人。"

> **코너 속 어법 Tip**
>
> **原来의 용법**
>
> ❶ 원래, 본래(= 本来) : 이전의 상황을 나타내면서 지금은 변화가 있음을 나타냄
>
> 예 她原来/本来身体不好，现在好多了。
> 그녀는 원래/본래 몸이 좋지 않았는데, 지금은 많이 좋아졌다.
>
> ❷ 알고 보니 : 잘못 알았던 사실을 바로 알았거나, 몰랐던 사실을 새롭게 알았음을 나타냄
>
> 예 我以为他是中国人，原来是韩国人。
> 나는 그가 중국사람인 줄 알았는데, 알고 보니 한국사람이다.

모범 답안

一对年轻夫妻带着女儿去租房子。没想到，房东却说这里不让带
Yí duì niánqīng fūqī dài zhe nǚ'ér qù zū fángzi. Méi xiǎngdào, fángdōng què shuō zhèli bú ràng dài

小孩儿的人住。夫妻俩听后只好带着女孩儿离开。可女儿忽然跑过去敲房东
xiǎoháir de rén zhù. Fūqī liǎ tīng hòu zhǐhǎo dài zhe nǚháir líkāi. Kě nǚ'ér hūrán pǎo guòqù qiāo fángdōng

的门。房东出来后，小姑娘小声地跟他说了一些话，房东笑着点
de mén. Fángdōng chūlái hòu, xiǎo gūniang xiǎoshēng de gēn tā shuō le yìxiē huà, fángdōng xiào zhe diǎn

了点头，并决定把房子租给他们。原来，小姑娘说："爷爷，把这套房子租给
le diǎntóu, bìng juédìng bǎ fángzi zū gěi tāmen. Yuánlái, xiǎo gūniang shuō: "Yéye, bǎ zhè tào fángzi zū gěi

我吧。我没有孩子，只带了两个大人。"
wǒ ba. Wǒ méiyǒu háizi, zhǐ dài le liǎng ge dàrén."

🎧 01-02

2 　　有个小孩儿到商店里买糖，总喜欢找同一个售货员。因为别的售货员都是先拿一大把去称，再把多余的糖拿走。而那个售货员，每次都先少拿一些糖，然后再一颗一颗往上加。虽然最后买到的糖数量一样，但小孩儿就是喜欢后者。这一"卖糖哲学"告诉我们：同样的付出，仅仅因为方法不同，其效果很可能会不一样。

해석　한 어린아이가 상점에서 사탕을 사면 늘 같은 판매원을 찾았다. 다른 판매원은 모두 먼저 크게 한 줌을 잡아 무게를 잰 후 나머지 부분을 덜어냈다. 하지만 그 판매원은 매번 적은 양의 사탕을 먼저 잡은 후 한 개 한 개 올려 더해주었다. 비록 마지막에 산 사탕의 수는 동일하지만 어린아이는 후자를 좋아했다. 이 '사탕 판매 철학'은 우리에게 같은 대가도 방법만 다르면 그 효과는 다를 것이라는 것을 알려준다.

어휘　糖 táng 명 1. 설탕 2. 사탕, 캔디 | 售货员 shòuhuòyuán 명 (상점 등의) 점원, 판매원 | 一大把 yí dà bǎ 한 움큼 | 称 chēng 동 (무게를) 달다 | 多余 duōyú 동 여분의, 나머지의 | 颗 kē 양 주로 둥글고 알갱이 모양의 물건을 세는 단위 | 哲学 zhéxué 명 철학 | 同样 tóngyàng 형 차이가 없다, 마찬가지이다, 서로 같다 | 付出 fùchū 동 (대가, 경비 따위를) 지불하다, 들이다 | 仅仅 jǐnjǐn 부 다만, 단지, 겨우 | 效果 xiàoguǒ 명 효과

핵심요약

1. 有个小孩儿到商店里买糖，总喜欢找同一个售货员。

2. 因为别的售货员都是先拿一大把去称，再把多余的糖拿走。
   → 因为别的售货员都是先拿很多去称，再把多的拿走。

   > **코너 속 어법 Tip**
   > 先 + 동사1 + 再 + 동사2 : 먼저 동사1하고 그런 다음 동사2하다
   > 예 我们先吃饭再说吧。우리 먼저 식사하고 그런 다음 얘기하자.

3. 而那个售货员，每次都先少拿 ~~一些~~ 糖，~~然后~~ 再一颗一颗往上加。
   → 而那个售货员，每次都先少拿糖，再一颗一颗地加。

   > **코너 속 어법 Tip**
   > 주어1······，而 + 주어2······。 : 而은 주어1과 주어2의 비교나 대조를 나타냄
   > 别的售货员······，而那个售货员······。 다른 판매원은 ~한다. 반면 그 판매원은 ~한다.

4. 虽然最后买到的糖数量一样，但小孩儿就是喜欢后者。
   → 虽然最后买到的糖一样多，但小孩儿更喜欢后者。

5. 这一"卖糖哲学"告诉我们：同样的付出，~~仅仅~~ 因为方法不同，~~其~~ 效果 ~~很~~ 可能会不一样。
   → 这个卖糖的方法告诉我们：付出的一样，因为方法不同，效果可能不一样。

> **코너 속 어법 Tip**
>
> **其의 용법**
>
> ❶ 3인칭대명사 : 他(们), 她(们), 它(们)
>
>   예 我们应该好好儿保护自然，<u>将其</u>留给后代。
>   = 把它
>   우리는 자연을 잘 보호하여, 그것을 후대에 남겨 주어야 한다.
>
> ❷ 3인칭대명사 + 的 : 他(们)的, 她(们)的, 它(们)的
>
>   예 她介绍了几位作家及<u>其</u>作品。 그녀는 몇 명의 작가 및 그들의 작품을 소개했다.
>   = 他们的

모범 답안

有个小孩儿到商店里买糖，总喜欢找同一个售货员。因为别的
Yǒu ge xiǎoháir dào shāngdiànli mǎi táng, zǒng xǐhuan zhǎo tóng yí ge shòuhuòyuán. Yīnwèi biéde

售货员都是先拿很多去称，再把多的拿走。而那个售货员，每次都
shòuhuòyuán dōu shì xiān ná hěn duō qù chēng, zài bǎ duō de názǒu. Ér nà ge shòuhuòyuán, měi cì dōu

先少拿糖，再一颗一颗地加。虽然最后买到的糖一样多，但小孩儿更喜欢
xiān shǎo ná táng, zài yì kē yì kē de jiā. Suīrán zuìhòu mǎidào de táng yíyàng duō, dàn xiǎoháir gèng xǐhuan

后者。这个卖糖的方法告诉我们：付出的一样，因为方法不同，效果可能
hòuzhě. Zhè ge mài táng de fāngfǎ gàosu wǒmen: Fùchū de yíyàng, yīnwèi fāngfǎ bù tóng, xiàoguǒ kěnéng

不一样。
bù yíyàng.

🎧 01-03

3 很多人做事时容易被干扰或诱惑，导致注意力分散。解决这一问题的最好办法是专注于某一件事。这就像洗衣机在甩干衣服时，只有高速旋转才能把水甩得干干净净。人也是一样，当你专心忙于某件事时，你的大脑就高速运转起来，把各种没用的想法甩得干干净净，自然就不会受外界干扰。

해석 많은 사람은 일을 할 때 쉽게 방해나 유혹에 의해 주의력이 분산되기 쉽다. 이 문제를 해결하는 가장 좋은 방법은 어떤 일에 집중하는 것이다. 이것은 세탁기가 옷을 탈수를 할 때 고속으로 회전해야만 물을 깨끗하게 털어낼 수 있는 것과 같다. 사람도 마찬가지로, 당신이 어떤 일에 집중하여 바쁠 때, 당신의 대뇌는 고속으로 회전하기 시작하고, 각종 쓸모 없는 생각을 깨끗하게 털어내어 자연스럽게 외부의 방해를 받지 않게 해줄 것이다.

어휘 干扰 gānrǎo 동 방해하다 | 诱惑 yòuhuò 동 유혹하다 | 导致 dǎozhì 동 (어떤 사태를) 야기하다, 초래하다 | 注意力 zhùyìlì 명 주의력 | 分散 fēnsàn 동 분산되다 | 专注 zhuānzhù 형 집중하다, 전념하다 | 甩 shuǎi 동 1. 내젓다, 흔들다, 휘두르다 2. 던지다, 투척하다 | 旋转 xuánzhuǎn 동 선회하다, 빙빙 돌다 | 专心 zhuānxīn 형 전심전력하다, 전념하다, 몰두하다 | 运转 yùnzhuǎn 동 1. 회전하다, 돌다 2. (기계가) 돌아가다, 작동하다, (기계를) 운전하다 | 外界 wàijiè 명 외부, 바깥 세계

핵심요약

1. 很多人做事时容易被干扰或诱惑，导致注意力分散。
   → 很多人做事时容易被打扰，结果注意力分散。

2. 解决这一问题的最好办法是专注于某一件事。 [제거]
   → 解决这个问题的最好方法是专心做一件事。

3. 这就像洗衣机在甩干衣服时，只有高速旋转才能把水甩得干干净净。 [제거][제거]
   → 就像洗衣机甩衣服时，只有快速地转动才能把水甩干净。

> **코너 속 어법 Tip**
> 只有A才B : 오직 A해야만 B하다 [유일 조건]
> 예 只有这样做才能解决问题。 오직 이렇게 해야만 문제를 해결할 수 있다.

4. 人也是一样，当你专心忙于某件事时，你的大脑就高速运转起来，把各种没用的想法甩得干干净净，自然就不会受外界干扰。 [제거][제거]
   → 人也一样，当你专心做事时，你的大脑就快速运转起来，甩掉没用的想法，自然就不会受到外界的影响。

> **코너 속 어법 Tip**
> 在/当……时/的时候/之时 : ~할 때
> 예 当遇到困难时，我们要保持平静。 어려움을 만났을 때, 우리는 평온함을 유지해야 한다.

모범 답안

很多人做事时容易被打扰，结果注意力分散。解决这个问题的最好方法
Hěn duō rén zuò shì shí róngyì bèi dǎrǎo, jiéguǒ zhùyìlì fēnsàn. Jiějué zhè ge wèntí de zuìhǎo fāngfǎ

是专心做一件事。就像洗衣机甩衣服时，只有快速地转动才能把水甩
shì zhuānxīn zuò yí jiàn shì. Jiù xiàng xǐyījī shuǎi yīfu shí, zhǐyǒu kuàisù de zhuàndòng cái néng bǎ shuǐ shuǎi

干净。人也一样，当你专心做事时，你的大脑就快速运转起来，甩掉没
gānjìng. Rén yě yíyàng, dāng nǐ zhuānxīn zuò shì shí, nǐ de dànǎo jiù kuàisù yùnzhuǎn qǐlai, shuǎi diào méi

用的想法，自然就不会受到外界的影响。
yòng de xiǎngfǎ, zìrán jiù bú huì shòudào wàijiè de yǐngxiǎng.

第二部分

🎧 01-04

4 杭州图书馆 / 十多年来 / 从不拒绝 / 乞丐和捡垃圾者 / 入内阅读，唯一的
Hángzhōu túshūguǎn / shíduō nián lái / cóng bú jùjué / qǐgài hé jiǎn lājīzhě / rùnèi yuèdú, wéiyī de

要求 / 就是 / 将手洗干净。这引发了 / 人们的讨论，有人称赞其为 / "最温暖
yāoqiú / jiùshì / jiāng shǒu xǐ gānjìng. Zhè yǐnfā le / rénmen de tǎolùn, yǒu rén chēngzàn qí wéi / "zuì wēnnuǎn

的图书馆"，也有人质疑 / 此举会影响 / 其他读者阅读。面对 / 各种不同的声音，
de túshūguǎn", yě yǒu rén zhìyí / cǐ jǔ huì yǐngxiǎng / qítā dúzhě yuèdú. Miànduì / gèzhǒng bù tóng de shēngyīn,

图书馆馆长表示，他们没有权利 / 拒绝任何人 / 入内读书，如果某些读者 /
túshūguǎn guǎnzhǎng biǎoshì, tāmen méiyǒu quánlì / jùjué rènhé rén / rù nèi dúshū, rúguǒ mǒu xiē dúzhě /

觉得不便 / 可以更换座位。他们希望 / 通过这样的方式 / 来告诉人们：知识
juéde búbiàn / kěyǐ gēnghuàn zuòwèi. Tāmen xīwàng / tōngguò zhèyàng de fāngshì / lái gàosu rénmen: zhīshi

面前，人人平等。
miànqián, rénrén píngděng.

尊重每个人 / 阅读的权利，让更多的人 / 走进图书馆，是图书馆 / 理应
Zūnzhòng měi ge rén / yuèdú de quánlì, ràng gèng duō de rén / zǒu jìn túshūguǎn, shì túshūguǎn / lǐyīng

承担的社会责任，也是图书馆 / 必须提供的公共服务。图书馆的宗旨 / 应该
chéngdān de shèhuì zérèn, yě shì túshūguǎn / bìxū tígōng de gōnggòng fúwù. Túshūguǎn de zōngzhǐ / yīnggāi

是 / 为一切读者服务，而入内者 / 衣着如何、是何种身份，本来 / 就不重要，因为
shì / wèi yíqiè dúzhě fúwù, ér rù nèizhě / yīzhuó rúhé、shì hézhǒng shēnfèn, běnlái / jiù bú zhòngyào, yīnwèi

在图书馆面前 / 他们都有同一个名字：读者。
zài túshūguǎn miànqián / tāmen dōu yǒu tóng yí ge míngzi: dúzhě.

해석 항저우 도서관은 10여년 간 거지와 쓰레기를 줍는 사람이 들어와 책을 읽는 것을 거부하지 않았고, 유일한 요구 사항은 손을 깨끗이 씻는 것이었다. 이것은 사람들의 토론을 유발했는데, 어떤 이는 '가장 따뜻한 도서관'이라고 칭찬하였고, 또 어떤 이는 이 같은 행동이 다른 독자들이 책을 보는 것에 영향을 끼치지는 않을까 하는 의문을 가졌다. 여러가지 의견에 직면하자, 도서관 관장은 어떤 사람이 도서관에 들어와 책을 보는 것을 거부할 권리는 그들에게 없으며, 만약 일부 독자가 불편하게 생각한다면, 자리를 바꿀 수 있다고 나타냈다. 그들은 이런 방식으로 사람들에게 '지식 앞에서 사람은 평등하다'라는 것을 알리고 싶어했다. 모든 사람의 독서의 권리를 존중하는 것은 더 많은 사람들이 도서관을 오게 만들고, 도서관이 응당 져야할 사회적 책임이며, 도서관이 반드시 제공해야 하는 공공서비스이기도 하다. 도서관의 취지는 모든 독자들을 위해 봉사하는 것이지 출입자들의 옷차림이 어떻고, 어떤 신분인지는 원래 중요한 것이 아니다. 도서관 앞에서 그들은 모두 '독자'라는 같은 이름을 가지고 있기 때문이다.

어휘 拒绝 jùjué 동 거절하다 | 乞丐 qǐgài 명 거지 | 捡 jiǎn 동 줍다 | 垃圾 lājī 명 쓰레기 | 阅读 yuèdú 동 (책이나 신문을) 보다, (글을) 읽다 | 唯一 wéiyī 형 유일한 | 引发 yǐnfā 동 일으키다, 야기하다 | 讨论 tǎolùn 동 토론하다 | 称赞 chēngzàn 동 칭찬하다 | 温暖 wēnnuǎn 형 따뜻하다 | 质疑 zhìyí 동 질의하다 | 此举 cǐ jǔ 이 같은 거동 | 馆长 guǎnzhǎng 명 관장 | 表示 biǎoshì 동 (언행으로 사상이나 감정을) 나타내다 | 权利 quánlì 명 권리 | 任何 rènhé 대 어떠한, 모든 | 更换 gēnghuàn 동 바꾸다, 교체하다 | 座位 zuòwèi 명 좌석 | 通过 tōngguò 전 ~을 통해 동 통과하다, 통과시키다 | 平等 píngděng 형 평등하다 | 理应 lǐyīng 동 (이치로 보아) 당연히 ~해야 한다 | 承担 chéngdān 동 맡다, 담당하다 | 责任 zérèn 명 책임 | 提供 tígōng 동 제공하다 | 公共 gōnggòng 형 공공의, 공용의 | 宗旨 zōngzhǐ 명 주지, 취지 | 衣着 yīzhuó 명 복장, 옷차림 | 身份 shēnfèn 명 신분

第三部分

🎧 01-05

5 请介绍一下你和你家人的爱好。

맥락 구상

서론	첫 번째 단락	나와 가족들은 같은 취미도 있고, 각자 다른 취미도 있음
본론	두 번째 단락	나의 취미
	세 번째 단락	엄마의 취미
	네 번째 단락	아빠의 취미
결론	다섯 번째 단락	공통된 취미

모범 답안 高级版

서론

我和我的家人 既 有相同的爱好， 也 有各自不同的爱好。
Wǒ hé wǒ de jiārén jì yǒu xiāngtóng de àihào, yě yǒu gèzì bù tóng de àihào.

본론

我的爱好 是看电影， 不管 是一个人在家里看， 还是 和别人一起去
Wǒ de àihào shì kàn diànyǐng, bùguǎn shì yí ge rén zài jiāli kàn, háishi hé biérén yìqǐ qù
电影院看，我 都 能从中感受到无尽的乐趣。此外，不同类型的
diànyǐngyuàn kàn, wǒ dōu néng cóngzhōng gǎnshòudào wújìn de lèqù. Cǐwài, bù tóng lèixíng de
电影带给我的感受也都不相同，浪漫的爱情片让我向往
diànyǐng dài gěi wǒ de gǎnshòu yě dōu bù xiāngtóng, làngmàn de àiqíngpiàn ràng wǒ xiàngwǎng
美好的爱情，幽默的喜剧片让我哈哈大笑，真实的纪录片让我能更
měihǎo de àiqíng, yōumò de xǐjùpiàn ràng wǒ hāhā dàxiào, zhēnshí de jìlùpiàn ràng wǒ néng gèng
了解我生活的世界，看电影让我的精神世界变得更丰富多彩。
liǎojiě wǒ shēnghuó de shìjiè, kàn diànyǐng ràng wǒ de jīngshén shìjiè biàn de gèng fēngfù duōcǎi.

我妈妈的爱好 是做菜，她每天都会给我和爸爸做各种各样的
Wǒ māma de àihào shì zuò cài, tā měitiān dōu huì gěi wǒ hé bàba zuò gèzhǒng gèyàng de
菜，妈妈做的菜不但营养卫生，而且非常好吃，妈妈说她很
cài, māma zuò de cài búdàn yíngyǎng wèishēng, érqiě fēicháng hǎochī, māma shuō tā hěn

본론	享受做菜的过程，并且觉得为家人做饭是一件让人感到幸福的事情。 xiǎngshòu zuò cài de guòchéng, bìngqiě juéde wèi jiārén zuò fàn shì yíjiàn ràng rén gǎndào xìngfú de shìqing. 对我爸爸来说，运动是他最大的爱好，尤其是跑步，爸爸很喜欢早上去公园跑步，一边呼吸新鲜的空气，一边欣赏周围的景色，这样既能锻炼身体又能放松心情，一举两得。 Duì wǒ bàba láishuō, yùndòng shì tā zuì dà de àihào, yóuqí shì pǎobù, bàba hěn xǐhuan zǎoshang qù gōngyuán pǎobù, yìbiān hūxī xīnxiān de kōngqì, yìbiān xīnshǎng zhōuwéi de jǐngsè, zhèyàng jì néng duànliàn shēntǐ yòu néng fàngsōng xīnqíng, yìjǔ liǎngdé.
결론	此外，我和家人还有一个共同爱好，那就是旅行，我们都有空的时候，会一起去各处旅游，我们一家人可以在旅行中体验不同地方的风俗和文化，还可以互相分享旅途中的感受，这让我们感觉非常幸福。 Cǐwài, wǒ hé jiārén háiyǒu yí ge gòngtóng àihào, nà jiùshì lǚxíng, wǒmen dōu yǒu kòng de shíhou, huì yìqǐ qù gè chù lǚyóu, wǒmen yì jiā rén kěyǐ zài lǚxíngzhōng tǐyàn bù tóng dìfang de fēngsú hé wénhuà, hái kěyǐ hùxiāng fēnxiǎng lǚtúzhōng de gǎnshòu, zhè ràng wǒmen gǎnjué fēicháng xìngfú.

해석 당신과 당신 가족의 취미를 소개해 보세요.
나와 내 가족은 같은 취미를 가지고 있기도 하고 서로 다른 취미를 가지고 있기도 하다.
나의 취미는 영화 보기이다. 집에서 혼자 보든 다른 사람과 같이 영화관에 가서 영화를 보든, 나는 그 속에서 끝없는 재미를 느낄 수 있다. 이 밖에 다른 종류의 영화마다 가져다 주는 느낌도 다 다른데, 낭만적인 로맨스영화는 내가 아름다운 사랑을 갈망하게 만들고, 재미있는 코믹영화는 나를 크게 웃게 만들어주며, 사실적인 다큐멘터리는 내가 내 삶의 세계를 더 잘 이해하게 만들어 준다. 영화를 보는 것은 나의 정신 세계를 더욱 풍부하고 다채롭게 만들어 준다.
우리 엄마의 취미는 요리하기이다. 그녀는 매일같이 나와 아빠에게 여러 요리를 만들어 주신다. 엄마가 만든 요리는 영양이 있고 위생적이며, 매우 맛있다. 엄마는 요리하는 과정을 매우 즐기며, 가족들을 위해 식사 준비를 하는 것은 자신을 행복하게 만드는 일이라고 하셨다.
아빠에게 운동은 그의 가장 큰 취미인데, 특히 달리기이다. 아빠는 아침에 공원에 가서 달리는 걸 좋아하신다. 신선한 공기를 마시며 주위의 경치를 감상하면, 몸을 단련할 수 있고 마음도 편안해질 수 있어 일거양득이다.
이 밖에 나와 가족들은 여행이라는 같은 취미도 가지고 있어서, 우리는 시간이 날 때 곳곳을 함께 여행 다닐 수 있다. 우리 가족은 여행 중에 다른 지역의 풍속과 문화를 체험할 수 있고, 여행 중의 느낌도 서로 나눌 수 있어서 아주 행복하다.

어휘 各自 gèzì 대 각자, 제각기 | 从中 cóngzhōng 부 중간에서, 가운데서 | 感受 gǎnshòu 명 느낌, 감상, 인상 동 느끼다 | 无尽 wújìn 동 끝이 없다, 무궁하다 | 乐趣 lèqù 명 즐거움, 재미 | 此外 cǐwài 접 이 밖에, 이 외에 | 类型 lèixíng 명 유형 | 浪漫 làngmàn 형 로맨틱하다, 낭만적이다 | 爱情片 àiqíngpiàn 명 멜로 영화 | 向往 xiàngwǎng 동 (이상·목표·바람이 실현되기를) 바라다, 열망하다, 갈망하다 | 美好 měihǎo 형 좋다, 훌륭하다 | 幽默 yōumò 형 유머러스하다, 익살스럽다 | 喜剧片 xǐjùpiàn 명 희극 영화, 코믹 영화 | 真实 zhēnshí 형 진실하다 | 纪录片 jìlùpiàn 명 다큐멘터리 | 了解 liǎojiě 동 (자세하게 잘) 알다, 이해하다 | 精神 jīngshén 명 정신 | 丰富多彩 fēngfù duōcǎi 성 풍부하고 다채롭다 | 各种各样 gèzhǒng gèyàng 성 각양각색, 각종, 온갖 | 营养 yíngyǎng 명 영양 | 卫生 wèishēng 명 위생 | 享受 xiǎngshòu 동 (정신적이나 물질적으로 혜택을) 누리다, 즐기다, 향유하다 | 感到 gǎndào 동 느끼다, 여기다 | 尤其 yóuqí 부 특히, 더욱 | 呼吸 hūxī 동 호흡하다 | 欣赏 xīnshǎng 동 1. 감상하다 2. 마음에 들어하다, 좋아하다 | 景色 jǐngsè 명 경치, 풍경 | 一举两得 yìjǔ liǎngdé 성 일거양득, 꿩 먹고 알 먹기 | 共同 gòngtóng 형 공동의, 공통의 부 함께, 다같이 | 各处 gè chù 각처, 여러 곳, 곳곳 | 体验 tǐyàn 동 체험하다 | 风俗 fēngsú 명 풍속 | 分享 fēnxiǎng 동 (혜택·권리·기쁨·행복 따위를) 함께 나누다

> 주요 표현 정리

1. 我和我的家人既有相同的爱好，也有各自不同的爱好。

    ★ **既A也B** : A하기도 하고, B하기도 하다

    예 他既工作，也学习。 그는 일도 하고, 공부도 한다.

2. 不管是一个人在家里看，还是和别人一起去电影院看，我都能从中感受到无尽的乐趣。

    ★ **不管A还是B，都……** : A이든 아니면 B이든 관계없이, 모두 ~하다

    예 不管是韩国菜还是中国菜，我都喜欢吃。
    한국 요리든 중국 요리든, 나는 다 좋아한다.

3. 一边呼吸新鲜的空气，一边欣赏周围的景色。

    ★ **중요한 搭配 암기하기**

    呼吸 + 空气 : 공기를 마시다

    欣赏 + 景色/风景/音乐/画作 : 경치/풍경/음악/그림을 감상하다

🎙 모범 답안 简单版

서론
　🎤　我和我的家人 既有相同的爱好，也有各自不同的爱好 。
Wǒ hé wǒ de jiārén jì yǒu xiāngtóng de àihào, yě yǒu gèzì bù tóng de àihào.

본론
　🎤　我的爱好 是看电影，我不但喜欢一个人在家看电影，也喜欢
Wǒ de àihào shì kàn diànyǐng, wǒ búdàn xǐhuan yí ge rén zài jiā kàn diànyǐng, yě xǐhuan
和朋友去电影院看，我觉得看电影非常有意思。而且，不同种类
hé péngyou qù diànyǐngyuàn kàn, wǒ juéde kàn diànyǐng fēicháng yǒu yìsi. Érqiě, bù tóng zhǒnglèi
的电影给我的感觉也不一样，跟爱情有关的电影让我觉得爱情
de diànyǐng gěi wǒ de gǎnjué yě bù yíyàng, gēn àiqíng yǒuguān de diànyǐng ràng wǒ juéde àiqíng
很美好；好笑的电影会让我哈哈大笑，和亲情，友情有关的电影
hěn měihǎo; hǎoxiào de diànyǐng huì ràng wǒ hāhā dàxiào, hé qīnqíng, yǒuqíng yǒuguān de diànyǐng
总是让我感动，通过看电影，我可以放松心情，忘掉烦恼。
zǒngshì ràng wǒ gǎndòng, tōngguò kàn diànyǐng, wǒ kěyǐ fàngsōng xīnqíng, wàngdiào fánnǎo.
我妈妈的爱好 是做菜，她每天都会给我和爸爸做各种各样的
Wǒ māma de àihào shì zuò cài, tā měitiān dōu huì gěi wǒ hé bàba zuò gèzhǒng gèyàng de
菜，妈妈做的菜不但干净卫生，而且非常好吃。虽然有时候有点
cài, māma zuò de cài búdàn gānjìng wèishēng, érqiě fēicháng hǎochī. Suīrán yǒushíhou yǒudiǎn

76

| 본론 | 累，但是妈妈觉得为家人做饭是幸福的事情。
lèi, dànshì māma juéde wèi jiārén zuò fàn shì xìngfú de shìqing.

对我爸爸来说，运动是他最大的爱好，特别是跑步，爸爸很喜欢
Duì wǒ bàba láishuō, yùndòng shì tā zuì dà de àihào, tèbié shì pǎobù, bàba hěn xǐhuan
早上去公园跑步，一边呼吸新鲜的空气，一边看周围的景色，因为
zǎoshang qù gōngyuán pǎobù, yìbiān hūxī xīnxiān de kōngqì, yìbiān kàn zhōuwéi de jǐngsè, yīnwèi
一直坚持跑步，所以爸爸身体非常健康。
yìzhí jiānchí pǎobù, suǒyǐ bàba shēntǐ fēicháng jiànkāng. |

| 결론 | 我和家人还有一个 共同爱好 ，那就是旅行，我们会在有时间的
Wǒ hé jiārén háiyǒu yí ge gòngtóng àihào, nà jiùshì lǚxíng, wǒmen huì zài yǒu shíjiān de
时候去不同的地方玩儿，我特别喜欢和家人一起旅行，可以一起吃好吃的
shíhou qù bù tóng de dìfang wánr, wǒ tèbié xǐhuan hé jiārén yìqǐ lǚxíng, kěyǐ yìqǐ chī hǎochī de
东西，看美丽的风景，这让我感觉非常幸福。
dōngxi, kàn měilì de fēngjǐng, zhè ràng wǒ gǎnjué fēicháng xìngfú. |

해석 나와 내 가족은 공통된 취미를 가지고 있기도 하고, 서로 다른 취미를 가지고 있기도 하다.
내 취미는 영화 보기이다. 나는 집에서 혼자 영화 보는 것을 좋아할 뿐만 아니라, 친구와 영화관에 가는 것도 좋아한다. 나는 영화 보는 것이 매우 재미있다고 생각한다. 그리고 다른 종류의 영화마다 나에게 주는 느낌도 다른데, 사랑 관련 영화는 내가 사랑을 아름답게 생각하게 만들고, 웃긴 영화는 나를 크게 웃게 만들고, 가족의 정이나 우정과 관련된 영화는 늘 나를 감동시킨다. 영화 보는 것을 통해, 나는 마음을 편안하게 하고 고민도 잊을 수 있다.
우리 엄마의 취미는 요리하기이다. 그녀는 매일 나와 아빠에게 각종 요리를 해 주시는데, 엄마가 만든 요리는 깨끗하고 위생적일 뿐만 아니라, 매우 맛있다. 비록 가끔 힘들어하시지만 엄마는 가족을 위해 밥을 하는 게 행복한 일이라고 생각하신다.
아빠에게 운동은 특히 달리기는 가장 큰 취미이다. 아빠는 아침에 공원에 가서 신선한 공기를 마시며 주위의 경치를 보며 달리는 것을 좋아하신다. 줄곧 달리기를 하셨기 때문에 아빠는 몸이 아주 건강하시다.
나와 가족은 또 공통된 취미가 있는데, 그건 바로 여행이다. 우리는 시간이 있을 때, 각 지방으로 놀러 다닌다. 나는 특히 가족들과 함께 여행하는 것을 좋아한다. 함께 맛있는 음식을 먹고, 아름다운 풍경을 볼 수 있는 것은 나를 너무 행복하게 만들어 준다.

어휘 各自 gèzì 대 각자, 제각기 | 种类 zhǒnglèi 명 종류 | 感觉 gǎnjué 명 감각, 느낌 동 느끼다 | 有关 yǒuguān 동 관계가 있다 | 美好 měihǎo 형 아름답다 | 好笑 hǎoxiào 형 우습다, 가소롭다 | 亲情 qīnqíng 명 가족 간의 정 | 友情 yǒuqíng 명 우정 | 感动 gǎndòng 동 감동하다, 감동시키다 | 通过 tōngguò 전 ~을 통해 동 통과하다, 통과시키다 | 放松 fàngsōng 동 풀다, 늦추다, 완화시키다, 이완시키다 | 心情 xīnqíng 명 기분, 심정 | 忘掉 wàngdiào 동 잊어버리다 | 烦恼 fánnǎo 형 번뇌하다 | 幸福 xìngfú 형 행복하다 | 呼吸 hūxī 동 호흡하다 | 新鲜 xīnxiān 1. 신선하다 2. (사물이) 새롭다 | 周围 zhōuwéi 명 주위 | 景色 jǐngsè 명 경치, 풍경 | 坚持 jiānchí 동 견지하다, 굳게 지키다, 고수하다 | 健康 jiànkāng 형 건강하다 | 旅行 lǚxíng 여행하다 | 美丽 měilì 형 아름답다 | 风景 fēngjǐng 명 풍경, 경치

🎧 01-06

6 你觉得对发展中国家来说，应该先保护环境还是先发展经济？谈谈你的看法。

맥락 구상

관점 제시	첫 번째 단락	먼저 환경보호를 해야 함
논거	두 번째 단락	첫 번째 : 환경과 경제의 관계에서 보기
	세 번째 단락	두 번째 : 장기적인 관점에서 보기
논점	네 번째 단락	경제를 발전시키는 것도 중요하지만 환경을 파괴해서는 안 됨

🔊 모범 답안   환경 보호

관점 제시

我认为对于发展中国家来说，应该先保护环境，发展经济是
Wǒ rènwéi duìyú fāzhǎnzhōngguójiā láishuō, yīnggāi xiān bǎohù huánjìng, fāzhǎn jīngjì shì
很重要的，但保护环境更重要。
hěn zhòngyào de, dàn bǎohù huánjìng gèng zhòngyào.

논거

首先，从环境和经济的关系来看，没有好的自然环境就不能
Shǒuxiān, cóng huánjìng hé jīngjì de guānxi láikàn, méiyǒu hǎo de zìrán huánjìng jiù bù néng
好好儿地发展经济，人们生活的最重要的条件，包括水、空气，
hǎohāor de fāzhǎn jīngjì, rénmen shēnghuó de zuì zhòngyào de tiáojiàn, bāokuò shuǐ、kōngqì,
还有一些自然资源都是从环境中得到的。有些发展中国家为了
háiyǒu yìxiē zìrán zīyuán dōu shì cóng huánjìngzhōng dédào de. Yǒuxiē fāzhǎnzhōngguójiā wèile
让经济发展得更快，做出了很多破坏环境的事，比如污染水和
ràng jīngjì fāzhǎn de gèng kuài, zuòchū le hěn duō pòhuài huánjìng de shì, bǐrú wūrǎn shuǐ hé
空气，过多地使用自然资源，结果不但没有得到什么好处，反而
kōngqì, guòduō de shǐyòng zìrán zīyuán, jiéguǒ búdàn méiyǒu dédào shénme hǎochù, fǎn'ér
失去了更多的利益。
shīqù le gèng duō de lìyì.

其次，从长远的角度来看，环境是我们和子孙后代共同
Qícì, cóng chángyuǎn de jiǎodù láikàn, huánjìng shì wǒmen hé zǐsūn hòudài gòngtóng
拥有的资源，我们不能为了现在的发展去破坏子孙后代的生活
yōngyǒu de zīyuán, wǒmen bù néng wèile xiànzài de fāzhǎn qù pòhuài zǐsūn hòudài de shēnghuó

논거 🎤 的环境，这样做是非常自私的。如果环境出现问题，可能要用几
de huánjìng, zhèyàng zuò shì fēicháng zìsī de. Rúguǒ huánjìng chūxiàn wèntí, kěnéng yào yòng jǐ
十年甚至几百年的时间解决，这样做就等于把难题留给了子孙后代。
shínián shènzhì jǐ bǎinián de shíjiān jiějué, zhèyàng zuò jiù děngyú bǎ nántí liúgěi le zǐsūn hòudài.

논점 🎤 总之，对发展中国家来说，重视发展经济是可以理解的，但不
Zǒngzhī, duì fāzhǎnzhōngguójiā láishuō, zhòngshì fāzhǎn jīngjì shì kěyǐ lǐjiě de, dàn bù
能因此破坏环境。发展中国家应该多方面地思考，找到最适合
néng yīncǐ pòhuài huánjìng. Fāzhǎnzhōngguójiā yīnggāi duō fāngmiàn de sīkǎo, zhǎodào zuì shìhé
自己的道路。
zìjǐ de dàolù.

해석 당신이 생각하기에 개발도상국의 입장에서 환경을 먼저 보호해야 하나요, 아니면 경제를 먼저 보호해야 한다고 생각하나요? 당신의 견해를 이야기해 보세요.

나는 개발도상국의 입장에서 우선 환경을 보호해야 한다고 생각한다. 경제 발전은 중요하지만 환경 보호가 더 중요하다.

먼저, 환경과 경제의 관계에서 보면 좋은 자연 환경이 없다면 경제도 잘 발전할 수 없다. 사람들이 살아가는 가장 중요한 조건인 물과 공기를 포함해 일부 자연 자원은 모두 환경에서 얻는 것이다. 일부 개발도상국은 경제발전을 빠르게 하기 위해 환경을 파괴하는 일을 많이 하였는데, 예를 들어 물과 공기를 오염시키고, 자연 자원을 지나치게 많이 사용하여, 그 결과 이로운 것이 별로 없고, 오히려 더 많은 이득을 잃어버리는 것이다.

그 다음으로 장기적인 관점에서 환경은 우리와 후손이 함께 소유하는 자원으로 우리는 지금의 발전을 위해 후손의 삶의 환경을 파괴해서는 안 된다. 이렇게 하는 것은 매우 이기적인 것이다. 만약 환경에 문제가 생긴다면, 아마도 몇십 년 심지어 몇 백 년의 시간을 써서 해결해야 할 수도 있다. 이렇게 하면 난제를 후손에게 남겨주는 것과 똑같다.

결론적으로 개발도상국의 입장에서 말하자면, 경제발전을 중시하는 것은 이해할 수 있지만 이 때문에 환경을 파괴해서는 안 된다. 개발도상국은 다방면으로 생각하여 자신에게 가장 적합한 길을 찾아야 한다.

어휘 条件 tiáojiàn 명 조건 | 好处 hǎochù 명 좋은 점 | 失去 shīqù 동 잃다, 잃어버리다 | 利益 lìyì 명 이익 | 后代 hòudài 명 후대, 후세대, 후대 사람 | 共同 gòngtóng 형 공동의, 공통의 부 함께, 다같이 | 解决 jiějué 동 해결하다 | 等于 děngyú 동 ~와 같다 | 重视 zhòngshì 동 중시하다 | 理解 lǐjiě 동 알다, 이해하다

주요 표현 정리

反而失去了更多的利益。

★ 중요한 搭配 암기하기

失去 + 利益/机会/知觉/兴趣/勇气(추상적) : 이익/기회/감각/흥미/용기를 잃다

맥락 구상

관점 제시	첫 번째 단락	먼저 경제를 발전시켜야 함
논거	두 번째 단락	첫 번째 : 개발도상국의 국제적 위상을 높이기
	세 번째 단락	두 번째 : 장기적인 관점에서 보기
논점	네 번째 단락	경제를 발전시키는 것이 우선이지만 환경을 파괴해서는 안 됨

모범 답안 경제 발전

관점 제시

我认为 对于发展中国家来说，应该先发展经济，虽然保护
Wǒ rènwéi duìyú fāzhǎnzhōngguójiā láishuō, yīnggāi xiān fāzhǎn jīngjì, suīrán bǎohù
环境也很重要，但是在这个充满竞争的世界上，没有经济
huánjìng yě hěn zhòngyào, dànshì zài zhè ge chōngmǎn jìngzhēng de shìjièshàng, méiyǒu jīngjì
能力是不行的。
nénglì shì bù xíng de.

논거

首先，发展中国家想要提高自己在国际上的地位，必须要发展
Shǒuxiān, fāzhǎnzhōngguójiā xiǎng yào tígāo zìjǐ zài guójìshàng de dìwèi, bìxū yào fāzhǎn
经济。对发展中国家来说，最重要的任务就是提高本国的经济能力，
jīngjì. Duì fāzhǎnzhōngguójiā láishuō, zuì zhòngyào de rènwu jiùshì tígāo běnguó de jīngjì nénglì,
让国家富起来，这样才能在和其他国家交往时，得到更多发言的
ràng guójiā fù qǐlai, zhèyàng cái néng zài hé qítā guójiā jiāowǎng shí, dédào gèng duō fāyán de
机会和权利，也能让国家更安全。
jīhuì hé quánlì, yě néng ràng guójiā gèng ānquán.

其次，从长远的角度来看，国家经济发展了，可以更好地保护
Qícì, cóng chángyuǎn de jiǎodù láikàn, guójiā jīngjì fāzhǎn le, kěyǐ gèng hǎo de bǎohù
环境，解决环境问题。如果国家有经济能力，就可以把更多的钱投入
huánjìng, jiějué huánjìng wèntí. Rúguǒ guójiā yǒu jīngjì nénglì, jiù kěyǐ bǎ gèng duō de qián tóurù
到保护环境中，或者买一些可以解决环境问题的机器等等。保护
dào bǎohù huánjìngzhōng, huòzhě mǎi yìxiē kěyǐ jiějué huánjìng wèntí de jīqì děngděng. Bǎohù
环境也需要很多的钱，所以必须发展经济。
huánjìng yě xūyào hěn duō de qián, suǒyǐ bìxū fāzhǎn jīngjì.

논점

当然，虽然经济发展在第一位，但也不能过分地破坏环境，
Dāngrán, suīrán jīngjì fāzhǎn zài dìyī wèi, dàn yě bù néng guòfèn de pòhuài huánjìng,
发展中国家应该结合自己国家环境的情况，找到最适合自己的
fāzhǎn zhōngguójiā yīnggāi jiéhé zìjǐ guójiā huánjìng de qíngkuàng, zhǎodào zuì shìhé zìjǐ de
发展经济的道路。
fāzhǎn jīngjì de dàolù.

해석 나는 개발도상국 입장에서는 경제를 먼저 발전시켜야 한다고 생각한다. 비록 환경 보호도 중요하지만 경쟁이 가득한 세상에서 경제력이 없으면 안 된다.
우선, 개발도상국들이 국제적 위상을 높이고 싶다면, 반드시 경제를 발전시켜야 한다. 개발도상국의 입장에서 가장 중요한 임무는 본국의 경제 능력을 높여 나라를 부유하게 만드는 것이다. 이렇게 해야 다른 나라와 교류할 때 발언의 기회와 권리를 비로소 더 많이 얻을 수 있고, 나라를 더 안전하게 만들 수 있다.
그 다음으로 장기적인 관점에서 보면, 국가 경제가 발전하면 환경을 더 잘 보호하고 환경 문제를 해결할 수 있다. 만약 국가가 경제력을 갖고 있다면, 환경 보호에 더 많은 돈을 쓰거나 환경 문제를 해결할 수 있는 기계를 사는 등등을 할 수 있다. 환경 보호에도 많은 돈이 필요하기 때문에 반드시 경제를 발전시켜야 한다.
물론 경제 발전이 최우선이지만 지나치게 환경을 파괴해서는 안 되며, 개발도상국들은 가장 적합한 자신들의 경제 발전의 길을 찾아서 자국의 환경 상황에 결합해야 한다.

어휘 充满 chōngmǎn 동 가득하다, 충만하다, 넘치다 | 竞争 jìngzhēng 동 경쟁하다 | 实力 shílì 명 실력 | 地位 dìwèi 명 지위 | 任务 rènwu 명 임무 | 发言 fāyán 이합사 발언하다 명 발언 | 权利 quánlì 명 권리 | 角度 jiǎodù 명 각도 | 投入 tóurù 동 1. 투입하다 2. 뛰어들다, (열정적으로) 몰입하다 | 或者 huòzhě 접 또는, 혹은 | 破坏 pòhuài 동 파괴하다, 훼손하다 | 结合 jiéhé 동 결합하다 | 道路 dàolù 명 길, 도로

실전 모의고사 2회

모범 답안 및 해설

第一部分

🎧 02-01

1   一位教授平时总是丢三落四，不是丢了眼镜盒，就是丢了手杖。特别是雨伞，几乎每个月他夫人都得替他买一把。教授为此暗暗地下定决心，以后要更加小心。一天，教授上午出去，下午回来，得意扬扬地对夫人说："今天我可没丢东西，我把伞给带回来啦！"说着，他亮出一把伞。"哎呀，瞧你这粗心人，你今天没有带伞出去呀！"他的夫人说。

해석 한 교수는 평소에 늘 이것저것 잘 잃어버리는데, 안경집을 잃어버리거나 지팡이를 잃어버렸다. 특히 우산은 그의 부인이 거의 매달 그를 위해 하나를 사야 했다. 교수는 이 때문에 다음엔 더욱 주의하겠다고 남몰래 결심했다. 하루는 교수가 오전에 나갔다가 오후에 돌아와서는 득의양양하여 부인에게 "오늘은 잃어버린 물건이 없소. 우산을 잘 챙겨왔거든!"이라고 말하면서, 그는 우산을 내보였다. "아이고, 이렇게 부주의한 사람 좀 보게. 당신은 오늘 우산을 가지고 나가지 않았어요!"라고 그의 부인이 말했다.

어휘 丢三落四 diūsān làsì 성 이것저것 빠뜨리다, 이 일 저 일 잘 잊어버리다 | 手杖 shǒuzhàng 명 지팡이 | 雨伞 yǔsǎn 명 우산 | 几乎 jīhū 부 거의 | 替 tì 전 ~을 위해, ~을 대신해서 | 决心 juéxīn 명동 결심(하다) | 得意扬扬 déyì yángyáng 성 득의양양하다 | 亮出 liàng chū 나타내다, 드러내다 | 粗心 cūxīn 형 부주의하다, 세심하지 못하다

핵심요약

1. 一位教授平时总是丢三落四，不是丢了眼镜盒，就是丢了手杖。
    → 一位教授平时总丢东西，不是丢了眼镜盒，就是丢了手杖。

    > **코너 속 어법 Tip**
    >
    > 不是A就是B : A 아니면 B이다
    > 예) 周末，我不是睡觉就是看电视。 주말에 나는 잠을 자거나 TV를 본다.
    >
    > 不是A而是B : A 아니고 B이다
    > 예) 周末，我不是睡觉而是看电视。 주말에 나는 잠을 자지 않고 TV를 본다.

2. 特别是雨伞，几乎每个月他夫人都得替他买一把。
    → 特别是雨伞，几乎每个月他夫人都得给他买一把。

3. 教授为此暗暗地下定决心，以后要更加小心。 (제거)
    → 教授为此决定，以后要更小心。

> **코너 속 어법 Tip**
>
> 此 : 这로 시작되는 대부분의 단어를 나타낼 수 있다.
>
> 예 从此/由此 여기부터, 이때부터
> 到此/至此 여기까지, 이때까지
> 如此 이와 같다
> 对此 이에 대해
> 为此 이를 위해, 이 때문에

4. 一天，教授上午出去，下午回来，得意扬扬地对夫人说：" 今天我可没丢东西，我把伞给带回来啦！"
   → 一天，教授上午出去，下午回来，得意地对夫人说，他今天没丢东西，他把伞带回来了！

5. 说着，他亮出一把伞。
   → 说着，他拿出一把伞。

6. "哎呀，瞧你这粗心人，你今天没有带伞出去呀！"他的夫人说。
   → 他的夫人说，看他这粗心人，他今天没有带伞出去。

🔊 모범 답안

一位教授平时总丢东西，不是丢了眼镜盒，就是丢了手杖。特别是
Yí wèi jiàoshòu píngshí zǒng diū dōngxi, bú shì diū le yǎnjìnghé, jiùshì diū le shǒuzhàng. Tèbié shì

雨伞，几乎每个月他夫人都得给他买一把。教授为此决定，以后要更小心。
yǔsǎn, jīhū měi ge yuè tā fūrén dōu děi gěi tā mǎi yì bǎ. Jiàoshòu wèi cǐ juédìng, yǐhòu yào gèng xiǎoxīn.

一天，教授上午出去，下午回来，得意地对夫人说，他今天没丢东西，他把
Yì tiān, jiàoshòu shàngwǔ chūqu, xiàwǔ huílai, déyì de duì fūrén shuō, tā jīntiān méi diū dōngxi, tā bǎ

伞带回来了！说着，他拿出一把伞。他的夫人说，看他这粗心人，他今天
sǎn dài huílai le! Shuō zhe, tā náchū yì bǎ sǎn. Tā de fūrén shuō, kàn tā zhè cūxīn rén, tā jīntiān

没有带伞出去。
méiyǒu dài sǎn chūqu.

2 　　许多爱健身的朋友都喜欢长时间呆在健身房，认为训练越多效果越好，其实不然。时间短了，确实起不到健身的效果，而时间过长，效果也会变差。实际上每天的健身时长控制在一小时左右，健身效率最高，效果最明显。由此可见，做任何事情都要合理规划，同时要把握好合适的"度"。

해석　헬스를 좋아하는 많은 사람은 장시간 헬스장에 머무는 것을 좋아하고, 훈련을 많이 할수록 효과가 좋다고 생각하지만 사실 그렇지 않다. 시간이 짧으면 확실히 헬스 효과를 일으킬 수 없지만, 시간이 지나치게 길면 효과도 나빠질 수 있다. 사실 매일의 헬스 시간을 한 시간 정도로 통제해야 헬스 효율이 가장 높고, 효과도 가장 뚜렷하다. 이로부터 알 수 있듯이, 어떠한 일을 하든 합리적으로 계획해야 하고, 동시에 적절한 '정도'를 잘 파악해야 한다.

어휘　健身 jiànshēn 동 몸을 튼튼히 하다, 헬스하다 | 健身房 jiànshēnfáng 명 헬스장 | 训练 xùnliàn 동 훈련하다 | 效果 xiàoguǒ 명 효과 | 不然 bùrán 접 그렇지 않으면 | 确实 quèshí 부 확실히, 정말로 | 实际上 shíjìshàng 부 사실상, 실제로 | 控制 kòngzhì 동 통제하다, 제어하다 | 左右 zuǒyòu 명 1. 좌우 2. 가량, 안팎 | 效率 xiàolǜ 명 효율 | 明显 míngxiǎn 형 뚜렷하다, 분명하다 | 由此可见 yóucǐ kějiàn 이로부터 ~을 알 수 있다, 이로부터 ~을 볼 수 있다 | 任何 rènhé 대 어떠한, 어떤 | 合理 hélǐ 형 합리적이다 | 规划 guīhuà 명 동 계획(하다), 기획(하다) | 把握 bǎwò 동 잡다, 파악하다 명 자신, 가망, 성공 가능성 | 合适 héshì 형 적합하다, 알맞다

핵심요약

1. 许多爱健身的朋友都喜欢长时间**呆**在健身房，认为训练越多**效果**越好，其实不然。
   → 许多爱健身的朋友都喜欢长时间在健身房，认为训练越多越好，其实不是这样。

2. 时间短了，确实起不到健身的效果，而时间过长，效果也会变差。
   → 时间短了，确实没有健身效果，但时间太长，效果也会变差。

3. 实际上每天的健身时长控制在一小时左右，健身效率最高，效果最明显。
   → 实际上每天健身一个小时左右，效率最高，效果最好。

사실 + 문장
→ 实际上 = 事实上 = 其实

4. 由此可见，做任何事情都要合理规划，同时要把握好合适的"度"。
   → 由此可见，做事要合理计划，同时要有合适的"度"。

🔊 **모범 답안**

许多爱健身的朋友都喜欢长时间在健身房，认为训练越多越
Xǔduō ài jiànshēn de péngyou dōu xǐhuan cháng shíjiān zài jiànshēnfáng, rènwéi xùnliàn yuè duō yuè

好，其实不是这样。时间短了，确实没有健身效果，但时间太长，效果也
hǎo, qíshí bú shì zhèyàng. Shíjiān duǎn le, quèshí méiyǒu jiànshēn xiàoguǒ, dàn shíjiān tài cháng, xiàoguǒ yě

会变差。实际上每天健身一个小时左右，效率最高，效果最好。由此可见，
huì biànchà. Shíjìshàng měitiān jiànshēn yí ge xiǎoshí zuǒyòu, xiàolǜ zuì gāo, xiàoguǒ zuì hǎo. Yóucǐ kějiàn,

做事要合理计划，同时要有合适的"度"。
zuò shì yào hélǐ jìhuà, tóngshí yào yǒu héshì de "dù".

🎧 02-03

3 　　成功依靠机遇。机，就是命运给予我们的机会；遇，就是我们去闯，去感受，去把握。在人生路上，我们会有很多次机遇，或当官，或发财，或发明创造……抓住一个，你就会成功。问题是，我们绝大部分的人总是与机遇擦肩而过，或者在机遇面前只是想想而没有采取行动。到最后，人们总是抱怨命运不公平，认为自己没有出生在一个好的时代。

해석 성공은 기회에 의지한다. '기(机)'는 운명이 우리에게 준 기회이고, '우(遇)'는 우리가 뛰어들고, 느끼고, 파악하는 것이다. 인생의 길에서 우리는 많은 기회가 있을 것인데, 관리가 되거나, 돈을 벌거나, 발명품을 창조하거나…… 하나를 잡아야 당신은 성공할 수 있을 것이다. 문제는 우리 절대 다수의 사람들은 늘 기회를 스쳐 지나가거나, 혹은 기회 앞에서 단지 생각만하고 행동을 취하지 않는다는 것이다. 마지막이 되어서야, 사람들은 항상 운명은 불공평하다고 불평하고, 자신이 좋은 시대에 태어나지 못했다고 생각한다.

어휘 依靠 yīkào 동 의지하다, 기대다 | 机遇 jīyù 명 기회, 찬스 | 命运 mìngyùn 명 운명 | 给予 jǐyù 동 1. 주다 2. 베풀다 | 闯 chuǎng 동 갑자기 뛰어들다, 돌진하다 | 感受 gǎnshòu 명 느낌 동 (영향을) 받다, 느끼다 | 发财 fācái 이합사 돈을 벌다 | 发明 fāmíng 명 동 발명(하다) | 创造 chuàngzào 동 창조하다, 만들다 | 抓 zhuā 동 잡다 | 擦肩而过 cājiān'érguò 어깨를 스쳐 지나가다 | 采取 cǎiqǔ 동 채택하다, 취하다 | 抱怨 bàoyuàn 동 불평하다, 원망하다 | 时代 shídài 명 1. (역사상의) 시대 2. (일생 중의) 시절

핵심요약

1. 成功依靠机遇。
   → 成功需要机遇。

2. 机，就是命运给予(제거)我们的机会；遇，就是我们去闯，去感受，去把握。
   → 机，就是命运给我们的机会，遇，就是我们去努力，去感受和把握。

3. 在人生路上，我们会有很多次机遇，或当官(제거)，或发财(제거)，或发明创造(제거)……抓住一个，你就会成功。
   → 在人生路上，我们有很多机遇，抓住一个，你就会成功。

4. 问题是，我们绝大部分的人总是与机遇擦肩而过，或者在机遇面前只是想想而没有采取行动。
   → 问题是，大部分人总是错过机遇，或者在机遇面前只是想想，没有行动。

5. 到最后，人们总是抱怨命运不公平，认为自己没有出生在一个好的时代。
   → 到最后，人们总是怪命运不公平，认为自己没有出生在好时代。

모범 답안

成功需要机遇。机，就是命运给我们的机会，遇，就是我们去努力，去感受
Chénggōng xūyào jīyù. Jī, jiùshì mìngyùn gěi wǒmen de jīhuì, yù, jiùshì wǒmen qù nǔlì, qù gǎnshòu

和把握。在人生路上，我们有很多机遇，抓住一个，你就会成功。问题是，
hé bǎwò. Zài rénshēng lùshang, wǒmen yǒu hěn duō jīyù, zhuāzhù yí ge, nǐ jiù huì chénggōng. Wèntí shì,

大部分人总是错过机遇，或者在机遇面前只是想想，没有行动。到最后，
dàbùfen rén zǒngshì cuòguò jīyù, huòzhě zài jīyù miànqián zhǐ shì xiǎngxiang, méiyǒu xíngdòng. Dào zuìhòu,

人们总是怪命运不公平，认为自己没有出生在好时代。
rénmen zǒngshì guài mìngyùn bù gōngpíng, rènwéi zìjǐ méiyǒu chūshēng zài hǎo shídài.

第二部分

🎧 02-04

4 宽容/是一种最美丽的/情感，宽容/是一种/良好的心态，宽容/
Kuānróng/shì yì zhǒng zuì měilì de/qínggǎn, kuānróng/shì yì zhǒng/liánghǎo de xīntài, kuānróng/

也是一种/崇高的境界。能够/宽容别人的人，心胸/像天空一样/
yě shì yì zhǒng/chónggāo de jìngjiè. Nénggòu/kuānróng biérén de rén, xīnxiōng/xiàng tiānkōng yíyàng/

广阔，像大海一样/深沉。宽容自己的家人、朋友、熟人容易，因为/他们
guǎngkuò, xiàng dàhǎi yíyàng/shēnchén. Kuānróng zìjǐ de jiārén、péngyou、shúrén róngyì, yīnwèi/tāmen

是/我们爱的人。然而，宽容/曾经深深地/伤害过自己的人/或自己的敌人，
shì/wǒmen ài de rén. Rán'ér, kuānróng/céngjīng shēnshēn de/shānghài guo zìjǐ de rén/huò zìjǐ de dírén,

则是很难的，这也是宽容的/最高境界，是人性中/最美丽的花朵。
zé shì hěn nán de, zhè yě shì kuānróng de/zuìgāo jìngjiè, shì rénxìngzhōng/zuì měilì de huāduǒ.

仇恨/是一把/双刃剑，在报复别人/的同时，自己/也同样/受到伤害。
Chóuhèn/shì yì bǎ/shuāngrènjiàn, zài bàofù biérén/de tóngshí, zìjǐ/yě tóngyàng/shòudào shānghài.

心中/装着仇恨的人生/是痛苦而不幸的，只有/放下仇恨选择
xīnzhōng/zhuāng zhe chóuhèn de rénshēng/shì tòngkǔ ér búxìng de, zhǐyǒu/fàngxià chóuhèn xuǎnzé

宽容，心中／才会出现／一片纯净的／"爱的天空"。
kuānróng, xīnzhōng/cái huì chūxiàn/yí piàn chúnjìng de/"ài de tiānkōng".

生活中我们每个人／难免／与别人／产生摩擦、误会，甚至仇恨，
Shēnghuózhōng wǒmen měi ge rén/nánmiǎn/yǔ biérén/chǎnshēng mócā、wùhuì, shènzhì chóuhèn,

这时别忘了／在自己心里／装满宽容。宽容／是温暖明亮／的阳光，
zhèshí bié wàng le/zài zìjǐ xīnli/zhuāngmǎn kuānróng. Kuānróng/shì wēnnuǎn míngliàng/de yángguāng,

可以／融化内心的冰点，让这个世界／充满浓浓的暖意。
kěyǐ/rónghuà nèixīn de bīngdiǎn, ràng zhè ge shìjiè/chōngmǎn nóngnóng de nuǎnyì.

해석 관용은 가장 아름다운 감정이고, 관용은 좋은 마음가짐이며, 관용은 일종의 숭고한 경지이다. 다른 사람에게 관용을 베풀 수 있는 사람은 마음이 하늘과 같이 넓고, 바다와 같이 깊다. 자신의 가족, 친구, 지인에게 관용을 베푸는 것은 쉬운데, 그들은 우리가 사랑하는 사람이기 때문이다. 그러나 자신에게 깊게 상처를 준 적이 있는 사람이나 자신의 적을 용서하는 것은 어렵다. 이것 또한 용서의 최고 경지이고, 인간의 본성 중 가장 아름다운 꽃이다.
원한은 양날의 검으로, 다른 사람에게 보복함과 동시에 자신도 마찬가지로 상처를 받는다. 마음 속에 원한을 품고 있는 인생은 고통스럽고 불행한 인생이며, 원한을 버리고 관용을 선택해야만, 마음 속에 순수한 '사랑의 하늘'이 생길 수 있다.
생활에서 우리 모두는 다른 사람과 갈등, 오해 심지어 원한이 생기는 건 피할 수 없다. 이때 자신의 마음 속을 관용으로 가득 채우는 것을 잊지 말자. 관용은 따뜻하고 밝은 햇빛으로, 마음 속의 빙점을 녹여 이 세계가 짙은 온기로 가득하게 만들어 줄 수 있다.

어휘 宽容 kuānróng 동 너그럽게 받아들이다, 관용을 베풀다, 용서하다 | 情感 qínggǎn 명 정감, 감정 | 良好 liánghǎo 형 좋다 | 心态 xīntài 명 심리 상태 | 崇高 chónggāo 형 1. 도덕적으로 고결하다 2. 품위 있다, 고상하다 | 境界 jìngjiè 명 경계, 경지 | 心胸 xīnxiōng 명 1. 도량 2. 포부, 뜻 3. 마음, 가슴 | 广阔 guǎngkuò 형 광활하다, 넓다 | 深沉 shēnchén 형 1. 깊다, 짙다 2. (목소리 따위가) 낮고 묵직하다 3. (성격이) 침착하다, (생각·감정 따위가) 깊다 | 伤害 shānghài 동 1. (몸을) 상하게 하다, 해치다, 다치게 하다 2. (감정을) 상하게 하다, 상처를 입히다 | 敌人 dírén 명 적 | 花朵 huāduǒ 명 꽃, 꽃봉오리 | 仇恨 chóuhèn 명동 증오(하다) | 双刃剑 shuāngrènjiàn 명 양날의 검 | 报复 bàofù 동 보복하다, 앙갚음하다 | 痛苦 tòngkǔ 형 고통스럽다 | 不幸 búxìng 형 불행하다 | 纯净 chúnjìng 형 순수하다, 깨끗하다 | 难免 nánmiǎn 형 불가피하다, 피할 수 없다 | 摩擦 mócā 명 (단체나 개인 사이의) 마찰, 갈등 동 마찰하다 | 甚至 shènzhì 접 심지어 | 温暖 wēnnuǎn 형 따뜻하다 | 明亮 míngliàng 형 (빛이) 밝다, 환하다 | 融化 rónghuà 동 (얼음·눈 따위가) 녹다 | 充满 chōngmǎn 동 가득하다, 충만하다 | 暖意 nuǎnyì 명 따뜻한 느낌

第三部分

🎧 02-05

5 请介绍一下你们国家的传统节日。

맥락 구상

서론	첫 번째 단락	한국에서 구정은 가장 중요한 전통 명절
본론	두 번째 단락	구정에 하는 활동들
	세 번째 단락	과거와 현재의 변화
결론	세 번째 단락	가정의 단란함과 행복한 생활에 대한 기대를 나타냄

모범 답안 高级版

서론

在韩国，春节是我们最重要的传统节日。春节既是对过去
Zài Hánguó, Chūnjié shì wǒmen zuì zhòngyào de chuántǒng jiérì. Chūnjié jì shì duì guòqù
一年的总结，又寄托了人们对新一年的期待，因此非常有意义。
yì nián de zǒngjié, yòu jìtuō le rénmen duì xīn yì nián de qīdài, yīncǐ fēicháng yǒu yìyì.

본론

在春节期间，平时生活在不同城市的人们大部分会选择
Zài Chūnjié qījiān, píngshí shēnghuó zài bù tóng chéngshì de rénmen dàbùfen huì xuǎnzé
回到自己的故乡和家人团聚。在春节当天，按照传统，人们会祭祀
huídào zìjǐ de gùxiāng hé jiārén tuánjù. Zài Chūnjié dàngtiān, ànzhào chuántǒng, rénmen huì jìsì
祖先，纪念去世的亲人，然后喝年糕汤。孩子们给长辈拜年，然后
zǔxiān, jìniàn qùshì de qīnrén, ránhòu hē niángāotāng. Háizimen gěi zhǎngbèi bàinián, ránhòu
可以从长辈那里得到压岁钱。也有一些家庭会给孩子穿上可爱的
kěyǐ cóng zhǎngbèi nàlǐ dédào yāsuìqián. Yě yǒu yìxiē jiātíng huì gěi háizi chuānshàng kě'ài de
韩服，全家人在喜庆欢乐的气氛中一起度过美好的时光。
Hánfú, quánjiārén zài xǐqìng huānlè de qìfēnzhōng yìqǐ dùguò měihǎo de shíguāng.

결론

过去在春节的时候，人们也经常玩儿一些比较传统的游戏，
Guòqù zài Chūnjié de shíhou, rénmen yě jīngcháng wánr yìxiē bǐjiào chuántǒng de yóuxì,
随着社会的发展，传统的庆祝春节的活动逐渐被新的方式
suízhe shèhuì de fāzhǎn, chuántǒng de qìngzhù Chūnjié de huódòng zhújiàn bèi xīn de fāngshì
代替，对现在的很多年轻人来说，与其呆在老家过一个传统的春节，
dàitì, duì xiànzài de hěn duō niánqīngrén láishuō, yǔqí dāi zài lǎojiā guò yí ge chuántǒng de Chūnjié,
不如跟家人一起去各处旅行。不管以哪种方式过春节，都体现了
bùrú gēn jiārén yìqǐ qù gè chù lǚxíng. Bùguǎn yǐ nǎzhǒng fāngshì guò Chūnjié, dōu tǐxiàn le
人们对家庭团圆和幸福生活的期待。
rénmen duì jiātíng tuányuán hé xìngfú shēnghuó de qīdài.

해석 당신 국가의 전통 명절을 소개해 보세요.

한국에서 구정은 우리의 가장 중요한 전통 명절이다. 구정은 과거 한 해에 대한 총결이면서, 사람들이 새로운 한 해에 대해 기대를 담기도 하여, 매우 의미가 있기 때문이다.

구정 기간에, 평소 다른 도시에 생활하던 사람들은 대부분 자신의 고향으로 돌아와 가족과 함께 모이는 것을 선택한다. 구정 당일에는 전통에 따라, 사람들은 선조에게 제사를 지내고, 돌아가신 친족을 기리고, 그런 후에 떡국을 먹는다. 아이들은 웃어른께 세배를 하고, 그런 후에 어른에게서 세뱃돈을 받을 수 있다. 또 어떤 가정에서는 아이들에게 귀여운 한복을 입혀주며, 온 가족이 기쁘고 즐거운 분위기 속에서 함께 아름다운 시간을 보낸다.

과거 구정 때는 사람들이 비교적 전통적인 게임을 자주 하였지만, 사회의 발전에 따라 기존의 구정을 축하하던 활동이 점차 새로운 방식으로 대체되어, 현재 많은 젊은이들에게는 고향 집에 머물며 전통적인 구정을 쇠는 것보다, 가족들과 함께 각지를 여행하는 것이 더 낫다. 어떤 방식으로써 구정을 보내든 관계없이, 모두 사람들의 가정의 단란함과 행복한 생활에 대한 기대를 드러냈다.

어휘 总结 zǒngjié 동 총괄(하다), 총결산(하다) | 寄托 jìtuō 동 (기대, 희망, 감정 등을) 걸다, 두다 | 期待 qīdài 동 기대하다 | 故乡 gùxiāng 명 고향 | 团聚 tuánjù 동 한자리에 모이다 | 按照 ànzhào 전 ~에 따라, ~에 근거하여 | 祭祀 jìsì 동 제사지내다 | 祖先 zǔxiān 명 선조, 조상 | 纪念 jìniàn 동 기념하다 | 去世 qùshì 동 세상을 떠나다 | 年糕汤 niángāotāng 명 떡국 | 长辈 zhǎngbèi 명 손윗사람, 연장자 | 拜年 bàinián 이합사 세배하다, 새해 인사를 드리다 | 压岁钱 yāsuìqián 명 세뱃돈 | 家庭 jiātíng 명 가정 | 韩服 Hánfú 명 한복 | 喜庆 xǐqìng 형 경사스럽다 | 欢乐 huānlè 형 즐겁다, 유쾌하다 | 气氛 qìfēn 명 분위기 | 度过 dùguò 동 보내다, 지내다 | 美好 měihǎo 형 (추상적인 것이) 아름답다 | 时光 shíguāng 명 1. 시간, 세월 2. 시기, 시절 | 逐渐 zhújiàn 부 점점, 점차 | 代替 dàitì 동 대신하다, 대체하다 | 体现 tǐxiàn 동 구체적으로 드러내다 | 团圆 tuányuán 동 (주로 가족이 헤어져 있다가) 한데 모이다

> **주요 표현 정리**
>
> 1. 又寄托了人们对新一年的期待,
>   都体现了人们对家庭团圆和幸福生活的期待。
>
>   ★ **중요한 搭配 암기하기**
>
>   寄托 + 期待/希望 : 기대/희망을 걸다
>   体现 + 期待/个性/精神 : 기대/개성/정신을 드러내다
>
> 2. 可以从长辈那里得到压岁钱。
>
>   ★ **去/来/从/到/在 + 사람 + 这儿(这里)/那儿(那里)**
>
>   : 去/来/从/到/在 뒤에는 사람이 올 수 없으므로 장소화 해야 한다.
>
>   예 你来我这儿吃饭吧。너 나한테 와서 밥 먹어.
>   我要去老师那儿。나는 선생님한테 가려고 해.
>
> 3. 与其呆在老家过一个传统的春节,不如跟家人一起去各处旅行。
>
>   ★ **与其A不如B** : A하느니 차라리 B하다(B를 선택)
>
>   예 与其看那样的电影,不如在家休息。그런 영화를 보느니, 차라리 집에서 쉬겠어.

모범 답안 简单版

서론

<u>在韩国,春节是一个非常重要的传统节日</u>,因为它代表着
Zài Hánguó, Chūnjié shì yí ge fēicháng zhòngyào de chuántǒng jiérì, yīnwèi tā dàibiǎo zhe
过去的一年结束了,新的一年开始了。
guòqù de yì nián jiéshù le, xīn de yì nián kāishǐ le.

본론

<u>在春节期间</u>,很多在外面工作的人们会回到自己的故乡,
Zài Chūnjié qījiān, hěn duō zài wàimiàn gōngzuò de rénmen huì huídào zìjǐ de gùxiāng,
跟家人一起庆祝春节。<u>在春节当天</u>,很多家庭都会做一些传统
gēn jiārén yìqǐ qìngzhù Chūnjié. Zài Chūnjié dàngtiān, hěn duō jiātíng dōu huì zuò yìxiē chuántǒng
的活动,纪念祖先和已经去世的亲人,然后一起喝年糕汤,吃好吃的
de huódòng, jìniàn zǔxiān hé yǐjīng qùshì de qīnrén, ránhòu yìqǐ hē niángāotāng, chī hǎochī de
饭菜。老人们会给孩子们压岁钱,大家一起度过快乐美好的春节。
fàncài. Lǎorénmen huì gěi háizimen yāsuìqián, dàjiā yìqǐ dùguò kuàilè měihǎo de Chūnjié.

결론 🎤

过去在春节的时候，我们有一些传统的游戏，有些游戏的历史
Guòqù zài Chūnjié de shíhou, wǒmen yǒu yìxiē chuántǒng de yóuxì, yǒuxiē yóuxì de lìshǐ
已经很久了，现在玩儿的人越来越少。因为社会发展了，人们更愿意
yǐjīng hěn jiǔ le, xiànzài wánr de rén yuè lái yuè shǎo. Yīnwèi shèhuì fāzhǎn le, rénmen gèng yuànyì
用 新的方式 过春节，比如一家人一起去一个地方旅行，或者去好
yòng xīn de fāngshì guò Chūnjié, bǐrú yì jiārén yìqǐ qù yí ge dìfang lǚxíng, huòzhě qù hǎo
一点的餐厅吃饭庆祝，但不管是以前的方式还是现在的方式，都
yìdiǎn de cāntīng chīfàn qìngzhù, dàn bùguǎn shì yǐqián de fāngshì háishi xiànzài de fāngshì, dōu
表现了人们对幸福生活的期待。
biǎoxiàn le rénmen duì xìngfú shēnghuó de qīdài.

해석 한국에서 구정은 매우 중요한 전통 명절인데, 그것은 과거 한 해가 끝나고, 새로운 한 해가 시작되었음을 대표하고 있기 때문이다. 구정 기간에 밖에서 일하던 많은 사람들이 자신의 고향으로 돌아와 가족과 함께 구정을 축하한다. 구정 당일에는 많은 가정이 전통적인 활동을 하는데, 선조와 돌아가신 친족을 기리고, 그런 후에 함께 떡국을 먹고 맛있는 음식을 먹는다. 노인들은 아이들에게 세뱃돈을 주고, 모두가 함께 즐겁고 아름다운 구정을 보낸다.
과거 구정 때 우리는 전통적인 게임이 있었고, 어떤 게임들은 역사가 이미 오래된 것으로, 지금은 하는 사람들이 점점 줄어들고 있다. 사회의 발전 때문에 사람들은 새로운 방식으로 구정을 보내길 더욱 원하는데, 예를 들어 가족이 함께 한 곳에 여행하러 가거나, 혹은 좀 좋은 식당에 가서 밥을 먹으며 축하하는 것이다. 하지만 예전의 방식이든 현재의 방식이든 관계없이 모두 사람들의 행복한 생활에 대한 기대를 드러냈다.

어휘 代表 dàibiǎo 동 대표하다, 대신하다 명 대표, 대표자 │ 结束 jiéshù 동 끝나다, 마치다 │ 方式 fāngshì 명 방식 │ 表现 biǎoxiàn 동 1. (사람이 태도, 품행, 능력을 겉으로) 드러내다 2. 표현하다

🎧 02-06

6 现代人称那些把每个月的工资都花光的人为"月光族"，谈谈你对这类人的看法。

맥락 구상

관점 제시	첫 번째 단락	합리적이지 않음
논거	두 번째 단락	원인 분석
	세 번째 단락	문제점 분석
논점	네 번째 단락	해결 방법 제시

모범 답안 부정적

관점 제시	我认为"月光族"的生活方式是不太合理的,"月光"只能满足自己一时的需要,是对自己未来的人生不负责任的做法。

Wǒ rènwéi "yuèguāngzú" de shēnghuó fāngshì shì bú tài hélǐ de, "yuèguāng" zhǐnéng mǎnzú zìjǐ yìshí de xūyào, shì duì zìjǐ wèilái de rénshēng bú fù zérèn de zuòfǎ.

논거	之所以出现"月光族",是因为个人和社会两个方面的原因。从个人角度来看,现在有很多人不能合理地控制自己对物质的欲望,所以明明没有足够多的钱,还是会去买很多想要的东西,没有保持收入和支出平衡的意识。从社会角度来看,现在物价水平不断提高,但是人们的收入却没有大的变化,这就导致一部分人支付完房租、生活费等必需的费用以后,账户里的余额只能勉强维持生活,更没有能力存钱了。

Zhīsuǒyǐ chūxiàn "yuèguāngzú", shì yīnwèi gèrén hé shèhuì liǎng ge fāngmiàn de yuányīn. Cóng gèrén jiǎodù láikàn, xiànzài yǒu hěn duō rén bù néng hélǐ de kòngzhì zìjǐ duì wùzhì de yùwàng, suǒyǐ míngmíng méiyǒu zúgòu duō de qián, háishi huì qù mǎi hěn duō xiǎngyào de dōngxi, méiyǒu bǎochí shōurù hé zhīchū pínghéng de yìshí. Cóng shèhuì jiǎodù láikàn, xiànzài wùjià shuǐpíng búduàn tígāo, dànshì rénmen de shōurù què méiyǒu dà de biànhuà, zhè jiù dǎozhì yíbùfen rén zhīfùwán fángzū、shēnghuófèi děng bìxū de fèiyòng yǐhòu, zhànghùli de yú'é zhǐnéng miǎnqiǎng wéichí shēnghuó, gèng méiyǒu nénglì cúnqián le.

月光族的生活虽然从当下看来没什么弊端,但是考虑到未来就有很大的问题。一方面没钱养老,另一方面如果生活中遭遇意外的事故或突然失去工作,"月光族"们很可能无法应对。

Yuèguāngzú de shēnghuó suīrán cóng dāngxià kànlái méi shénme bìduān, dànshì kǎolǜ dào wèilái jiù yǒu hěn dà de wèntí. Yìfāngmiàn méi qián yǎnglǎo, lìng yìfāngmiàn rúguǒ shēnghuó zhōng zāoyù yìwài de shìgù huò tūrán shīqù gōngzuò, "yuèguāngzú"men hěn kěnéng wúfǎ yìngduì.

논점	最后,要从根本上解决"月光族"们的问题,除了让他们自己树立合理的消费观念,有计划地消费、存钱以外,也需要政府适当地调整物价,保障社会上大多数人的收入水平。

Zuìhòu, yào cóng gēnběnshàng jiějué "yuèguāngzú"men de wèntí, chúle ràng tāmen zìjǐ shùlì hélǐ de xiāofèi guānniàn, yǒu jìhuà de xiāofèi、cúnqián yǐwài, yě xūyào zhèngfǔ shìdàng de tiáozhěng wùjià, bǎozhàng shèhuìshàng dàduōshù rén de shōurù shuǐpíng.

해석 현대인은 매달 월급을 다 써버리는 사람들을 '월광족'이라고 부르는데, 이런 사람들에 대한 당신의 견해를 이야기해 보세요.
나는 '월광족'의 생활 방식은 그다지 합리적이지 않다고 생각한다. '월광'은 단지 자신의 일시적인 필요를 만족시킬 뿐, 자신의 미래 인생에 대해 책임지지 않는 방법이다.
'월광족'이 생겨난 것은 개인과 사회 두 가지 방면의 원인 때문이다. 개인의 각도에서 보자면, 현재 많은 사람들은 자신의 물질에 대한 욕망을 합리적으로 통제하지 못한다. 그래서 분명히 충분한 돈이 없는데도, 여전히 많은 원하는 물건을 사려고 하며, 수입과 지출의 균형을 유지하는 의식이 없다. 사회의 각도에서 보자면, 현재 물가 수준은 끊임없이 올라가지만, 사람들의 수입은 큰 변화가 없고, 이것은 일부 사람들이 집세, 생활비 등 반드시 필요한 비용을 지불하고 나면 계좌 속의 잔금이 가까스로 생활을 유지할 수 있고, 더군다나 저금할 능력이 없게 되는 결과를 초래한다.

월광족의 생활은 비록 현재로 봤을 땐 폐단이 없으나, 미래를 고려하면 아주 큰 문제가 있다. 한편으로는 노후 자금이 없고, 다른 한편으로는 만약 생활 속에서 의외의 사고를 당하거나 갑자기 직업을 잃게 되었을 때, '월광족'들은 아마 대응할 수 없을 것이다.

마지막으로, 근본적으로 '월광족'의 문제를 해결하려면, 그들 자신이 합리적인 소비 관념을 세우고 계획적으로 소비하고 저금하도록 하는 것 외에, 정부가 적당하게 물가를 조정하여 사회 대다수 사람들의 수입 수준을 보장할 필요가 있다.

어휘 合理 hélǐ [형] 합리적이다 | 满足 mǎnzú [동] 1. ~에 만족하다('满足于' 형태로 사용) 2. ~을 만족시키다 | 一时 yìshí [명] 1. 한때, 한 시기 2. 잠시, 잠깐 | 需要 xūyào [명] 필요, 수요 [동] 필요로 하다 | 负 fù [동] (책임·임무를) 맡다, 지다 | 责任 zérèn [명] 책임 | 原因 yuányīn [명] 원인 | 控制 kòngzhì [동] 통제하다, 제어하다 | 物质 wùzhì [명] 물질 | 欲望 yùwàng [명] 욕망 | 足够 zúgòu [동] 충분하다 | 保持 bǎochí [동] 유지하다 | 收入 shōurù [명] 수입, 소득 | 支出 zhīchū [명] 지출 | 平衡 pínghéng [형] 균형이 맞다, 평형하다 [동] 균형되게 하다 | 意识 yìshí [명][동] 의식(하다) | 不断 búduàn [동] 끊임없다 [부] 끊임없이 | 导致 dǎozhì [동] 야기하다, 초래하다 | 支付 zhīfù [동] 지불하다, 지급하다 | 房租 fángzū [명] 집세, 임대료 | 必需 bìxū [동] 반드시 필요하다 | 费用 fèiyòng [명] 비용 | 账户 zhànghù [명] 계좌 | 余额 yú'é [명] 잔금, 잔고 | 勉强 miǎnqiǎng [형] 1. 간신히 ~하다 2. 마지못하다, 내키지 않다 | 维持 wéichí [동] 유지하다 | 弊端 bìduān [명] 폐단 | 养老 yǎnglǎo [이합동] 1. 노인을 모시다 2. 여생을 보내다 | 遭遇 zāoyù [동] (불행한 일을) 만나다, 맞닥뜨리다 | 事故 shìgù [명] 사고 | 失去 shīqù [동] (추상적인 것을) 잃다, 잃어버리다 | 应对 yìngduì [동] 대응하다 | 树立 shùlì [동] 수립하다, 세우다 | 政府 zhèngfǔ [명] 정부 | 适当 shìdàng [형] 적당하다 | 调整 tiáozhěng [동] 조정하다 | 保障 bǎozhàng [명][동] 보장(하다)

주요 표현 정리

"月光"只能满足自己一时的需要,
没有保持收入和支出平衡的意识。
账户里的余额只能勉强维持生活,
除了让他们自己树立合理的消费观念,

★ **중요한 搭配 암기하기**

满足 + 需要/要求/条件 : 수요(필요)/요구/조건을 만족시키다
保持 + 平衡/冷静/距离 : 균형/냉정함/거리를 유지하다
维持 + 生活/生命/秩序 : 생활/생명/질서를 유지하다
树立 + 观念/理想 : 관념(사고 방식)/이상을 세우다

맥락 구상

관점 제시	첫 번째 단락	특별히 나쁠 것은 없음
논거	두 번째 단락	모든 사람은 생활 방식을 선택할 권리가 있음
논점	세 번째 단락	내가 월광족을 선택한 이유 : 행복감을 느낌

모범 답안 긍정적

관점 제시
我认为"月光族"的生活方式没什么不好。
Wǒ rènwéi "yuèguāngzú" de shēnghuó fāngshì méi shénme bù hǎo.

논거🎤

首先，每个人都有自由选择生活方式的权利。有的人从
Shǒuxiān, měi ge rén dōu yǒu zìyóu xuǎnzé shēnghuó fāngshì de quánlì. Yǒu de rén cóng
年轻的时候就开始存钱，准备未来买房子、养老；也有的人觉得应该
niánqīng de shíhou jiù kāishǐ cúnqián, zhǔnbèi wèilái mǎi fángzi、yǎnglǎo; yě yǒu de rén juéde yīnggāi
"活在当下"，也就是说不要提前考虑未来的事，趁现在尽情享受
"huózài dāngxià", yě jiùshì shuō bú yào tíqián kǎolǜ wèilái de shì, chèn xiànzài jìnqíng xiǎngshòu
生活更重要。很多"月光族"属于后者，他们更注重现在的
shēnghuó gèng zhòngyào. Hěn duō "yuèguāngzú" shǔyú hòuzhě, tāmen gèng zhùzhòng xiànzài de
生活质量，我觉得这也是现在很多年轻人比较喜欢的生活
shēnghuó zhìliàng, wǒ juéde zhè yě shì xiànzài hěn duō niánqīngrén bǐjiào xǐhuan de shēnghuó
方式。
fāngshì.

논점🎤

我自己也是"月光族"，一方面工资不高，另一方面我又很
Wǒ zìjǐ yě shì "yuèguāngzú", yìfāngmiàn gōngzī bù gāo, lìng yìfāngmiàn wǒ yòu hěn
注重生活的质量，所以我不想省吃俭用。我觉得让自己生活
zhùzhòng shēnghuó de zhìliàng, suǒyǐ wǒ bù xiǎng shěngchī jiǎnyòng. Wǒ juéde ràng zìjǐ shēnghuó
得舒适比存钱重要，所以基本上每个月都把工资花完，买自己想
de shūshì bǐ cúnqián zhòngyào, suǒyǐ jīběnshàng měi ge yuè dōu bǎ gōngzī huāwán, mǎi zìjǐ xiǎng
买的东西，去旅行，或者花钱去培养新的爱好、学习新知识等等。
mǎi de dōngxi, qù lǚxíng, huòzhě huāqián qù péiyǎng xīn de àihào、xuéxí xīn zhīshi děngděng.
这样的生活让我很有幸福感。
Zhèyàng de shēnghuó ràng wǒ hěn yǒu xìngfúgǎn.

해석 나는 '월광족'의 생활 방식이 특별히 나쁠 것은 없다고 생각한다.
우선, 모든 사람들은 생활 방식을 자유롭게 선택할 권리가 있다. 어떤 사람은 젊었을 때부터 저금을 하기 시작하여, 미래에 집을 사고 여생을 보낼 준비를 한다. 또 어떤 사람은 '오늘을 살아야 한다', 다시 말해서 미래의 일을 앞당겨 고려하지 말고 지금을 이용해서 생활을 마음껏 누리는 것이 더 중요하다고 생각한다. 많은 '월광족'은 후자에 속하는데, 그들은 현재 생활의 질을 더욱 중시하고, 나는 이것 또한 현재 많은 젊은이들이 비교적 좋아하는 생활 방식이라고 생각한다.
내 자신도 '월광족'이다. 한편으로는 월급이 많지 않고, 다른 한편으로 나는 생활의 질도 매우 중시해서 아껴 먹고 아껴 쓰고 싶지 않다. 나는 자신의 생활을 쾌적하게 하는 것이 저금을 하는 것보다 중요하다고 생각한다. 그래서 기본적으로 매달 월급을 다 써서 스스로 사고 싶은 물건을 사고, 여행을 가고, 혹은 돈을 써서 새로운 취미를 기르고 새로운 지식을 배우는 등등을 한다. 이러한 생활은 내가 매우 행복감이 들게 만들어 준다.

어휘 权利 quánlì 몡 권리 | 活在当下 huózài dāngxià 오늘을 살다 | 趁 chèn 젠 (때, 기회를) 이용해서, ~을 빌어서 | 尽情 jìnqíng 뷔 실컷, 마음껏 | 享受 xiǎngshòu 동 향수하다, 누리다, 즐기다 | 注重 zhùzhòng 동 중시하다 | 省吃俭用 shěngchī jiǎnyòng 아껴 먹고 아껴 쓰다, 절약해서 생활하다 | 舒适 shūshì 혱 쾌적하다, 편안하다 | 培养 péiyǎng 동 1. 배양하다 2. 양성하다, 기르다, 키우다

주요 표현 정리

或者花钱去培养新的爱好、学习新知识等等。

★ 중요한 搭配 암기하기

培养 + 爱好/能力/兴趣/信心/责任感(추상적) : 취미/능력/흥미/자신감/책임감을 기르다

실전 모의고사 3회

모범 답안 및 해설

第一部分

🎧 03-01

1 曾经有位国王让士兵在路上放了块巨石，自己则躲在一边偷偷观察路人的反应。开始时，路人都选择绕开巨石走，后来终于来了个农民，使出全身的力气，把巨石推到了一边。农民意外地发现，巨石下有一个装满金子的袋子和一张纸条，纸条上写着：把这块巨石推开就能成为这袋金子的主人。

해석 예전에 한 국왕이 병사들을 시켜 길에 큰 돌을 놓게 하고 자신은 한쪽에 숨어 행인들의 반응을 몰래 관찰했다. 처음에 행인들은 모두 큰 돌을 돌아가는 것을 선택하였고, 나중에 한 농민이 와서 온 힘을 다해 큰 돌을 한쪽으로 밀어버렸다. 농민은 뜻하지 않게 커다란 돌 아래에 하나의 금으로 가득 찬 주머니와 한 장의 쪽지를 발견하였는데, 쪽지에는 '이 커다란 돌을 밀어내면 이 금 주머니의 주인이 될 수 있습니다'라고 쓰여 있었다.

어휘 士兵 shìbīng 명 병사, 사병 | 躲 duǒ 동 숨다 | 偷偷 tōutōu 부 몰래, 슬그머니 | 反应 fǎnyìng 명동 반응(하다) | 绕 rào 동 1. 휘감(기)다 2. 우회하다, 길을 멀리 돌아서 가다 | 农民 nóngmín 명 농민 | 使出 shǐ chū (힘·지력 따위를) 발휘하다, 쓰다 | 力气 lìqi 명 힘, 역량 | 意外 yìwài 형 의외이다, 뜻밖이다 명 뜻밖의 사고 | 装 zhuāng 동 1. (물품을) 담다, (화물을) 싣다 2. 설치하다, 조립하다 3. 가장하다, ~인 척하다 | 金子 jīnzi 명 황금 | 袋子 dàizi 명 주머니, 자루, 포대 | 纸条 zhǐtiáo 명 쪽지 | 推 tuī 동 밀다

핵심요약

1. 曾经有位国王让士兵在路上放了块巨石，自己则躲在一边偷偷观察路人的反应。 (则躲 제거)
   → 曾经有位国王让士兵在路上放了块大石头，自己在一边偷偷看路人的反应。

2. 开始时，路人都选择绕开巨石走，
   → 开始时，路人都避开石头走，

   > **코너 속 어법 Tip**
   > 동사 + 开 : 붙어 있던 것이나 닫혀 있던 것이 멀어지거나 분리됨을 나타냄
   > 예 绕开 돌아서 피해가다
   >   避开 피하다
   >   推开 밀어서 분리시키다

3. 后来终于来了个农民，使出全身的力气，把巨石推到了一边。 (了一边 제거)
   → 后来一个农民来了，使出所有力气，把石头推开了。

> **코너 속 어법 Tip**
>
> **后来의 사용 조건** : 앞 문장, 后来 뒷 문장
> 이미 모두 발생한 앞 문장과 뒷 문장을 연결할 때 뒷 문장의 처음에 사용한다.
>
> 예 毕业后他在一家韩国公司工作，后来去了日本。
> 졸업 후 그는 한 한국회사에서 일했고, 후에 일본에 갔다.

4. 农民意外地发现，巨石下有一个装满金子的袋子和一张纸条。 〈제거〉
   → 农民意外地发现，石头下有个里面都是金子的袋子和一张纸。

5. 〈제거〉纸条上写着：把这块巨石推开就能成为这袋金子的主人。 〈제거〉
   → 纸上写着：把石头推开就能成为金子的主人。

🔊 모범 답안

曾经有位国王让士兵在路上放了块大石头，自己在一边偷偷看
Céngjīng yǒu wèi guówáng ràng shìbīng zài lùshang fàng le kuài dàshítou, zìjǐ zài yìbiān tōutōu kàn

路人的反应。开始时，路人都避开石头走，后来一个农民来了，使出所有
lùrén de fǎnyìng. Kāishǐ shí, lùrén dōu bìkāi shítou zǒu, hòulái yí ge nóngmín lái le, shǐchū suǒyǒu

力气，把石头推开了。农民意外地发现，石头下有个里面都是金子的袋子和
lìqi, bǎ shítou tuīkāi le. Nóngmín yìwài de fāxiàn, shítou xià yǒu ge lǐmiàn dōu shì jīnzi de dàizi hé

一张纸。纸上写着：把石头推开就能成为金子的主人。
yì zhāng zhǐ. Zhǐshàng xiě zhe: bǎ shítou tuīkāi jiù néng chéngwéi jīnzi de zhǔrén.

🎧 03-02

2 小鸭子要邀请朋友来家里玩儿。妈妈问它："你愿意和朋友分享你的玩具吗？"小鸭子说："当然。但我不想让它们玩儿我的新玩具。"于是鸭妈妈建议说："那就把新玩具收起来吧。否则，你的朋友看见了想玩儿，但是你却不给的话，它们会不高兴的。"鸭妈妈让孩子自己决定哪些东西可以分享，同时根据孩子的想法，给出了合理建议。这值得家长们学习。

해석 어린 오리가 친구를 집에 초대해서 놀려고 했다. 엄마는 어린 오리에게 "너는 친구와 네 장난감을 공유하길 원하니?"라고 물었다. 어린 오리는 "당연하죠. 하지만 제 새 장난감을 가지고 놀게 하고 싶지는 않아요."라고 말했다. 그래서 엄마 오리는 "그럼 새 장난감을 정리하렴. 그렇지 않으면, 네 친구들이 보고서는 가지고 놀고 싶을 거야. 그런데 네가 주지 않는다면, 그들은 기분이 나쁠 거야."라고 제안했다. 엄마 오리는 아이에게 어떤 물건을 공유할지 스스로 결정하게 하였고, 동시에 아이의 생각에 따라 합리적인 제안을 해주었다. 이것은 학부모들이 배울 만하다.

어휘 鸭子 yāzi 명 오리 | 邀请 yāoqǐng 동 초청하다, 초대하다 | 分享 fēnxiǎng 동 함께 나누다 | 玩具 wánjù 명 장난감, 완구 | 建议 jiànyì 명·동 건의(하다), 제안(하다) | 收 shōu 동 거두어들이다, 거두다, 회수하다 | 否则 fǒuzé 접 만약 그렇지 않으면 | 合理 hélǐ 형 합리적이다 | 值得 zhíde 동 ~할 만한 가치가 있다 | 家长 jiāzhǎng 명 학부모

핵심요약

1. 小鸭子要**邀**请朋友来家里玩儿。 (제거)
   → 小鸭子要请朋友来家里玩儿。

2. 妈妈问它：" 你愿意和朋友**分享**你的玩具吗？"
   → 妈妈问它：" 你愿意和朋友一起玩儿你的玩具吗？"

3. 小鸭子说：" 当然。但**我**不想让**它们**玩儿**我的**新玩具。"
   → 小鸭子说，当然，但它不想让朋友们玩儿它的新玩具。

4. 于是鸭妈妈建议说：" 那就把新玩具收起来吧。否则，你的朋友**看见了**想玩儿，但是你却不给的话，它们会不高兴的。" (계거)
   → 于是鸭妈妈让它把新玩具收起来，否则朋友们想玩儿，但它不给的话，朋友们会不高兴的。

5. 鸭妈妈让孩子自己决定哪些东西可以分享，同时根据孩子的想法，给出了合理建议。
   → 鸭妈妈让孩子自己决定什么可以分享，同时根据孩子的想法，给了合理的建议。

6. 这**值得**家长们学习。

> **코너 속 어법 Tip**
>
> **值得의 용법**
> ❶ 형용사 : 가치 있다
>   예 这种努力很值得。 이러한 노력은 가치 있다.
>
> ❷ 동사 : ~할 가치가 있다 + 동사
>   예 这种努力很值得学习。 이러한 노력은 매우 배울 가치가 있다.

모범 답안

小鸭子要请朋友来家里玩儿。妈妈问它：" 你愿意和朋友一起玩儿你
Xiǎoyāzi yào qǐng péngyou lái jiālǐ wánr. Māma wèn tā: "Nǐ yuànyì hé péngyou yìqǐ wánr nǐ

的玩具吗？"小鸭子说，当然，但它不想让朋友们玩儿它的新玩具。于是
de wánjù ma?" Xiǎoyāzi shuō, dāngrán, dàn tā bù xiǎng ràng péngyoumen wánr tā de xīn wánjù. Yúshì

鸭妈妈让它把新玩具收起来，否则朋友们想玩儿，但它不给的话，朋友们
yāmāma ràng tā bǎ xīn wánjù shōu qǐlai, fǒuzé péngyoumen xiǎng wánr, dàn tā bù gěi de huà, péngyoumen

会不高兴的。鸭妈妈让孩子自己决定什么可以分享，同时根据孩子的想法，
huì bù gāoxìng de. Yāmāma ràng háizi zìjǐ juédìng shénme kěyǐ fēnxiǎng, tóngshí gēnjù háizi de xiǎngfǎ,

给了合理的建议。这值得家长们学习。
gěi le hélǐ de jiànyì. Zhè zhídé jiāzhǎngmen xuéxí.

🎧 03-03

3 一个人如果生活在一个长期不变的环境中，没有新信息激发他去思考、去比较，他就很难"预测"未来。相反，一个人如果处于不断变化的环境中，经常接触一些新的信息，他就可以打开思路，把自己在不同环境观察到的东西加以比较，从而找出规律，预测出未来的发展趋势。

해석 한 사람이 만약 장기간 동안 변하지 않는 환경에서 살고, 그가 생각하고 비교하게 만들어 줄 새로운 정보가 없다면, 그는 미래를 '예측'하기 매우 어렵다. 반대로 한 사람이 끊임없이 변화하는 환경 속에 있고, 약간의 새로운 정보를 자주 접한다면, 그는 사고의 범위를 넓혀 자신이 다른 환경에서 관찰한 사물을 비교할 수 있고, 그리하여 규칙을 찾아내고 미래의 발전 추세를 예측할 수 있다.

어휘 信息 xìnxī 명 정보 | 激发 jīfā 동 (감정을) 불러일으키다, 끓어오르게 하다 | 思考 sīkǎo 동 사고하다 | 预测 yùcè 동 예측하다 | 相反 xiāngfǎn 접 반대로 형 상반되다, 반대되다 | 处于 chǔyú 동 (어떤 지위나 상태에) 처하다 | 不断 búduàn 부 끊임없이, 계속해서 동 끊임없다 | 接触 jiēchù 동 접촉하다 | 思路 sīlù 명 사고의 맥락, 사고의 방향 | 观察 guānchá 동 관찰하다 | 规律 guīlǜ 명 규율, 규칙 | 趋势 qūshì 명 추세

핵심요약

1. 一个人如果生活在一个长期不变的环境中，没有新信息激发他去思考、去比较，他就很难"预测"未来。
   (제거: 一个长期)
   → 一个人如果生活在不变的环境中，没有新信息让他去思考和比较，他就很难"预测"未来。

   코너 속 어법 Tip

   有/没有 + A + 동사(구) : ~할 A가 있다/없다

   예) 有个问题想问你。 너에게 묻고 싶은 문제가 하나 있다.
   没有时间学习。 공부할 시간이 없다.

2. 相反，一个人如果处于不断变化的环境中，经常接触一些新的信息，
   → 相反，一个人如果处在变化的环境中，经常了解新的信息，

3. 他就可以打开思路，把自己在不同环境观察到的东西加以比较，从而找出规律，预测出未来的发展趋势。
   (제거: 加以比较)
   → 他就可以打开思路，比较在不同环境观察到的东西，找到规律，预测未来的发展方向。

🔊 모범 답안

一个人如果生活在不变的环境中，没有新信息让他去思考和比较，
Yí ge rén rúguǒ shēnghuó zài bú biàn de huánjìngzhōng, méiyǒu xīn xìnxī ràng tā qù sīkǎo hé bǐjiào,

他就很难"预测"未来。相反，一个人如果处在变化的环境中，经常了解新
tā jiù hěn nán "yùcè" wèilái. Xiāngfǎn, yí ge rén rúguǒ chǔ zài biànhuà de huánjìngzhōng, jīngcháng liǎojiě xīn

的信息，他就可以打开思路，比较在不同环境观察到的东西，找到规律，预测
de xìnxī, tā jiù kěyǐ dǎkāi sīlù, bǐjiào zài bù tóng huánjìng guāncházhāng de dōngxi, zhǎodào guīlǜ, yùcè

未来的发展方向。
wèilái de fāzhǎn fāngxiàng.

第二部分

🎧 03-04

4 "读/万卷书，行/万里路"，"读书"和"行路"/哪个更重要？古人都把/
"Dú/wàn juàn shū, xíng/wàn lǐ lù", "dúshū" hé "xíng lù"/nǎ ge gèng zhòngyào? Gǔrén dōu bǎ/

"读/万卷书，行/万里路"/作为 一种境界，一种追求。它/概括了/每个人/
"Dú/wàn juàn shū, xíng/wàn lǐ lù"/Zuòwéi/yì zhǒng jìngjiè, yì zhǒng zhuīqiú. Tā/gàikuò le/měi ge rén/

获得真知/的途径，二者/都能/使人/开阔眼界，增长知识/和潜质。如果/
huòdé zhēnzhī/de tújìng, èrzhě/dōu néng/shǐ rén/kāikuò yǎnjiè, zēngzhǎng zhīshi/hé qiánzhì. Rúguǒ/

非要/把二者/分个高下，在我/看来，还是/读书/更为重要。因为/读/万卷书/
fēiyào/bǎ èr zhě/fēn ge gāoxià, zài wǒ/kànlái, háishi/dú shū/gèng wéi zhòngyào. Yīnwèi/dú/wàn juàn shū/

能获得/智慧，行/万里路/是增长/阅历。生活体验/可以/上升为/智慧，
néng huòdé/zhìhuì, xíng/wàn lǐ lù/shì zēngzhǎng/yuèlì. Shēnghuó tǐyàn/kěyǐ/shàngshēng wéi/zhìhuì,

甚至/可能比/从书中/获得的智慧/更实用、更重要。但/如果/一个人/
shènzhì/kěnéng bǐ/cóng shūzhōng/huòdé de zhìhuì/gèng shíyòng、gèng zhòngyào. Dàn/rúguǒ/yí ge rén/

没有/一定的/知识基础，阅历/就只/是阅历，不能/上升为/智慧。
méiyǒu/yídìng de/zhīshi jīchǔ, yuèlì/jiù zhǐ/shì yuèlì, bù néng/shàngshēng wéi/zhìhuì.

举个/例子，同样是/游览/长城，一个/不识字的人/大概/只能说："长城
Jǔ ge/lìzi, tóngyàng shì/yóulǎn/Chángchéng, yí ge/bù shízì de rén/dàgài/zhǐ néng shuō: "Chángchéng

啊！真是/太长了！"而/一个/有学问的人，他/面对/长城，则/容易/联想到/
a! Zhēnshi/tài cháng le!" Ér/yí ge/yǒu xuéwèn de rén, tā/miànduì/Chángchéng, zé/róngyì/liánxiǎngdào/

历史、想到/人生的意义、想到/国家的/前途命运，这 两者/有着/本质的/
lìshǐ、xiǎngdào/rénshēng de yìyì、xiǎngdào/guójiā de/qiántú mìngyùn, zhè liǎngzhě/yǒu zhe/běnzhì de/

不同。
bù tóng.

해석 '만 권의 책을 읽는 것은 만 리의 길을 걷는 것과 같다', '책을 읽는 것'과 '길을 걷는 것' 어느 것이 더 중요할까? 옛날 사람들은 '만 권의 책을 읽고, 만 리의 길을 걷다'를 일종의 경지와 일종의 추구로 여겼다. 그것은 모든 사람들이 참된 지식을 얻는 경로를 요약한 것으로, 두 가지 모두 사람들의 시야를 넓혀주고, 지식과 잠재력을 늘릴 수 있다. 만약 기어코 두 가지를 높고 낮음으로 나누고자 한다면, 내가 봤을 때 역시 책을 읽는 것이 더욱 중요하다. 왜냐하면 만 권의 책을 읽으면 지혜를 얻을 수 있고, 만 리의 길을 걷는 것은 경험을 늘리는 것이기 때문이다. 생활의 체험은 지혜로 성장할 수 있고, 심지어 아마도 책 속에서 얻는 지혜보다 더 실용적이고 더 중요할 것이다. 그러나 만약 한 사람이 일정한 지식의 기초가 없다면, 경험은 단지 경험일 뿐 지혜로 성장할 수 없다.

예를 들어 똑같이 만리장성을 유람하더라도, 글자를 모르는 사람은 아마 "만리장성이구나! 정말 너무 길다!"라고만 말할 수 있겠지만, 반면 학식이 있는 사람이라면 그는 만리장성을 마주하고 쉽게 역사를 연상하고, 인생의 의미를 생각하고, 국가의 앞날과 운명을 생각할 것이다. 이 두 가지는 본질적인 다른 점을 갖고 있다.

어휘 作为 zuòwéi 동 ~로 삼다, ~로 여기다 전 ~로서 | 境界 jìngjiè 명 1. 경계 2. 경지 | 追求 zhuīqiú 동 추구하다 | 概括 gàikuò 동 간단하게 요약하다 | 途径 tújìng 명 경로, 루트 | 开阔 kāikuò 동 넓히다 형 넓다 | 眼界 yǎnjiè 명 시야, 식견 | 增长 zēngzhǎng 동 늘어나다, 높아지다, 증가하다 | 潜质 qiánzhì 명 잠재적 소질, 잠재력 | 非要 fēiyào 부 기어코, 반드시 | 智慧 zhìhuì 명 지혜 | 阅历 yuèlì 명 경험 동 겪다, 경험하다 | 体验 tǐyàn 동 체험하다 | 上升 shàngshēng 동 1. (공간적으로 위치가 낮은 곳에서 높은 곳으로) 상승하다 2. (등급·지위·수량·정도 따위가) 향상되다, 상승하다, 증가하다 | 实用 shíyòng 형 실용적이다 | 例子 lìzi 명 예(시) | 游览 yóulǎn 동 유람하다 | 大概 dàgài 부 1. 아마 2. 대략 | 学问 xuéwèn 명 1. 학문 2. 학식, 지식 | 联想 liánxiǎng 동 연상하다 | 前途 qiántú 명 전도, 앞날, 전망 | 命运 mìngyùn 명 운명 | 本质 běnzhì 명 본질

第三部分

🎧 03-05

5 谈谈你心中理想的结婚对象。

맥락 구상

서론	첫 번째 단락	결혼은 인생에서 매우 중요한 과제임
본론	두 번째 단락	사람마다 결혼 상대를 선택하는 기준이 다름
결론	세 번째, 네 번째 단락	내가 희망하는 제일 중요한 것

모범 답안 高级版

서론

众所周知，婚姻是我们人生中的一个非常重要的课题。
Zhòngsuǒ zhōuzhī, hūnyīn shì wǒmen rénshēngzhōng de yí ge fēicháng zhòngyào de kètí.

只有找到合适的结婚对象，我们才能更轻松地面对婚姻的课题。
Zhǐyǒu zhǎodào héshì de jiéhūn duìxiàng, wǒmen cái néng gèng qīngsōng de miànduì hūnyīn de kètí.

본론

每个人选择结婚对象的标准是不一样的，有的人比较重视
Měi ge rén xuǎnzé jiéhūn duìxiàng de biāozhǔn shì bù yíyàng de, yǒu de rén bǐjiào zhòngshì

外表，有的人看重才华，有的人觉得有个性的人更有魅力，有的人
wàibiǎo, yǒu de rén kànzhòng cáihuá, yǒu de rén juéde yǒu gèxìng de rén gèng yǒu mèilì, yǒu de rén

则觉得经济实力才是最先应该考虑的择偶标准。
zé juéde jīngjì shílì cái shì zuì xiān yīnggāi kǎolǜ de zé'ǒu biāozhǔn.

결론

我也曾经很多次想象过结婚对象的样子。我心中理想
Wǒ yě céngjīng hěn duō cì xiǎngxiàng guo jiéhūn duìxiàng de yàngzi. Wǒ xīnzhōng lǐxiǎng

的结婚对象可以没有出众的外表或者卓越的才华，但我希望
de jiéhūn duìxiàng kěyǐ méiyǒu chūzhòng de wàibiǎo huòzhě zhuóyuè de cáihuá, dàn wǒ xīwàng

这个人善良有爱心，不一定要很富有，但至少有一定的经济基础。
zhè ge rén shànliáng yǒu àixīn, bù yídìng yào hěn fùyǒu, dàn zhìshǎo yǒu yídìng de jīngjì jīchǔ.

最重要的是，我理想的结婚对象应该是一个和我价值观比较
Zuì zhòngyào de shì, wǒ lǐxiǎng de jiéhūn duìxiàng yīnggāi shì yí ge hé wǒ jiàzhíguān bǐjiào

一致的人。因为如果两个人的想法不一样，往往会发生很多
yízhì de rén. Yīnwèi rúguǒ liǎng ge rén de xiǎngfǎ bù yíyàng, wǎngwǎng huì fāshēng hěn duō

矛盾，比如我认为家庭比事业重要，但对方觉得事业比家庭重要，
máodùn, bǐrú wǒ rènwéi jiātíng bǐ shìyè zhòngyào, dàn duìfāng juéde shìyè bǐ jiātíng zhòngyào,

这样就难免会在一些相关的问题上发生争吵。但如果两
zhèyàng jiù nánmiǎn huì zài yìxiē xiāngguān de wèntíshàng fāshēng zhēngchǎo. Dàn rúguǒ liǎng

个人的想法很一致，生活就会比较和谐幸福。
ge rén de xiǎngfǎ hěn yízhì, shēnghuó jiù huì bǐjiào héxié xìngfú.

해석 당신의 마음 속에 있는 이상적인 결혼 상대를 이야기해 보세요.

모두 알다시피, 혼인은 우리 인생에서 매우 중요한 과제이다. 오직 적합한 결혼 상대를 찾아야만 우리는 수월하게 혼인이라는 과제를 마주할 수 있다.

모든 사람마다 결혼 상대를 선택하는 기준이 다른데, 어떤 사람은 외모를 중시하고, 어떤 사람은 재능을 중시하고, 어떤 사람은 개성 있는 사람이 더 매력 있다고 생각하며, 어떤 사람은 반면 경제력이야말로 가장 먼저 고려해야 하는 배우자를 선택하는 기준이라고 생각한다.

나도 결혼 상대의 모습에 대해 여러 번 생각해 본 적 있다. 내 마음속에서 이상적인 결혼 상대는 출중한 외모 혹은 탁월한 재능은 없어도 되지만, 나는 이 사람이 착하고 사랑하는 마음을 가졌기를 희망하며, 꼭 부유하지 않더라도 그러나 최소한 일정한 경제기반은 있어야 한다.

가장 중요한 것은 나의 이상적인 결혼 상대는 나와 가치관이 비교적 일치하는 사람이어야 한다는 것이다. 왜냐하면 만약 두 사람의 생각이 다르면 종종 많은 갈등이 생길 수 있기 때문이다. 예를 들어 나는 가정이 사업보다 중요하다고 생각하는데, 상대는 사업이 가정보다 중요하다고 생각한다면 약간의 관련 문제에서 말다툼이 생기는 것을 피하기 어려울 것이다. 하지만 만약 두 사람의 생각이 일치한다면, 삶은 비교적 조화롭고 행복할 것이다.

어휘 众所周知 zhòngsuǒ zhōuzhī 성 모든 사람들이 다 알다 | 婚姻 hūnyīn 명 혼인, 결혼 | 课题 kètí 명 과제 | 对象 duìxiàng 명 1. 대상 2. (연애, 결혼의) 상대 | 轻松 qīngsōng 형 수월하다, 홀가분하다 | 面对 miànduì 동 직면하다, 대면하다 | 重视 zhòngshì 동 중요시하다 | 外表 wàibiǎo 명 겉모습, 외관, 외모 | 看重 kànzhòng 동 중시하다 | 才华 cáihuá 명 (바깥으로 드러나는) 재능 | 个性 gèxìng 명 개성 | 魅力 mèilì 명 매력 | 实力 shílì 명 실력 | 择偶 zé'ǒu 동 배필을 고르다 | 出众 chūzhòng 형 남보다 뛰어나다, 출중하다 | 卓越 zhuóyuè 형 탁월하다 | 善良 shànliáng 형 선량하다, 착하다 | 富有 fùyǒu 형 부유하다 | 价值观 jiàzhíguān 명 가치관 | 一致 yízhì 형 일치하다 부 만장일치로, 함께 | 矛盾 máodùn 형 모순

되다 명 모순, 갈등 | **家庭** jiātíng 명 가정 | **难免** nánmiǎn 형 불가피하다, 피할 수 없다 | **争吵** zhēngchǎo 동 말다툼하다 |
和谐 héxié 형 1. 잘 어울리다, 조화롭다 2. 화목하다

> **주요 표현 정리**
>
> 1. 只有找到合适的结婚对象，我们才能更轻松地面对婚姻的课题。
>   ★ **只有A才B** : 오직 A해야만 B하다(유일 조건)
>   > 예 只有这样做才能解决问题。오직 이렇게 해야만 문제를 해결할 수 있다.
>
> 2. 有的人……，有的人……，有的人……，有的人则……。
>   ★ **주어1……，而주어2则 ……。** :
>   비교나 대조를 나타내려는 주어 앞에 접속사 而이나 주어 뒤에 부사 则, 혹은 두 가지를 모두 써도 된다.
>   > 예 早上的太阳又大又凉，而中午的太阳则又小又热。
>   > 아침의 태양은 크고 시원하지만, 반면 정오의 태양은 작고 뜨겁다.

모범 답안 › 简单版

서론

大家都知道，结婚对我们的人生来说很重要，所以选择一
Dàjiā dōu zhīdào, jiéhūn duì wǒmen de rénshēng láishuō hěn zhòngyào, suǒyǐ xuǎnzé yí
个合适的结婚对象也非常重要。因为跟合适的人结婚，我们未来
ge héshì de jiéhūn duìxiàng yě fēicháng zhòngyào. Yīnwèi gēn héshì de rén jiéhūn, wǒmen wèilái
的生活才会幸福。
de shēnghuó cái huì xìngfú.

본론

每个人选择结婚对象的时候看重的条件也不一样，有的人
Měi ge rén xuǎnzé jiéhūn duìxiàng de shíhou kànzhòng de tiáojiàn yě bù yíyàng, yǒu de rén
喜欢长得好看的人，有的人喜欢有能力的人，有的人喜欢性格
xǐhuan zhǎng de hǎokàn de rén, yǒu de rén xǐhuan yǒu nénglì de rén, yǒu de rén xǐhuan xìnggé
好的人，有的人则喜欢有钱的人。
hǎo de rén, yǒu de rén zé xǐhuan yǒu qián de rén.

결론

我也想过这个问题，对我来说，我希望和我结婚的人性格好，
Wǒ yě xiǎng guo zhè ge wèntí, duì wǒ láishuō, wǒ xīwàng hé wǒ jiéhūn de rén xìnggé hǎo,
比较善良，我觉得性格比外表更重要，因为我要跟这个人在一起
bǐjiào shànliáng, wǒ juéde xìnggé bǐ wàibiǎo gèng zhòngyào, yīnwèi wǒ yào gēn zhè ge rén zài yìqǐ
生活很长时间，所以如果对方性格不好的话，可能我们会经常
shēnghuó hěn cháng shíjiān, suǒyǐ rúguǒ duìfāng xìnggé bù hǎo de huà, kěnéng wǒmen huì jīngcháng
吵架，所以 我希望 对方性格好，不容易生气。
chǎojià, suǒyǐ wǒ xīwàng duìfāng xìnggé hǎo, bù róngyì shēngqì.

결론

最重要的是，我心中的结婚对象应该是一个跟我想法比较像的人，尤其是对重要的事情的看法，比如花钱的观念，对未来的计划等等。如果我和对方的想法差不多，这样在生活中需要做决定的时候就比较轻松，两个人更容易互相理解，关系也会更好。

Zuì zhòngyào de shì, wǒ xīnzhōng de jiéhūn duìxiàng yīnggāi shì yí ge gēn wǒ xiǎngfǎ bǐjiào xiàng de rén, yóuqí shì duì zhòngyào de shìqing de kànfǎ, bǐrú huāqián de guānniàn, duì wèilái de jìhuà děngděng. Rúguǒ wǒ hé duìfāng de xiǎngfǎ chàbuduō, zhèyàng zài shēnghuózhōng xūyào zuò juédìng de shíhou jiù bǐjiào qīngsōng, liǎng ge rén gèng róngyì hùxiāng lǐjiě, guānxi yě huì gèng hǎo.

해석 결혼은 우리의 인생에서 아주 중요하다는 것을 모두 다 알고 있고, 그래서 적합한 결혼 상대를 선택하는 것은 매우 중요하다. 왜냐하면 적합한 사람과 결혼해야만 우리 미래의 생활이 행복할 것이기 때문이다.

모든 사람은 결혼 상대를 선택할 때 중시하는 조건도 다른데, 어떤 사람은 얼굴이 잘생긴 사람을 좋아하고, 어떤 사람은 능력이 있는 사람을 좋아하고, 어떤 사람은 성격이 좋은 사람을 좋아하고, 어떤 사람은 반면 돈이 있는 사람을 좋아한다.

나도 이 문제를 생각해 본 적이 있는데, 나에 대해 말하자면, 나는 나와 결혼하는 사람이 성격이 좋고 비교적 착하기를 희망한다. 나는 성격은 외모보다 더 중요하다고 생각한다. 나는 이 사람과 함께 오랫동안 생활해야 하기 때문에, 그래서 만약 상대가 성격이 좋지 않으면 아마 우리는 자주 싸우게 될 것이다. 그래서 나는 상대의 성격이 좋고 쉽게 화를 내지 않길 바란다.

가장 중요한 것은 내 마음 속의 결혼 상대는 나와 생각, 특히 중요한 일에 대한 생각이 비교적 비슷한 사람이어야 하는데, 예를 들어 돈을 쓰는 사고방식, 미래에 대한 계획 등이다. 만약 나와 상대의 생각이 비슷하다면, 생활 중에 결정을 해야 할 때 비교적 수월할 것이고, 두 사람은 더욱 쉽게 서로를 이해하고 관계도 더 좋을 것이다.

어휘 幸福 xìngfú [명][형] 행복(하다) | 看重 kànzhòng [동] 중시하다 | 条件 tiáojiàn [명] 조건 | 吵架 chǎojià [이합사] 다투다, 말다툼하다 | 对方 duìfāng [명] 상대방, 상대편 | 性格 xìnggé [명] 성격, 개성 | 观念 guānniàn [명] 관념, 사고방식 | 计划 jìhuà [명][동] 계획(하다) | 差不多 chàbuduō [형] 비슷하다, 큰 차이가 없다 [부] 거의 | 互相 hùxiāng [부] 서로, 상호 | 理解 lǐjiě [동] 이해하다

 03-06

6 你认为在获得成功的因素中，天赋和努力相比，哪个更重要?

맥락 구상

관점 제시	첫 번째 단락	노력이 더 중요함
논거	두 번째 단락	선천적인 재능이 있어도 노력하지 않으면 성공할 수 없음
	세 번째 단락	선천적인 재능이 없어도 노력하면 성공할 수 있음
논점	네 번째 단락	노력하기만 하면 가능성이 있음

모범 답안: 노력이 중요

관점 제시

我认为在获得成功的因素中，努力更重要。在这个世界上，有天赋的人可能不太多，更多的人是因为努力才成功的。
Wǒ rènwéi zài huòdé chénggōng de yīnsùzhōng, nǔlì gèng zhòngyào. Zài zhè ge shìjiè shàng, yǒu tiānfù de rén kěnéng bú tài duō, gèng duō de rén shì yīnwèi nǔlì cái chénggōng de.

논거

首先，一个人只有天赋，但是不好好努力的话，他不会成功。
Shǒuxiān, yí ge rén zhǐyǒu tiānfù, dànshì bù hǎohāo nǔlì de huà, tā bú huì chénggōng.
有很多这样的例子，比如有一些小孩儿在小时候特别聪明，但是长大
Yǒu hěn duō zhèyàng de lìzi, bǐrú yǒu yìxiē xiǎoháir zài xiǎoshíhou tèbié cōngmíng, dànshì zhǎngdà
以后不好好努力学习，最后他们也只能考上一般的学校。所以即使
yǐhòu bù hǎohāo nǔlì xuéxí, zuìhòu tāmen yě zhǐnéng kǎoshàng yìbān de xuéxiào. Suǒyǐ jíshǐ
有天赋，但不好好地去努力发展，那么结果就会浪费自己的天赋，不
yǒu tiānfù, dàn bù hǎohāo de qù nǔlì fāzhǎn, nàme jiéguǒ jiù huì làngfèi zìjǐ de tiānfù, bù
能成功。
néng chénggōng.

其次，没有天赋的人，经过不断的努力，也可以获得成功。比如
Qícì, méiyǒu tiānfù de rén, jīngguò búduàn de nǔlì, yě kěyǐ huòdé chénggōng. Bǐrú
爱因斯坦，我们都知道他是非常厉害的科学家，但是他小时候并不
Àiyīnsītǎn, wǒmen dōu zhīdào tā shì fēicháng lìhài de kēxuéjiā, dànshì tā xiǎoshíhou bìng bù
聪明，他到了三四岁才学会说话，但是后来他特别努力，所以他才获得
cōngmíng, tā dào le sānsì suì cái xuéhuì shuōhuà, dànshì hòulái tā tèbié nǔlì, suǒyǐ tā cái huòdé
了成功，成为了科学家。所以没有天赋的人不是没有成功的机会，
le chénggōng, chéngwéi le kēxuéjiā. Suǒyǐ méiyǒu tiānfù de rén bú shì méiyǒu chénggōng de jīhuì,
只要更加努力，就能够提高自己的能力，不断地进步，离成功越来越近。
zhǐyào gèngjiā nǔlì, jiù nénggòu tígāo zìjǐ de nénglì, búduàn de jìnbù, lí chénggōng yuè lái yuè jìn.

논점

总之，我们不能决定自己有没有天赋，但可以决定要不要努力，
Zǒngzhī, wǒmen bù néng juédìng zìjǐ yǒu méiyǒu tiānfù, dàn kěyǐ juédìng yào bu yào nǔlì,
所以努力比天赋重要。只要你愿意努力，什么都是有可能的。
suǒyǐ nǔlì bǐ tiānfù zhòngyào. Zhǐyào nǐ yuànyì nǔlì, shénme dōu shì yǒu kěnéng de.

해석 당신은 성공을 거두는 요인 중에, 선천적인 재능과 노력을 비교하면 어느 것이 더 중요하다고 생각합니까?

나는 성공을 거두는 요인 중에서 노력이 더 중요하다고 생각한다. 이 세상에 선천적인 재능을 가진 사람은 그다지 많지 않을 것이고, 더 많은 사람들은 노력 때문에 성공할 것이다.

먼저, 한 사람이 천부적인 재능만 있으나 열심히 노력하지 않는다면 그는 성공할 수 없을 것이다. 이러한 예는 많은데, 일부 아이들은 어렸을 때 매우 총명하지만, 자란 후 열심히 노력하며 공부하지 않아, 마지막에는 그들도 평범한 학교에만 합격할 수 있다. 그래서 설령 선천적인 재능이 있다고 할지라도 열심히 노력하여 발전하지 않으면, 결과적으로 자신의 선천적인 재능을 낭비하고, 성공할 수 없다.

다음으로, 천부적인 재능이 없는 사람도 끊임없는 노력을 통해서 성공할 수도 있다. 예를 들어 아인슈타인은 우리 모두 그가 매우 대단한 과학자라고 알고 있다. 그러나 그는 어릴 적 결코 똑똑하지 않았고, 그는 3~4살이 되어서야 말을 할 줄 알게 되었다.

하지만 후에 그는 굉장히 노력해서 과학자가 되어 성공을 거두었다. 그래서 선천적인 재능이 없는 사람은 성공할 기회가 없는 것이 아니며, 더욱 노력하기만 하면 자신의 능력을 충분히 끌어올릴 수 있고, 끊임없이 진보하여 성공과 점점 가까워질 수 있다. 결론적으로 말하면, 우리는 스스로 선천적인 재능이 있는지 없는지를 결정할 수 없지만, 노력할지 말지는 결정할 수 있어서, 노력은 선천적인 재능보다 중요하다. 당신이 노력하길 원하기만 한다면 무엇이든 다 가능해질 것이다.

어휘 因素 yīnsù 명 요소, 요인 | 天赋 tiānfù 명 선천적인 것, 타고난 것 | 爱因斯坦 Àiyīnsītǎn 고유 아인슈타인 | 厉害 lìhai 형 사납다, 무섭다, 대단하다, 심하다

주요 표현 정리

所以他才获得了成功,

★ 중요한 搭配 암기하기

获得 + 成功/冠军/成绩/经验 : 성공을 거두다/챔피언이 되다/성과(성적)를 거두다/경험을 얻다

맥락 구상

관점 제시	첫 번째 단락	선천적인 재능이 더 중요함
논거	두 번째 단락	많은 일들이 선천적인 재능 없이 할 수 없음
	세 번째 단락	반대의 경우(선천적인 재능이 있으면 쉽게 성공할 수 있음)
논점	네 번째 단락	성공하려면 선천적인 재능이 중요함

모범 답안 선천적인 재능이 중요

관점 제시

我认为在获得成功的因素中，天赋比努力更重要。如果没有天赋的话，不管怎么努力，都很难成功。
Wǒ rènwéi zài huòdé chénggōng de yīnsùzhōng, tiānfù bǐ nǔlì gèng zhòngyào. Rúguǒ méiyǒu tiānfù de huà, bùguǎn zěnme nǔlì, dōu hěn nán chénggōng.

논거

我们都知道，很多工作没有天赋是做不了的，特别是跟文学、艺术有关系的工作。比如，一个不懂音乐的人成不了音乐家，不会搭配颜色的人成不了画家，在文学或者艺术方面，天赋有时候对成功起着决定性的作用，很多没有天赋的人，努力很多年也不能成功。
Wǒmen dōu zhīdào, hěn duō gōngzuò méiyǒu tiānfù shì zuòbuliǎo de, tèbié shì gēn wénxué、yìshù yǒu guānxi de gōngzuò. Bǐrú, yí ge bù dǒng yīnyuè de rén chéngbuliǎo yīnyuèjiā, bú huì dāpèi yánsè de rén chéngbuliǎo huàjiā, zài wénxué huòzhě yìshù fāngmiàn, tiānfù yǒushíhou duì chénggōng qǐ zhe juédìngxìng de zuòyòng, hěn duō méiyǒu tiānfù de rén, nǔlì hěn duō nián yě bù néng chénggōng.

논거

🎤 相反，如果有天赋的话，可能稍微努力一点儿就可以成功。比如
Xiāngfǎn, rúguǒ yǒu tiānfù de huà, kěnéng shāowēi nǔlì yìdiǎnr jiù kěyǐ chénggōng. Bǐrú

听同一首歌，有些人听一遍就会唱了，在学习语言方面也是
tīng tóng yì shǒu gē, yǒuxiē rén tīng yí biàn jiù huì chàng le, zài xuéxí yǔyán fāngmiàn yě shì

这样，有些人可能只需要几个月就能掌握一门语言。所以对有
zhèyàng, yǒuxiē rén kěnéng zhǐ xūyào jǐ ge yuè jiù néng zhǎngwò yì mén yǔyán. Suǒyǐ duì yǒu

天赋的人来说，不需要特别努力，他们本来就离成功不远。
tiānfù de rén láishuō, bù xūyào tèbié nǔlì, tāmen běnlái jiù lí chénggōng bù yuǎn.

논점

🎤 因此，想要成功，天赋才是最重要的。我们在付出努力前，
Yīncǐ, xiǎng yào chénggōng, tiānfù cái shì zuì zhòngyào de. Wǒmen zài fùchū nǔlì qián,

应该先找一找自己的天赋，然后再确定努力的目标，这样也许能
yīnggāi xiān zhǎo yi zhǎo zìjǐ de tiānfù, ránhòu zài quèdìng nǔlì de mùbiāo, zhèyàng yěxǔ néng

更快获得成功。
gèng kuài huòdé chénggōng.

해석 나는 성공을 거두는 요인 중 선천적 소질이 노력보다 더 중요하다고 생각한다. 만약 선천적 소질이 없다면 아무리 노력해도 성공하기가 매우 어렵다.

우리가 모두 알다시피, 많은 일 특히 문학, 예술과 관계가 있는 일은 선천적 소질이 없으면 할 수가 없는 것이다. 예를 들어 음악을 모르는 사람은 음악가가 될 수 없고, 색을 조합할 수 없는 사람은 화가가 될 수 없는데, 문학이나 예술 방면에서 선천적 소질은 때로 성공에 결정적인 작용을 일으키며, 선천적 소질이 없는 많은 사람은 여러 해를 노력해도 성공할 수 없다.

반대로 만약 선천적 소질이 있다면 아마 노력을 조금만 해도 성공할 수 있을 것이다. 예를 들어 같은 노래를 들어도 어떤 사람은 한 번 듣고 바로 부를 수 있다. 언어 학습 방면 역시 이러한데, 어떤 사람은 단 몇 개월 만에 한 언어를 마스터할 수 있다. 그래서 선천적 소질이 있는 사람에게 있어 특별히 노력하는 것은 필요하지 않으며, 그들은 본래 성공에서 멀지 않다.

따라서, 성공하고 싶다면 선천적 소질이 가장 중요하다. 우리는 노력을 기울이기 전에 먼저 자신의 선천적 소질을 찾아야 하고, 그런 후에 노력의 목표를 확정해야 아마 더 빨리 성공을 거둘 것이다.

어휘 文学 wénxué 명 문학 | 艺术 yìshù 명 예술 | 搭配 dāpèi 동 배합하다, 조합하다 | 作用 zuòyòng 명 작용 | 相反 xiāngfǎn 접 반대로 | 稍微 shāowēi 부 조금, 약간 | 掌握 zhǎngwò 동 정통하다, 숙달하다 | 付出 fùchū 동 (대가·경비 따위를) 지불하다, 들이다 | 确定 quèdìng 동 확정하다, 확실히 정하다 | 目标 mùbiāo 명 목표

주요 표현 정리

有些人可能只需要几个月就能掌握一门语言。
我们在付出努力前，

★ 중요한 搭配 암기하기

掌握 + 语言/知识/技术 : 언어/지식/기술을 익히다
付出 + 努力/心血/代价 : 노력/심혈을 기울이다/대가를 치르다

실전 모의고사 4회

모범 답안 및 해설

第一部分

🎧 04-01

1 　　一个很有名的作家坐火车去外地。当火车上的工作人员检查车票时，他翻了每个口袋，也没有找到自己的车票。正好这个工作人员认识他，于是就安慰他说："没关系，如果您实在找不到车票，那也没事。""怎么能没事呢？我必须找到那张车票，不然的话，我怎么知道自己要去哪儿呢？"

해석 유명한 한 작가가 기차를 타고 타지로 갔다. 기차에서 일하는 직원이 차표를 검사할 때, 그는 모든 주머니를 뒤졌지만, 그래도 자신의 차표를 찾지 못했다. 마침 이 직원이 그를 알아보았고, 그래서 그를 위로하며 말했다. "괜찮습니다. 만약 당신이 정말 차표를 찾을 수 없다면, 그것도 괜찮아요." "어떻게 괜찮을 수 있죠? 저는 반드시 그 차표를 찾을 거예요. 그렇지 않으면 제가 어디로 가려 했는지 어떻게 알아요?"

어휘 外地 wàidì 몡 외지, 타지 | 检查 jiǎnchá 동 검사하다 | 翻 fān 동 1. 뒤집다 2. (책을) 펴다, 펼치다 3. (산 등을) 넘다, 건너다 | 口袋 kǒudài 몡 호주머니, 포켓 | 安慰 ānwèi 동 위로하다, 위안하다 | 实在 shízài 부 확실히, 정말, 참으로 몡 착실하다, 성실하다 | 不然 bùrán 접 그렇지 않으면

핵심요약

1. 一个<u>很</u>有名的作家坐火车去外地。 〔제거〕
   → 一个有名的作家坐火车去外地。

2. 当<u>火车上的</u>工作人员检查车票时，他<u>翻</u>了每个口袋，也<u>没有</u> <u>找到</u>自己的车票。 〔제거〕
   → 当工作人员检查车票时，他找了每个口袋，也没找到车票。

3. 正好这个工作人员认识他，<u>于是</u>就安慰他说："没关系，如果您实在<u>找不到</u>车票，那也没事。" 〔제거〕
   → 正好这个工作人员认识他，就对他说，实在找不到也没事。

코너 속 어법 Tip

没找到와 找不到의 차이

	어법적 차이	의미적 차이
没找到	没　找　到 　　동사서술어　결과보어 → 결과보어의 부정형	1회적으로 한 번 찾지 못함을 나타냄
找不到	找　不　到 　동사서술어　　가능보어 → 가능보어의 부정형	수 차례 반복해서 찾지 못함을 나타냄

4. "怎么能没事呢？我必须找到那张车票，不然的话，我怎么知道自己要去哪儿呢？"
   → 他说，怎么能没事呢？他必须找到车票，不然他不知道自己要去哪儿。

🔊 모범 답안

一个有名的作家坐火车去外地。当工作人员检查车票时，他找了
Yí ge yǒumíng de zuòjiā zuò huǒchē qù wàidì. Dāng gōngzuò rényuán jiǎnchá chēpiào shí, tā zhǎo le

每个口袋，也没找到车票。正好这个工作人员认识他，就对他说，实在
měi ge kǒudài, yě méi zhǎodào chēpiào. Zhènghǎo zhè ge gōngzuò rényuán rènshi tā, jiù duì tā shuō, shízài

找不到也没事。他说，怎么能没事呢？他必须找到车票，不然他不知道自己
zhǎobudào yě méi shì. Tā shuō, zěnme néng méi shì ne? Tā bìxū zhǎodào chēpiào, bùrán tā bù zhīdào zìjǐ

要去哪儿。
yào qù nǎr.

🎧 04-02

2   泡茶时我们要遵守一定的规则。泡茶的人要将泡好的茶均匀地倒入所有客人的杯子里，以保证每位客人喝到的茶浓淡度都是一样的。这体现了一种公平的原则，人们称之为"泡茶效应"。企业的管理者应该有这种公平的意识，努力使每位员工享受到相对公平的待遇，从而提高大家工作的积极性。

해석 차를 우릴 때 우리는 일정한 규칙을 따라야 한다. 차를 우리는 사람은 잘 우려진 차를 모든 손님들의 컵에 골고루 따라야 이로써 모든 손님들이 마신 차의 농도가 다 같도록 보증할 수 있다. 이는 일종의 공평한 원칙을 보여주는 것으로, 사람들은 이것을 '차 우리기 효과'라고 부른다. 기업의 관리자는 이런 공평한 의식을 가지고 모든 직원들이 상대적으로 공평한 대우를 누릴 수 있도록 노력함으로써, 모두가 일하는 적극성을 향상시켜야 한다.

어휘 泡茶 pào chá 뜨거운 물을 부어 차를 우리다 | 遵守 zūnshǒu 동 준수하다, 지키다 | 规则 guīzé 명 규칙 | 均匀 jūnyún 형 균등하다, 고르다 | 倒 dào 동 (거꾸로 들거나 기울여서) 붓다, 쏟다 | 保证 bǎozhèng 동 보증하다 | 浓淡 nóngdàn 명 농도 | 体现 tǐxiàn 동 구현하다, 체현하다, 구체적으로 드러내다 | 公平 gōngpíng 형 공평하다 | 原则 yuánzé 명 원칙 | 效应 xiàoyìng 명 효과(주로 이론의 명칭에 사용) | 企业 qǐyè 명 기업 | 意识 yìshí 명 의식 | 享受 xiǎngshòu 동 누리다, 즐기다 | 相对 xiāngduì 형 상대적이다 | 待遇 dàiyù 명 대우

핵심요약

1. 泡茶时我们要遵守一定的规则。
   → 泡茶要遵守一定的规则。

2. 泡茶的人要将泡好的茶均匀地倒入所有客人的杯子里，以保证每位客人喝到的茶浓淡度都是一样的。

→ 泡茶的人要把泡好的茶均匀倒进客人们的杯子里，保证每位客人喝到的茶浓度都一样。

3. 这体现了一种公平的原则，人们称之为"泡茶效应"。
   →这体现了公平的原则，被称为"泡茶效应"。

> **코너 속 어법 Tip**
>
> 1. 称A为B = 被(A)称为B : (A에 의해) B라고 불리다
>
> 2. 之의 용법
>   ❶ 3인칭 대명사 : 他(们), 她(们), 它(们)
>   예 称之为"泡茶效应"
>   = 它
>   ❷ 조사 的
>   예 失败是成功之母。 실패는 성공의 어머니이다.
>   = 成功的母亲

4. 企业的管理者应该有这种公平的意识，努力使每位员工享受到相对公平的待遇，从而提高大家工作的积极性。
   → 企业的管理者应该有这种意识，公平地对待每位员工，提高大家工作的积极性。

🔊 모범 답안

泡茶要遵守一定的规则。泡茶的人要把泡好的茶均匀倒进客人们
Pào chá yào zūnshǒu yídìng de guīzé. Pào chá de rén yào bǎ pàohǎo de chá jūnyún dàojìn kèrénmen

的杯子里，保证每位客人喝到的茶浓度都一样。这体现了公平的原则，被
de bēizili, bǎozhèng měi wèi kèrén hēdào de chá nóngdù dōu yíyàng. Zhè tǐxiàn le gōngpíng de yuánzé, bèi

称为"泡茶效应"。企业的管理者应该有这种意识，公平地对待每位
chēngwéi "pào chá xiàoyìng". Qǐyè de guǎnlǐzhě yīnggāi yǒu zhè zhǒng yìshí, gōngpíng de duìdài měi wèi

员工，提高大家工作的积极性。
yuángōng, tígāo dàjiā gōngzuò de jījíxìng.

🎧 04-03

3　　一句赞美的话也许会改变一个人的一生，只可惜现实生活中我们往往过于吝啬，不肯轻易说出自己的赞美之言，却容易在不经意间伤害别人。我们每个人都应该多一份爱心，在别人沮丧、失落时，送一句鼓励或赞美的话，让他知道他不是孤独的，一直有人在关注他、陪伴他。

해석 한 마디의 칭찬하는 말은 한 사람의 일생을 바꿀 수 있지만, 다만 아쉽게도 현실 생활에서 우리는 종종 지나치게 인색하고, 자신의 칭찬의 말을 쉽게 내뱉으려 하지 않으면서, 쉽게 무심코 다른 사람에게 상처를 준다. 우리 모든 사람은 사랑하는 마음을 많이 가지고, 다른 사람이 낙담하고 실의에 빠졌을 때 한 마디의 격려나 칭찬의 말을 보내어, 그가 고독한 사람이 아니며 줄곧 누군가가 그에게 관심을 갖고 그와 함께 해준다는 것을 알게 해주어야 한다.

어휘 赞美 zànměi 동 찬미하다, 칭송하다 | 也许 yěxǔ 부 아마도, 어쩌면 | 改变 gǎibiàn 동 바뀌다, 바꾸다 | 可惜 kěxī 형 아쉽다, 아깝다, 유감스럽다 | 现实 xiànshí 명 현실 형 현실적이다 | 过于 guòyú 부 과도하게, 지나치게 | 吝啬 lìnsè 형 인색하다 | 轻易 qīngyì 형 쉽다, 경솔하다, 함부로 하다 | 不经意间 bù jīngyì jiān 무심코, 무심결에 | 伤害 shānghài 동 1. (몸을) 상하게 하다, 해치다, 다치게 하다 2. (감정을) 상하게 하다, 상처를 입히다 | 沮丧 jǔsàng 실망하다, 낙담하다 | 失落 shīluò 형 망연자실하다, 실의에 빠지다 | 鼓励 gǔlì 동 격려하다 | 孤独 gūdú 형 고독하다 | 关注 guānzhù 동 관심을 가지다 | 陪伴 péibàn 동 함께하다, 같이 있다

핵심요약

1. 一句赞美的话也许会改变^{계거}一个人的一生，
   → 一句赞美的话也许会改变人的一生，

2. ^{계거}只可惜现实生活中我们往往过于吝啬，不肯轻易说出^{계거}自己的赞美之言，却容易在不经意间伤害别人。
   → 可惜现实生活中我们往往太小气，不肯轻易说出赞美的话，却容易在不注意时伤害别人。

3. 我们^{계거}每个人都应该多一份爱心，
   → 我们都应该多一份爱心，

4. 在别人沮丧、失落时，送一句鼓励或赞美的话，让他知道他不是孤独的，一直有人在关注他，陪伴他。
   → 在别人沮丧、失落时，说一句鼓励或赞美的话，让他知道他不孤独，一直有人在关注和陪伴他。

모범 답안

一句赞美的话也许会改变人的一生，可惜现实生活中我们往往太小气，不肯轻易说出赞美的话，却容易在不注意时伤害别人。我们都应该多一份爱心，在别人沮丧、失落时，说一句鼓励或赞美的话，让他知道他不孤独，一直有人在关注和陪伴他。

Yí jù zànměi de huà yěxǔ huì gǎibiàn rén de yìshēng, kěxī xiànshí shēnghuózhōng wǒmen wǎngwǎng tài xiǎoqì, bù kěn qīngyì shuōchū zànměi de huà, què róngyì zài bú zhùyì shí shānghài biérén. Wǒmen dōu yīnggāi duō yí fèn àixīn, zài biérén jǔsàng、shīluò shí, shuō yí jù gǔlì huò zànměi de huà, ràng tā zhīdào tā bù gūdú, yìzhí yǒu rén zài guānzhù hé péibàn tā.

第二部分

4

中国有这样一句话："悦人者众，悦己者王"。生活中有许多这样的人，他们为了达到自己的目的，往往会费尽心思去取悦他人，为他人而活，希望通过得到他人的肯定来成就自己。可一味去迎合他人的口味，失去了自己的个性，反而得不到他人的喜爱。

其实，悦己者才是真正的王者。他们为自己而创作，活出自己的境界和风采，从而获得内心的愉悦和创作的乐趣。悦己者拥有独立的人格和独特的魅力，因为悦己而光彩四射、赢得更多人的关注。这样说来，悦己才能悦人。无论是在婚姻爱情、日常处事中，还是在艺术追求和人生追求中，都应该把悦己放在第一位。做好自己，让自己愉悦，他人才会尊重你。

해석 중국에는 '사람을 즐겁게 하는 자는 많지만, 자신을 즐겁게 하는 자가 왕이다'라는 말이 있다. 생활에서 이런 사람이 많은데, 그들은 자신의 목적에 도달하기 위해 종종 온갖 궁리를 하여 타인의 환심을 사고, 타인을 위해 살며, 타인의 인정을 얻는 것을 통해 자신을 성취하길 희망한다. 하지만 무턱대고 타인의 입맛에 맞추고 자신의 개성을 잃는다면, 오히려 타인의 사랑을 얻을 수 없다.

사실 자신을 즐겁게 하는 자야 말로 진정한 왕이다. 그들은 자신을 위해 창작하고, 자신의 경지와 풍채로 살아가며, 따라서 마음 속의 기쁨과 창작의 즐거움을 얻는다. 자신을 즐겁게 하는 자는 독립적인 인격과 독특한 매력을 가지고 있으며, 자신을 즐겁게 하기 때문에 빛이 사방을 비추고, 더 많은 사람들의 관심을 받는다. 이렇게 말해보면, 자신을 즐겁게 하는 것이야 말로 사람을 즐겁게 할 수 있다. 결혼과 애정, 일상의 일 처리이든 아니면 예술적 추구와 인생의 추구에서든 관계없이 자신을 즐겁게 하는 것을 제1순위에 두어야 한다. 나답게 행동하고 자신을 기쁘게 만들어야만 타인이 당신을 존중할 것이다.

어휘 悦 yuè 기쁘게 하다 | 费尽心思 fèijìn xīnsī 성 온갖 궁리를 다하다, 갖은 계책을 다 쓰다 | 取悦 qǔyuè 동 (남의) 환심을 사다, 비위를 맞추다 | 肯定 kěndìng 동 긍정하다, 인정하다 | 成就 chéngjiù 동 (사업을) 이루다, 완성하다 | 一味 yíwèi 부 단순히, 무턱대고, 덮어놓고 | 迎合 yínghé 동 맞추다 | 口味 kǒuwèi 명 맛, 입맛, 기호 | 失去 shīqù 동 잃다, 잃어버리다 | 个性 gèxìng 명 개성 | 反而 fǎn'ér 부 오히려, 역으로 | 喜爱 xǐ'ài 동 좋아하다, 애호하다 | 创作 chuàngzuò 동 (문예 작품을) 창작하다 | 境界 jìngjiè 명 경계, 경지 | 风采 fēngcǎi 명 풍모, 풍채 | 从而 cóng'ér 접 따라서 | 愉悦 yúyuè 형 기쁘다, 즐겁다 | 乐趣 lèqù 명 즐거움, 재미 | 拥有 yōngyǒu 동 가지다, 소유하다, 보유하다 | 独立 dúlì 동 독자적으로 하다 | 人格 réngé 명 인격 | 魅力 mèilì 매력 | 光彩 guāngcǎi 명 빛, 광채 형 영예롭다, 영광스럽다 | 四射 sì shè 사방으로 발산하다, 사방으로 퍼지다 | 赢得 yíngdé 동 얻다, 받다, 획득하다 | 婚姻 hūnyīn 명 혼인, 결혼 | 处事 chǔshì 동 일을 처리하다 | 艺术 yìshù 명 형 예술(적이다) | 追求 zhuīqiú 동 추구하다

第三部分

🎧 04-05

5 请描述一下你心目中理想的居住环境。

맥락 구상

서론/결론	첫 번째 단락	• 모든 사람은 자신의 거주 환경을 중시함 • 나도 예외는 아님
본론	두 번째 단락	내가 생각하는 이상적 거주 환경 : 1. 교통, 2. 위생, 3. 치안
	세 번째 단락	내가 생각하는 이상적 거주 환경 : 4. 생활시설, 5. 분위기

모범 답안 高级版

서론/결론

想必 每个人都很重视自己居住的环境，因为它和我们的
Xiǎngbì měi ge rén dōu hěn zhòngshì zìjǐ jūzhù de huánjìng, yīnwèi tā hé wǒmen de
生活质量息息相关，居住在自己喜欢的环境中能够增强
shēnghuó zhìliàng xīxī xiāngguān, jūzhù zài zìjǐ xǐhuan de huánjìngzhōng nénggòu zēngqiáng
人们的幸福感。我也不例外，除了交通、卫生、治安等基本的条件
rénmen de xìngfúgǎn. Wǒ yě bú lìwài, chúle jiāotōng、wèishēng、zhì'ān děng jīběn de tiáojiàn
以外，我还很重视居住环境的生活设施、整体的氛围等。
yǐwài, wǒ hái hěn zhòngshì jūzhù huánjìng de shēnghuó shèshī、zhěngtǐ de fēnwéi děng.

본론

对我来说，首先，我喜欢 交通便利，出行方便的地方，所以
Duì wǒ láishuō, shǒuxiān, wǒ xǐhuan jiāotōng biànlì, chūxíng fāngbiàn de dìfang, suǒyǐ
我心目中理想的居住环境，不一定要位于城市的中心地带，但
wǒ xīnmùzhōng lǐxiǎng de jūzhù huánjìng, bù yídìng yào wèiyú chéngshì de zhōngxīn dìdài, dàn
必须交通发达，这样我上下班就比较轻松；其次，我喜欢 干净整洁
bìxū jiāotōng fādá, zhèyàng wǒ shàng xiàbān jiù bǐjiào qīngsōng; qícì, wǒ xǐhuan gānjìng zhěngjié
的环境，所以我希望住在空气清新，绿化达标的地方；再次，考虑到
de huánjìng, suǒyǐ wǒ xīwàng zhùzài kōngqì qīngxīn, lǜhuà dábiāo de dìfang; zàicì, kǎolǜdào
安全的问题，我更想住在人口比较集中，监控摄像系统比较
ānquán de wèntí, wǒ gèng xiǎng zhùzài rénkǒu bǐjiào jízhōng, jiānkòng shèxiàng xìtǒng bǐjiào
完善的街区。
wánshàn de jiēqū.

본론 🎤

除此之外，我希望我住的地方生活设施齐全，比如有公园、
Chúcǐ zhī wài, wǒ xīwàng wǒ zhù de dìfang shēnghuó shèshī qíquán, bǐrú yǒu gōngyuán、

超市、学校、医院等。最后，在我看来，居住环境的整体氛围也很
chāoshì、xuéxiào、yīyuàn děng. Zuìhòu, zài wǒ kànlái, jūzhù huánjìng de zhěngtǐ fēnwéi yě hěn

重要，我不喜欢特别吵闹的地方，最理想的是小区周围比较安静，
zhòngyào, wǒ bù xǐhuan tèbié chǎonào de dìfang, zuì lǐxiǎng de shì xiǎoqū zhōuwéi bǐjiào ānjìng,

同时充满生活气息。
tóngshí chōngmǎn shēnghuó qìxī.

해석 당신 마음 속의 이상적인 거주 환경을 묘사해 보세요.

틀림없이 모든 사람은 자신의 거주하는 환경을 매우 중시한다. 왜냐하면 그것은 우리 생활의 질과 밀접하게 관련되어 있고, 자신이 좋아하는 환경에서 거주하면 사람들의 행복감을 충분히 강화할 수 있기 때문이다. 나도 예외는 아닌데, 교통, 위생, 치안 등 기본적인 조건 외에, 나는 또한 거주 환경의 생활 시설, 전체적인 분위기 등을 매우 중시한다.

나에 대해 말하자면, 먼저 나는 교통이 편리하고 외출이 편한 곳을 좋아한다. 그래서 내 마음 속의 이상적인 거주 환경은 반드시 도시의 중심 지역에 위치해야 하는 것은 아니지만, 반드시 교통이 발달해야 나의 출퇴근이 비교적 수월하다. 다음으로 나는 깨끗하고 말끔한 환경을 좋아해서 공기가 신선하고 녹화가 기준에 이르는 곳에 살기를 희망한다. 그 다음으로 안전 문제를 고려하여, 나는 인구가 비교적 집중되어 있고 감시 카메라 시스템이 비교적 완벽한 구역에서 더 살고 싶다.

이 외에, 나는 내가 사는 곳의 생활 시설, 예를 들어 공원, 슈퍼마켓, 학교, 병원 등이 잘 갖추어져 있기를 희망한다. 마지막으로 내가 보기에 거주 환경의 전체적인 분위기도 중요하다. 나는 시끄러운 곳을 매우 싫어하여, 주거 지역 주위가 비교적 조용하고, 동시에 생활의 숨결이 가득한 것이 가장 이상적이다.

어휘 想必 xiǎngbì 〔부〕 반드시, 틀림없이 | 居住 jūzhù 〔동〕 거주하다 | 息息相关 xīxī xiāngguān 〔성〕 관계가 아주 밀접하다, 밀접하게 관련되어 있다 | 增强 zēngqiáng 〔동〕 증강하다, 강화하다 | 例外 lìwài 〔동〕 예외이다, 예로 하다 〔명〕 예외 | 卫生 wèishēng 〔명〕 위생 | 治安 zhì'ān 〔명〕 치안 | 设施 shèshī 〔명〕 시설 | 整体 zhěngtǐ 〔명〕 전부, 전체 | 氛围 fēnwéi 〔명〕 분위기 | 便利 biànlì 〔형〕 편리하게 하다 〔동〕 편리하다 | 出行 chūxíng 〔동〕 외출하다, 외지로 나가다 | 心目 xīnmù 〔명〕 심중, 마음속 | 位于 wèiyú 〔동〕 ~에 위치하다 | 地带 dìdài 〔명〕 지대, 지역 | 发达 fādá 〔형〕 발달하다 | 整洁 zhěngjié 〔형〕 단정하고 깨끗하다, 말끔하다 | 清新 qīngxīn 〔형〕 맑고 새롭다, 신선하다 | 绿化 lǜhuà 〔동〕 녹화하다(나무나 화초를 심어 푸르게 하다) | 达标 dábiāo 〔동〕 규정된 기준에 도달하다 | 监控 jiānkòng 〔동〕 감시하고 제어하다 | 摄像 shèxiàng 〔동〕 촬영하다, 사진을 찍다 | 系统 xìtǒng 〔명〕 체계, 시스템 〔형〕 체계적이다 | 完善 wánshàn 〔형〕 완전하다, 완벽하다 〔동〕 완전해지게 하다 | 街区 jiēqū 〔명〕 경계를 갈라 정한 지역, 구역 | 齐全 qíquán 〔형〕 완전히 갖추다, 완비하다 | 吵闹 chǎonào 〔형〕 떠들썩하다 | 气息 qìxī 〔명〕 숨결, 향기, 기운

주요 표현 정리

1. 除了交通、卫生、治安等基本的条件以外，我还很重视居住环境的生活设施、整体的氛围等。

   ★ **除了A以外/之外，B都……** : A 외에 B는 모두 ~하다(A와 B는 다른 성격)

   예) 这次活动除了小王以外，我们都参加。
   이번 활동은 샤오왕 외에 우리는 모두 참가한다. (샤오왕은 참가하지 않음)

   ★ **除了A以外/之外，B也/还……** : A 외에 B도 ~하다(A와 B는 같은 성격)

   예) 这次活动除了小王以外，我们也参加。
   이번 활동은 샤오왕 외에 우리도 간다. (샤오왕도 참가함)

2. **在 + 사람 + 看来** : ~가 보기에(의견을 가진 사람을 나타냄)

   예) 在我看来 = 在你看来 = 在他看来 = 在老师看来

모범 답안 简单版

서론/결론

一般来说，每个人都重视自己的居住环境，因为居住的环境和我们的生活质量有很大的关系，住在自己喜欢的地方，能够让人觉得更加幸福。我也一样，除了交通、卫生和安全问题，我还比较看重在这个地方生活，比如吃饭、买东西、看病是不是方便等。

Yībān láishuō, měi ge rén dōu zhòngshì zìjǐ de jūzhù huánjìng, yīnwèi jūzhù de huánjìng hé wǒmen de shēnghuó zhìliàng yǒu hěn dà de guānxi, zhùzài zìjǐ xǐhuan de dìfang, nénggòu ràng rén juéde gèngjiā xìngfú. Wǒ yě yíyàng, chúle jiāotōng、wèishēng hé ānquán wèntí, wǒ hái bǐjiào kànzhòng zài zhè ge dìfang shēnghuó, bǐrú chīfàn、mǎi dōngxi、kànbìng shì bu shì fāngbiàn děng.

본론

首先，我心中理想的居住环境不一定要在城市中心，那样的话，一方面房子很贵，另一方面容易堵车，所以我更喜欢不在市中心。但我希望住在坐地铁或者公交车很方便的地方，这样上下班也比较轻松。其次，我想住在干净、空气好的地方，家附近最好有很多的树，休息的时候可以出去散步。再次，从安全的角度考虑，我想住在居民多一点的小区。

Shǒuxiān, wǒ xīnzhōng lǐxiǎng de jūzhù huánjìng bù yídìng yào zài chéngshì zhōngxīn, nàyàng de huà, yì fāngmiàn fángzi hěn guì, lìng yì fāngmiàn róngyì dǔchē, suǒyǐ wǒ gèng xǐhuan bú zài shìzhōngxīn. Dàn wǒ xīwàng zhùzài zuò dìtiě huòzhě gōngjiāochē hěn fāngbiàn de dìfang, zhèyàng shàng xiàbān yě bǐjiào qīngsōng. Qícì, wǒ xiǎng zhùzài gānjìng、kōngqì hǎo de dìfang, jiā fùjìn zuìhǎo yǒu hěn duō de shù, xiūxi de shíhou kěyǐ chūqù sànbù. Zàicì, cóng ānquán de jiǎodù kǎolǜ, wǒ xiǎng zhùzài jūmín duō yìdiǎn de xiǎoqū.

除此之外，我心目中理想的居住环境还有一个特点，就是生活方便，比如附近有一些餐厅、超市、银行等，这样吃饭购物都比较方便。另外最好有药店或者医院，生病了可以随时去看病。最后，我不喜欢特别吵的地方，所以我更喜欢安静的小区。

Chúcǐ zhīwài, wǒ xīnmùzhōng lǐxiǎng de jūzhù huánjìng háiyǒu yí ge tèdiǎn, jiùshì shēnghuó fāngbiàn, bǐrú fùjìn yǒu yìxiē cāntīng、chāoshì、yínháng děng, zhèyàng chīfàn gòuwù dōu bǐjiào fāngbiàn. Lìngwài zuì hǎo yǒu yàodiàn huòzhě yīyuàn, shēngbìng le kěyǐ suíshí qù kànbìng. Zuìhòu, wǒ bù xǐhuan tèbié chǎo de dìfang, suǒyǐ wǒ gèng xǐhuan ānjìng de xiǎoqū.

해석 일반적으로 말해 모든 사람들은 자신의 거주 환경을 중시한다. 왜냐하면 거주 환경과 우리 생활의 질은 매우 큰 관계가 있고, 자신이 좋아하는 곳에 살면 사람들이 더 행복하다고 느낄 수 있기 때문이다. 나도 마찬가지로 교통, 위생 그리고 안전 문제 외에, 나는 또한 이 곳에서의 생활을 비교적 중요시하는데, 예를 들어 식사, 쇼핑, 진료받기가 편리한가 등이다.

먼저 내 마음 속의 이상적인 거주 환경은 반드시 도심에 있어야 하는 것은 아니다. 그렇게 된다면 한편으로는 집이 비싸고 다른 한편으로는 교통 체증이 일어나기 쉬워서 나는 도심지에 있지 않는 것을 더 좋아한다. 그러나 나는 지하철이나 버스 타는 것이 편리한 곳에 살고 싶다. 이렇게 되면 출퇴근도 비교적 수월하다. 다음으로 나는 깨끗하고 공기가 좋은 곳에서 살고 싶다. 집 부근에 많은 나무가 있어서 휴식할 때 나가서 산책할 수 있는 것이 가장 좋다. 그 다음으로 안전의 각도에서 고려할 때, 거주민이 좀 많은 곳에서 살고 싶다.

이 외에 내 마음 속의 이상적인 거주 환경의 특징은 바로 생활의 편리함이다. 예를 들어 부근에 식당, 슈퍼마켓, 은행 등이 있어야 한다. 이렇게 되면 밥을 먹고 쇼핑하는 것이 모두 비교적 편리하다. 그 밖에 약국이나 병원이 있어서 병이 났을 때 아무 때나 진찰을 받으러 갈 수 있는 것이 가장 좋다. 마지막으로 나는 매우 시끄러운 곳을 좋아하지 않아서 조용한 거주 지역이 더 좋다.

어휘 | **质量** zhìliàng 몡 질, 품질 | **看重** kànzhòng 동 중시하다 | **房子** fángzi 몡 집, 건물 | **堵车** dǔchē 이합사 교통이 꽉 막히다, 체증되다 | **公交车** gōngjiāochē 몡 (대중교통) 버스 | **轻松** qīngsōng 형 수월하다, 가볍다, 홀가분하다 | **小区** xiǎoqū 몡 (도시의 상대적으로 독립된) 주택 단지, 주거 지구[지역] | **特点** tèdiǎn 몡 특징, 특색 | **购物** gòuwù 동 구매하다 | **随时** suíshí 부 수시로, 아무 때나

> **주요 표현 정리**
>
> 一方面房子很贵，另一方面容易堵车。
>
> ★ **一方面A，另一方面B**：한편으로는 A하고, 다른 한편으로는 B하다
>
> 예 她一方面对丈夫怀有抱怨，另一方面也能理解丈夫的立场。
> 그녀는 한편으로는 남편에게 불만을 갖고 있지만, 다른 한편으로는 남편의 입장을 이해할 수 있다.

🎧 04-06

6 你认为网络的出现让人们之间的距离变远了还是变近了？谈谈你的看法。

맥락 구상

관점 제시	첫 번째 단락	사람들 간의 거리가 가까워질 수 있음
논거	두 번째 단락	첫 번째 원인 : 연락이 편리해짐
	세 번째 단락	두 번째 원인 : 다른 국가의 친구가 생김
논점	네 번째 단락	사람들 간의 거리를 끌어당겼음

🔊 모범 답안 가까워짐

관점 제시

很多人都说网络是一把双刃剑，虽然给我们的生活
Hěn duō rén dōu shuō wǎngluò shì yì bǎ shuāngrènjiàn, suīrán gěi wǒmen de shēnghuó
带来了便利，但有时候也影响了人们的正常生活，比如有的人
dài lái le biànlì, dàn yǒushíhou yě yǐngxiǎng le rénmen de zhèngcháng shēnghuó. Bǐrú yǒu de rén
一天24小时都在上网玩儿游戏，慢慢地和家人朋友的关系就
yì tiān èrshísì xiǎoshí dōu zài shàngwǎng wánr yóuxì, mànmàn de hé jiārén péngyou de guānxi jiù
变远了。但我认为如果合理地使用网络，人们之间的距离 不但不会
biàn yuǎn le. Dàn wǒ rènwéi rúguǒ hélǐ de shǐyòng wǎngluò, rénmen zhī jiān de jùlí bú dàn bú huì
变远， 反而 会变近 。
biàn yuǎn, fǎn'ér huì biàn jìn.

논거

第一个原因是，网络的出现让人们的联系变得更方便。
Dì yī ge yuányīn shì, wǎngluò de chūxiàn ràng rénmen de liánxì biàn de gèng fāngbiàn.

现在人们不需要通过写信或者打电话，只需要下载一些软件，就
Xiànzài rénmen bù xūyào tōngguò xiěxìn huòzhě dǎ diànhuà, zhǐ xūyào xiàzài yìxiē ruǎnjiàn, jiù

可以免费发信息、打视频电话。甚至你可以通过SNS(社交媒体)看到
kěyǐ miǎnfèi fā xìnxī, dǎ shìpín diànhuà. Shènzhì nǐ kěyǐ tōngguò SNS(shèjiāo méitǐ) kàndào

朋友发的照片，了解他们现在的情况。不管什么时候，不管你
péngyou fā de zhàopiàn, liǎojiě tāmen xiànzài de qíngkuàng. Bùguǎn shénme shíhou, bùguǎn nǐ

在哪里，随时可以联系到自己的亲人和朋友，拉近和他们之间的距离。
zài nǎli, suíshí kěyǐ liánxìdào zìjǐ de qīnrén hé péngyou, lājìn hé tāmen zhī jiān de jùlí.

第二个原因是，网络的出现让我们有机会认识不同国家的
Dì èr ge yuányīn shì, wǎngluò de chūxiàn ràng wǒmen yǒu jīhuì rènshi bù tóng guójiā de

朋友。在没有网络的时代，人们可能觉得自己和外国人的距离非常
péngyou. Zài méiyǒu wǎngluò de shídài, rénmen kěnéng juéde zìjǐ hé wàiguórén de jùlí fēicháng

遥远。现在通过网络，不但可以了解其他国家的文化，还可以认识
yáoyuǎn. Xiànzài tōngguò wǎngluò, búdàn kěyǐ liǎojiě qítā guójiā de wénhuà, hái kěyǐ rènshi

其他国家的朋友，学习他们的语言。所以网络成为了把世界连接在
qítā guójiā de péngyou, xuéxí tāmen de yǔyán. Suǒyǐ wǎngluò chéngwéi le bǎ shìjiè liánjiēzài

一起的工具，让不同国家的人之间的距离变近了。
yìqǐ de gōngjù, ràng bù tóng guójiā de rén zhī jiān de jùlí biàn jìn le.

논점

因此，不管是和亲人朋友联系，还是认识不同国家的朋友，网
Yīncǐ, bùguǎn shì hé qīnrén péngyou liánxì, háishi rènshi bù tóng guójiā de péngyou, wǎng

络的出现都给人们带来了很大的帮助，它把不可能变成了可能，
luò de chūxiàn dōu gěi rénmen dài lái le hěn dà de bāngzhù, tā bǎ bù kěnéng biànchéng le kěnéng,

拉近了人们之间的距离。
lājìn le rénmen zhī jiān de jùlí.

해석 당신은 인터넷이 생겨나고 사람 간의 거리가 멀어졌나요, 아니면 가까워졌다고 생각하나요? 당신의 생각을 말해 보세요.
많은 사람들은 모두 인터넷은 양날의 칼이라고 말한다. 비록 우리 삶에 편리함을 가져왔지만, 때로는 사람들의 정상적인 생활에 영향을 끼쳤다. 예를 들어 어떤 사람은 하루 24시간을 모두 인터넷게임을 하여 천천히 가족, 친구와의 관계가 멀어지게 된다. 하지만 나는 만약 인터넷을 합리적으로 사용한다면, 사람들 간의 거리가 멀어지지 않을 뿐만 아니라, 오히려 가까워질 수 있다고 생각한다.
첫 번째 원인은 인터넷의 출현이 사람들의 연락을 더욱 편리하게 만들어 주었고, 현재 사람들은 편지를 쓰거나 전화하는 것을 통할 필요가 없으며, 일부 소프트웨어만 다운 받으면 무료로 메시지를 보내고 영상통화를 할 수 있다. 심지어 당신은 SNS(소셜미디어)를 통해 친구가 보낸 사진을 보고 그들의 현재 상황을 알 수 있다. 언제든, 당신이 어디에 있든 수시로 자신의 가족, 친구와 연락하고, 그들과의 거리를 끌어당길 수 있다.
두 번째 원인은 인터넷의 출현은 우리가 다른 나라의 친구를 알 수 있는 기회를 갖게 해줬다. 인터넷이 없는 시대에 사람들은 자신과 외국인의 거리가 매우 멀다고 느꼈지만, 지금은 인터넷을 통해 다른 국가의 문화를 이해할 수 있을 뿐만 아니라, 다른 국가의 친구를 알 수 있고, 그들의 언어를 배울 수 있다. 그래서 인터넷은 세계를 하나로 이어주는 도구가 되어, 서로 다른 국가의 사람들 간의 거리를 가깝게 만들어 주었다.
따라서 가족, 친구와의 연락이든 아니면 다른 국가의 친구를 알게 되는 것이든 관계없이, 인터넷의 출현은 사람들에게 큰 도움을 가져왔고, 그것은 불가능을 가능으로 변하게 하였으며, 사람들 간의 거리를 가깝게 하였다.

어휘 双刃剑 shuāngrènjiàn 명 양날의 칼 | 便利 biànlì 형 편리하다 동 편리하게 하다 | 正常 zhèngcháng 형 정상적이다 | 合理 hélǐ 형 합리적이다 | 反而 fǎn'ér 부 오히려 | 下载 xiàzài 동 다운로드하다 | 软件 ruǎnjiàn 명 소프트웨어, 앱 | 视频电话 shìpín diànhuà 영상통화 | 社交媒体 shèjiāo méitǐ 소셜미디어(SNS) | 拉近 lājìn 동 가까이 끌어당기다 | 遥远 yáoyuǎn 형 요원하다, 아득히 멀다 | 信息 xìnxī 명 1. 소식, 뉴스 2. 정보 | 时代 shídài 명 1. (역사상의) 시대 2. (일생 중의) 시절 | 连接 liánjiē 동 연결시키다

주요 표현 정리

1. 人们之间的距离不但不会变远，反而会变近。

   ★ **不但/不仅A，而且(주어)也/还B**：A할 뿐만 아니라, 또한 B하다

   예) 他不但会说英语，还会说汉语。 그는 영어를 할 수 있을 뿐만 아니라, 중국어도 할 수 있다.

   ★ **不但不/不但没A，주어反而B**：A하지 않을 뿐만 아니라, 오히려 B하다

   예) 风不但没停，反而越来越大了。
   바람을 멈추지 않았을 뿐만 아니라, 오히려 갈수록 거세졌다.

2. 不管什么时间，不管你在哪里，
   不管是和亲人朋友联系，

   ★ **不管/无论A，** : A에 관계 없이

   A에 꼭 들어가야 하는 표현!

   ❶ 의문사

   예) 不管是谁，都得去。 누구든 관계없이 모두 가야 한다.

   ❷ 是……还是……

   예) 不管是大人还是小孩儿，都得去。 어른이든 아니면 아이든 관계없이 모두 가야 한다.

   ❸ 정반의문문

   예) 不管好不好吃，都得吃。 맛있든 맛이 없든 모두 먹어야 한다.

   ❹ 명사나 동사의 나열

   예) 不管春夏秋冬，都得去。 봄, 여름, 가을, 겨울에 관계없이 모두 가야 한다.

   ❺ 양면사(반대말로 이루어진 단어)

   예) 不管天气好坏，都得去。 날씨가 좋든 나쁘든 관계없이 모두 가야 한다.

맥락 구상

관점 제시	첫 번째 단락	사람들 간의 거리가 멀어졌음
논거	두 번째 단락	첫 번째 원인 : 직접 만나고 이해하는 기회가 줄어듦
	세 번째 단락	두 번째 원인 : 핸드폰을 손에서 놓지 못함
논점	네 번째 단락	사람 간의 감정을 멀어지게 함

모범 답안 멀어짐

관점 제시

很多人都说网络是把双刃剑，虽然给我们的生活带来了便利，但也影响了人们的正常生活。我也这样认为：网络的出现让人们的距离变远了。
Hěn duō rén dōu shuō wǎngluò shì bǎ shuāngrènjiàn, suīrán gěi wǒmen de shēnghuó dài lái le biànlì, dàn yě yǐngxiǎng le rénmen de zhèngcháng shēnghuó. Wǒ yě zhèyàng rènwéi: wǎngluò de chūxiàn ràng rénmen de jùlí biàn yuǎn le.

논거

第一个原因是，网络出现以后，人们平时都用聊天软件联系，见面却越来越少。这样时间久了，感情也没那么好了。虽然可以在网上看到朋友分享的照片，但没办法通过照片了解朋友全部的生活。因此可以说网络的发展让人们失去了和朋友面对面聊天、更好地互相了解的机会。
Dì yī ge yuányīn shì, wǎngluò chūxiàn yǐhòu, rénmen píngshí dōu yòng liáotiān ruǎnjiàn liánxì, jiànmiàn què yuè lái yuè shǎo. Zhèyàng shíjiān jiǔ le, gǎnqíng yě méi nàme hǎo le. Suīrán kěyǐ zài wǎngshàng kàndào péngyou fēnxiǎng de zhàopiàn, dàn méi bànfǎ tōngguò zhàopiàn liǎojiě péngyou quánbù de shēnghuó. Yīncǐ kěyǐ shuō wǎngluò de fāzhǎn ràng rénmen shīqù le hé péngyou miànduìmiàn liáotiān、gèng hǎo de hùxiāng liǎojiě de jīhuì.

第二个原因是，网络的发展让人们越来越离不开手机。现代人几乎一整天都在看手机，就连跟朋友见面，或者回家和家人在一起的时候，也把注意力都放在手机上，不能好好儿地和身边的人聊天。这样的话，人们心与心的距离会越来越远。
Dì èr ge yuányīn shì, wǎngluò de fāzhǎn ràng rénmen yuè lái yuè líbukāi shǒujī. Xiàndài rén jīhū yì zhěng tiān dōu zài kàn shǒujī, jiù lián gēn péngyou jiànmiàn, huòzhě huíjiā hé jiārén zài yìqǐ de shíhou, yě bǎ zhùyìlì dōu fàngzài shǒujīshàng, bù néng hǎohāor de hé shēnbiān de rén liáotiān. Zhèyàng de huà, rénmen xīn yǔ xīn de jùlí huì yuè lái yuè yuǎn.

논점 🎤 |所以|，网络的发展会|让人们之间的感情变得更远|。我们
Suǒyǐ, wǎngluò de fāzhǎn huì ràng rénmen zhī jiān de gǎnqíng biàn de gèng yuǎn. Wǒmen
一定要合理地使用网络，分清楚网络和现实，放下手机，好好儿珍惜
yídìng yào hélǐ de shǐyòng wǎngluò, fēn qīngchǔ wǎngluò hé xiànshí, fàngxià shǒujī, hǎohāor zhēnxī
身边的朋友和家人，常和他们见面、多沟通。
shēnbiān de péngyou hé jiārén, cháng hé tāmen jiànmiàn, duō gōutōng.

해석　많은 사람은 인터넷이 양날의 칼이라고 말한다. 비록 우리 생활에 편리함을 가져왔지만, 사람들의 정상적인 생활에도 영향을 끼쳤다. 나도 인터넷의 출현은 사람들의 거리를 멀게 만들었다고 생각한다.

첫 번째 원인은 인터넷이 생긴 이후 사람들은 평소 메신저로 연락을 해서, 만남은 오히려 갈수록 줄어들고, 이렇게 시간이 오래 되니 감정 또한 그렇게 좋지 않아졌다. 비록 인터넷에서 친구가 공유한 사진을 볼 수 있지만, 사진을 통해 친구의 모든 생활을 이해할 방법은 없다. 따라서 인터넷의 발전은 사람들이 친구와 얼굴을 마주하고 이야기하고, 더 잘 서로 이해할 수 있는 기회를 잃게 만들었다고 말할 수 있다.

두 번째 원인은 인터넷의 발전은 사람들이 휴대 전화에서 점점 떨어질 수 없게 만들었다. 현대인들은 거의 하루 종일 휴대 전화를 보고 있고, 친구를 만나거나 혹은 집에 돌아가서 가족과 함께 있을 때 조차도 주의력을 휴대 전화에 두어서 주변 사람과 이야기를 잘 할 수가 없다. 이렇게 된다면, 사람들의 마음과 마음의 거리는 갈수록 멀어질 것이다.

그래서 인터넷의 발달은 사람 간의 감정을 더욱 멀어지게 만들 것이다. 우리는 반드시 합리적으로 인터넷을 사용하고, 인터넷과 현실을 분명하게 구분하며, 휴대 전화를 내려놓고, 주변 친구와 가족을 소중히 여기고, 자주 그들과 만나고 많이 소통해야 한다.

어휘　**分享** fēnxiǎng 동 함께 나누다 | **失去** shīqù 동 (추상적인 것을) 잃다, 잃어버리다 | **互相** hùxiāng 부 서로 | **几乎** jīhū 부 거의 | **珍惜** zhēnxī 동 진귀하게 여겨 아끼다, 소중이 여기다 | **沟通** gōutōng 동 소통하다, 교류하다

실전 모의고사 5회

第一部分

🎧 05-01

1　　一位农妇不小心打碎了一个鸡蛋，这本来是一件再平常不过的事，但这位农妇却沿着这种思路想下去了：一个鸡蛋以后可能变成一只小鸡，小鸡长大后成了母鸡，母鸡又能下好多鸡蛋，蛋又可以变化成很多母鸡。想到这里，农妇不由得大叫一声："天啊，我失去了一个鸡场!

해석　한 농촌 아낙네가 실수로 달걀을 깨뜨렸다. 이것은 본래 너무나도 평범한 일이지만, 이 농촌 아낙네는 오히려 이런 사고의 방향을 따라 생각을 계속했다. '달걀 하나가 나중에 아마도 병아리 한 마리로 변할 것이고, 병아리는 자라서 암탉이 되고, 암탉은 또 많은 달걀을 낳을 수 있고, 달걀은 또 많은 암탉이 될 수 있어.' 여기까지 생각하고는 농촌 아낙네가 "세상에, 나는 양계장 하나를 잃었구나!"라며 자신도 모르게 소리를 질렀다.

어휘　农妇 nóngfù 몡 농촌 여성, 농촌 아낙네 | 打碎 dǎ suì 깨지다, 깨뜨리다 | 平常 píngcháng 몡 평소 휑 보통이다, 평범하다, 일반적이다 | 沿着 yán zhe ~을 따라서 | 思路 sīlù 몡 사고의 맥락, 사고의 방향, 생각 | 不由得 bùyóude 튀 자신도 모르게 동 허용하지 않다 | 失去 shīqù 동 잃다, 잃어버리다

핵심요약

1. 一位农妇不小心打碎了一个鸡蛋，这本来是一件再平常不过的事，
   → 一位农妇不小心打碎了一个鸡蛋，这本来是平常的事，

> **코너 속 어법 Tip**
>
> **더할 나위 없이 ~하다**
> 예 得不能再……了 = 再……不过了 = 再……也没有了

2. 但这位农妇却沿着这种思路想下去了:
   → 但农妇却继续想下去了:

> **코너 속 어법 Tip**
>
> **'계속'을 나타내는 방향보어 下来와 下去**
> ❶ 동사 + 下来 : 과거에서 현재까지 계속해 옴
>   예 这是从古代传下来的。 이것은 고대로부터 전해져 내려오는 것이다.
> ❷ 동사 + 下去 : 앞으로 계속해 나감
>   예 你一定要坚持下去。 당신은 반드시 꾸준히 계속해야 합니다.

3. 一个鸡蛋以后可能变成一只小鸡，小鸡长大后成了母鸡，母鸡又能下好多鸡蛋，蛋又可以变化成很多母鸡。
   → 鸡蛋以后变成小鸡，小鸡长大后成了母鸡，母鸡又能下好多鸡蛋，鸡蛋又可以变成很多母鸡。

4. 想到这里，农妇不由得大叫一声："天啊，我失去了一个鸡场！
   → 想到这里，农妇大叫，她失去了一个鸡场！

코너 속 어법 Tip

'잃(어버리)다'는 뜻의 丢(失)와 失去

❶ 丢(失) : 소유하고 있던 구체적 사물을 '분실하다'라는 뜻

   예 我已经丢(失)了好几个手机了。 나는 이미 몇 개나 되는 휴대전화를 분실했다.

❷ 失去 : '분실하다'의 개념이 아닌 그 외 추상적, 신체 부위, 사람 등을 '잃(어버리)다'라는 뜻

   예 你别失去信心和勇气。 너는 자신감과 용기를 잃지 마.
   他在战争中失去了一条腿。 그는 전쟁 중에 다리 한 쪽을 잃었다.
   我失去了一个好朋友。 나는 좋은 친구 한 명을 잃었다.

🔊 모범 답안

一位农妇不小心打碎了一个鸡蛋，这本来是平常的事，但农妇却继续
Yí wèi nóngfù bù xiǎoxīn dǎsuì le yí ge jīdàn, zhè běnlái shì píngcháng de shì, dàn nóngfù què jìxù

想下去了：鸡蛋以后变成小鸡，小鸡长大后成了母鸡，母鸡又能下好多
xiǎng xiàqu le: jīdàn yǐhòu biànchéng xiǎojī, xiǎojī zhǎngdà hòu chéng le mǔjī, mǔjī yòu néng xià hǎo duō

鸡蛋，鸡蛋又可以变成很多母鸡。想到这里，农妇大叫，她失去了一个鸡场！
jīdàn, jīdàn yòu kěyǐ biànchéng hěn duō mǔjī. Xiǎngdào zhèlǐ, nóngfù dà jiào, tā shīqù le yí ge jīchǎng!

🎧 05-02

2 一个人正坐在船上看报纸。突然一阵大风把他新买的帽子刮进了大海里，只见他用手摸了一下头，看了一眼水中的帽子，又继续看起报纸来。旁边的人感到不解："先生，你的帽子被刮走了，你不心疼吗？""我当然心疼，可它还能回来吗？我正在想怎样省钱再去买一顶呢。"的确，失去的已经失去，何必一直放在心上呢？

해석　한 사람이 막 배에 앉아 신문을 보고 있었다. 갑자기 거센 바람이 그가 새로 산 모자를 바다로 날려버렸지만, 그는 머리를 손으로 한 번 쓰다듬고 물속의 모자를 한 번 보고는 또 계속해서 신문을 보기 시작했다. 옆에 있던 사람은 이해가 되지 않았다. "선생님, 당신의 모자가 날려갔는데, 아깝지 않으십니까?" "당연히 아깝죠. 하지만 그것이 다시 돌아올 수 있습니까? 저는 어떻게 돈을 아껴서 다시 하나를 살 수 있을까 생각 중입니다." 분명한 것은 잃은 것은 이미 잃은 건데, 줄곧 마음에 담아둘 필요가 있을까?

어휘 船 chuán 몡 배, 선박 | 突然 tūrán 혱 갑작스럽다 | 一阵 yízhèn 수량 한바탕, 한번 | 帽子 màozi 몡 모자 | 摸 mō 동 (손으로) 어루만지다, 쓰다듬다 | 不解 bùjiě 동 이해하지 못하다, 알지 못하다 | 心疼 xīnténg 동 1. 귀여워하다, 아끼다 2. 애석해하다, 아까워하다 | 省钱 shěng qián 돈을 절약하다, 돈을 아끼다 | 的确 díquè 부 확실히, 분명히 | 何必 hébì 부 구태여 ~할 필요 있는가?

핵심요약

1. 一个人<u>正</u>坐在船上看报纸。 (제거)
   → 一个人坐在船上看报纸。

2. 突然<u>一阵</u>大风把他新买的帽子刮进了大海里， (제거)
   → 忽然大风把他的新帽子吹进了大海里，

3. <u>只见他用</u>手摸了一下头，看了一<u>眼</u>水中的帽子，<u>又</u>继续看起报纸来。 (제거)
   → 他摸了一下头，看了一眼水里的帽子，继续看报纸。

   > **코너 속 어법 Tip**
   > **차용(借用)동량사**
   > : 동작에 쓰이는 인체 부위나 도구 등을 사용해서 동작의 횟수를 나타내는 동량사
   > 예 看一眼 한 번 보다   切一刀 한 번 자르다   踢一脚 한 번 (발로) 차다

4. 旁边的人感到不解："先生，你的帽子被刮走了，<u>你</u>不心疼吗？" (제거)
   → 旁边的人不理解，问他帽子被吹走了，不心疼吗？

5. "我当然心疼，可它还能回来吗？我正在想怎样省钱再<u>去</u>买一顶<u>呢</u>。" (제거)
   → 他说，当然心疼，可帽子回不来了，他正在想怎么省钱再买一个。

6. 的确，失去的已经失去，何必一直放在心上呢？
   → 的确，失去的已经失去，为什么一直放在心上呢？

모범 답안

一个人坐在船上看报纸。忽然大风把他的新帽子吹进了大海里，他
Yí ge rén zuòzài chuánshàng kàn bàozhǐ. Hūrán dàfēng bǎ tā de xīn màozi chuī jìn le dàhǎili, tā

摸了一下头，看了一眼水里的帽子，继续看报纸。旁边的人不理解，问他
mō le yíxià tóu, kàn le yì yǎn shuǐli de màozi, jìxù kàn bàozhǐ. Pángbiān de rén bù lǐjiě, wèn tā

帽子被吹走了，不心疼吗？他说，当然心疼，可帽子回不来了，他正在想
màozi bèi chuī zǒu le, bù xīnténg ma? Tā shuō, dāngrán xīnténg, kě màozi huí bu lái le, tā zhèngzài xiǎng

怎么省钱再买一个。的确，失去的已经失去，为什么一直放在心上呢？
zěnme shěng qián zài mǎi yí ge. Díquè, shīqù de yǐjīng shīqù, wèishénme yìzhí fàngzài xīnshang ne?

🎧 05-03

3 永远不要把自己看得太重要，否则一定会感到失望。不要以为自己是世界的中心，每天对着镜子，花半小时决定用哪种口红、哪条领带，你的苦心也许根本没有人注意。大家都在做自己的事情，没有人会时刻关注你的一举一动。与其总想着别人怎么评价你，不如把注意力放在你的工作上。

해석 영원히 자신을 너무 중요하게 보지 마라. 그렇지 않으면 반드시 실망하게 될 것이다. 자신이 세상의 중심이라고 여기지 마라. 매일 거울을 보며 30분을 써서 어떤 립스틱, 어떤 넥타이를 사용할지 결정해도, 당신의 고심은 어쩌면 주의할 사람이 전혀 없을지도 모른다. 모두들 자신의 일을 하고 있고, 늘 당신의 일거수일투족에 관심을 가질 사람은 없다. 다른 사람이 당신을 어떻게 평가할지 늘 생각하느니, 주의력을 당신의 일에 두는 것이 낫다.

어휘 永远 yǒngyuǎn 〔부〕영원히 | 否则 fǒuzé 〔접〕만약 그렇지 않으면 | 失望 shīwàng 〔동〕실망하다 | 以为 yǐwéi 〔동〕~라고 잘못 생각하다, ~라고 착각하다 | 中心 zhōngxīn 〔명〕1. 중심, 한가운데 2. 센터 | 镜子 jìngzi 〔명〕거울 | 口红 kǒuhóng 〔명〕립스틱 | 领带 lǐngdài 〔명〕넥타이 | 苦心 kǔxīn 〔명〕고심 | 也许 yěxǔ 〔부〕아마도, 어쩌면 | 根本 gēnběn 〔부〕전혀, 아예[부정을 강조함] 〔명〕근본, 기초 | 时刻 shíkè 〔명〕시각, 순간 〔부〕시시각각, 늘, 언제나 | 关注 guānzhù 〔동〕관심을 가지다 | 一举一动 yìjǔ yídòng 〔성〕일거일동, 일거수일투족 | 与其 yǔqí 〔접〕~하느니 | 评价 píngjià 〔명〕〔동〕평가(하다) | 不如 bùrú 〔동〕~만 못하다

핵심요약

1. ~~永远~~不要把自己看得太重要，否则一定会感到~~失望~~。
   → 不要把自己看得太重要，否则一定会失望。

2. ~~不要以为自己是世界的中心，~~每天对着镜子，花半小时决定用哪种口红、哪条领带，你的苦心也许根本没有人注意。
   → 每天对着镜子，花很长时间决定怎么打扮自己，你的想法可能根本没人注意。

3. 大家都在做自己的事情，没有人会时刻关注你~~的一举一动~~。
   → 大家都在做自己的事，没人会总是关注你。

4. 与其总想着别人怎么评价你，不如把注意力放在~~你的~~工作上。
   → 与其总想着别人的评价，不如把注意力放在工作上。

> **코너 속 어법 Tip**
>
> 与其A不如B : A하느니 차라리 B하다
>
> 예) 与其看那样的电影，不如在家睡觉。 저런 영화를 보느니 차라리 집에서 잠을 자겠다.

🔊 모범 답안

不要把自己看得太重要，否则一定会失望。每天对着镜子，花很长
Bú yào bǎ zìjǐ kàn de tài zhòngyào, fǒuzé yídìng huì shīwàng. Měitiān duì zhe jìngzi, huā hěn cháng

时间决定怎么打扮自己，你的想法可能根本没人注意。大家都在做自己的事，
shíjiān juédìng zěnme dǎban zìjǐ, nǐ de xiǎngfǎ kěnéng gēnběn méi rén zhùyì. Dàjiā dōu zài zuò zìjǐ de shì,

没人会总是关注你。与其总想着别人的评价，不如把注意力放在工作上。
méi rén huì zǒngshì guānzhù nǐ. Yǔqí zǒng xiǎng zhe biérén de píngjià, bùrú bǎ zhùyìlì fàngzài gōngzuòshàng.

第二部分

🎧 05-04

4 在现在 / 这样 一个 / 网络时代，"读网" / 已经成为 / 很多人的习惯。
Zài xiànzài / zhèyàng yí ge / wǎngluò shídài, "dú wǎng" / yǐjīng chéngwéi / hěn duō rén de xíguàn.

网络 / 虽然 / 给生活 / 带来了 / 许多方便 / 和趣味，然而，人们 / 如果 / 将大量
Wǎngluò / suīrán / gěi shēnghuó / dài lái le / xǔduō fāngbiàn / hé qùwèi, rán'ér, rénmen / rúguǒ / jiāng dàliàng

的时间 / 投入到 / 网络 / 虚拟空间里，内心 / 反而 / 难以沉静，容易 / 浮躁不安。
de shíjiān / tóurùdào / wǎngluò / xūnǐ kōngjiānlǐ, nèixīn / fǎn'ér / nányǐ chénjìng, róngyì / fúzào bù'ān.

与 / 社交网络 / 相比，读书 / 不仅 / 能够使人 / 远离 / 纷扰的环境，保持 / 内心
Yǔ / shèjiāo wǎngluò / xiāng bǐ, dúshū / bù jǐn / nénggòu shǐ rén / yuǎnlí / fēnrǎo de huánjìng, bǎochí / nèixīn

平静，还可以 / 使人 / 感受 / 世界，体验 / 人生，有所 / 收获。谈起 / 读书，
píngjìng, hái kěyǐ / shǐ rén / gǎnshòu / shìjiè, tǐyàn / rénshēng, yǒu suǒ / shōuhuò. Tán qǐ / dúshū,

我们 / 总是 / 抱怨太忙，没时间，但我们 / 偏偏 / 又能挤出时间 / 刷微博、
wǒmen / zǒngshì / bàoyuàn tài máng, méi shíjiān, dàn wǒmen / piānpiān / yòu néng jǐ chū shíjiān / shuā Wēibó、

发微信。"读网" / 是轻松的，可以 / 一目十行，但 / 脑子里 / 不一定 / 会留下
fā Wēixìn. "Dú wǎng" / shì qīngsōng de, kěyǐ / yímù shíháng, dàn / nǎozili / bù yídìng / huì liú xià

印象；读书 / 是深沉的，需要 / 用心去理解 / 和体会。所以，不是 / 时间不够
yìnxiàng; dúshū / shì shēnchén de, xūyào / yòngxīn qù lǐjiě / hé tǐhuì. Suǒyǐ, bú shì / shíjiān búgòu

用，而是 / 我们不愿意 / 把时间花在 / "费脑子"的事情上。拒绝 / 热闹的 /
yòng, ér shì / wǒmen bú yuànyì / bǎ shíjiān huāzài / "fèi nǎozi" de shìqíngshàng. Jùjué / rènao de /

社交网络，抽出 / 更多的时间 / 读书，是需要 / 勇气的。
shèjiāo wǎngluò, chōu chū / gèng duō de shíjiān / dúshū, shì xūyào / yǒngqì de.

해석 지금 이러한 네트워크 시대에 '인터넷 보기'는 이미 많은 사람들의 습관이 되었다. 인터넷은 비록 생활에 많은 편리함과 재미를 가져왔지만, 사람들이 만약 대량의 시간을 인터넷이라는 가상공간에 쏟아붓게 된다면, 마음은 오히려 평온해지기 어렵고, 쉽게 조급하고 불안해질 것이다. 소셜 네트워크(SNS)와 비교해서, 독서는 사람이 혼란스러운 환경에서 멀리 떨어져 마음의 평온을 유지하게 만들어줄 뿐만 아니라, 사람들이 세상을 느끼고 인생을 체험하여 얻는 바가 있도록 만들어 줄 수 있다. 독서를 말하면 우리는 항상 너무 바쁘고 시간이 없다고 불평하지만, 우리는 기어코 또 시간을 내어 웨이보를 보거나 위챗을 보낼 것이다. '인터넷 보기'는 수월해서 빠르게 볼 수 있으나, 머리 속에 반드시 인상이 남는 것은 아니다. 독서는 깊은 것으로 마음을 써서 이해하고 체득해야 한다. 그래서 시간이 충분하지 않은 것이 아니라 우리가 '머리를 쓰는' 일에 시간을 쓰고 싶지 않은 것이다. 떠들썩한 소셜 네트워크를 뿌리치고 더 많은 시간을 내어 독서를 하는 것은 용기가 필요한 것이다.

어휘 网络 wǎngluò 명 인터넷, 네트워크 | 成为 chéngwéi 동 ~이(가) 되다 | 许多 xǔduō 수량 많은 | 趣味 qùwèi 명 재미, 흥미 | 然而 rán'ér 접 그러나 | 投入 tóurù 동 1. 뛰어들다, 투입하다 2. (열정적으로) 몰입하다 | 虚拟 xūnǐ 형 가상적인, 가설적인 동 허구하다, 모의하다 | 反而 fǎn'ér 부 오히려 | 难以 nányǐ 동 ~하기 어렵다 | 沉静 chénjìng 형 1. 고요하다, 잠잠하다 2. (표정, 마음, 성격 따위가) 차분하다, 평온하다 | 浮躁 fúzào 형 경솔하다, 경박하다 | 不安 bù'ān 형 불안하다 | 远离 yuǎnlí 동 멀리 하다, 멀리 떠나다 | 纷扰 fēnrǎo 형 뒤숭숭하다, 혼란스럽다 | 保持 bǎochí 동 유지하다, 지키다 | 平静 píngjìng 형 1. (상황이나 환경이) 평온하다 2. (태도나 감정이) 조용하다, 고요하다, 차분하다 | 感受 gǎnshòu 명 인상, 느낌 동 느끼다 | 体验 tǐyàn 동 체험하다 | 收获 shōuhuò 명 1. 수확물 2. 소득, 성과 동 수확하다, 거두다 | 抱怨 bàoyuàn 동 불평하다, 원망하다 | 偏偏 piānpiān 부 1. 기어코, 한사코 2. 하필이면, 유독 | 挤出 jǐ chū 짜내다 | 刷 shuā 동 솔질하다, 솔로 닦다 | 微博 Wēibó 명 미니 블로그(微型博客)의 약칭 | 微信 Wēixìn 명 위챗 | 轻松 qīngsōng 형 수월하다, 가볍다, 홀가분하다 | 一目十行 yímù shíháng 성 한 눈에 열 줄씩 읽다, 책 읽는 속도가 매우 빠르다 | 脑子 nǎozi 명 1. 뇌 2. 머리, 두뇌 | 深沉 shēnchén 형 1. 깊다, 짙다 2. (목소리 따위가) 낮고 묵직하다 3. (성격이) 침착하다, (생각·감정 따위가) 깊다 | 不够 búgòu 부 부족하다, 모자라다 | 费 fèi 동 (금전·재료·시간·노력·정신 따위를) 소모하다, 소비하다, 쓰다 | 拒绝 jùjué 동 거절하다 | 热闹 rènao 형 번화하다, 왁자지껄하다 | 抽出 chōu chū 뽑아내다, 추출하다 | 勇气 yǒngqì 명 용기

第三部分

🎧 05-05

5 请你谈一谈吸烟有什么危害?

맥락 구상

서론	첫 번째 단락	흡연은 여러 방면의 해로움이 있음
본론	두 번째 단락	자신의 몸에도 좋지 않고 간접흡연의 해로움도 심각함
	세 번째 단락	환경에도 해를 끼치고 화재가 발생할 수도 있음
결론	네 번째 단락	더 건강하고 과학적인 방식을 선택해야 함

모범 답안 高级版

서론

吸烟不但对 自己 的身体有害，也会威胁 别人 的健康，甚至对 空气、环境 等也有不好的影响。
Xīyān búdàn duì zìjǐ de shēntǐ yǒu hài, yě huì wēixié biérén de jiànkāng, shènzhì duì kōngqì、huánjìng děng yě yǒu bù hǎo de yǐngxiǎng.

본론

我们都知道吸烟 对自己的身体不好，不但会上瘾，还有可能因长期吸烟导致肺部的疾病、癌症等等。同时研究证明 被动吸烟对身体的伤害更加严重。如果在公共场所，比如车站，商场、路边等地方吸烟，周围很可能有老人或者孩子、孕妇，吸二手烟会严重影响他们的健康。
Wǒmen dōu zhīdào xīyān duì zìjǐ de shēntǐ bù hǎo, búdàn huì shàngyǐn, hái yǒu kěnéng yīn chángqī xīyān dǎozhì fèibù de jíbìng、áizhèng děngděng. Tóngshí yánjiū zhèngmíng bèidòng xīyān duì shēntǐ de shānghài gèngjiā yánzhòng. Rúguǒ zài gōnggòng chǎngsuǒ, bǐrú chēzhàn, shāngchǎng、lùbiān děng dìfang xīyān, zhōuwéi hěn kěnéng yǒu lǎorén huòzhě háizi、yùnfù, xī èrshǒuyān huì yánzhòng yǐngxiǎng tāmen de jiànkāng.

另外，吸烟也会 对环境造成危害。地上随处可见的烟头儿影响了街道卫生，吸烟时出现的烟雾和烟味儿污染了空气。更可怕的是，如果在公园、加油站等地方吸烟后，不小心把烟头随手扔到草丛或者其他易燃物上，还有 可能发生火灾甚至爆炸。
Lìngwài, xīyān yě huì duì huánjìng zàochéng wēihài. Dìshang suíchù kějiàn de yāntóur yǐngxiǎng le jiēdào wèishēng, xīyān shí chūxiàn de yānwù hé yānwèir wūrǎn le kōngqì. Gèng kěpà de shì, rúguǒ zài gōngyuán、jiāyóuzhàn děng dìfang xīyān hòu, bù xiǎoxīn bǎ yāntóu suíshǒu rēngdào cǎocóng huòzhě qítā yìránwùshang, hái yǒu kěnéng fāshēng huǒzāi shènzhì bàozhà.

결론

由此可见，吸烟有多方面的危害，因此造成的悲剧也有很多。有很多烟盒上都标有"吸烟有害健康"。这样的提示语时刻提醒人们，吸烟要有节制，不要经常吸烟。如果想缓解压力，振作精神，不如 选择更健康科学的方式。
Yóucǐ kějiàn, xīyān yǒu duō fāngmiàn de wēihài, yīncǐ zàochéng de bēijù yě yǒu hěn duō. Yǒu hěn duō yānhéshang dōu biāo yǒu "xīyān yǒu hài jiànkāng". Zhèyàng de tíshì yǔ shíkè tíxǐng rénmen, xīyān yào yǒu jiézhì, bú yào jīngcháng xīyān. Rúguǒ xiǎng huǎnjiě yālì, zhènzuò jīngshen, bùrú xuǎnzé gèng jiànkāng kēxué de fāngshì.

해석 흡연은 어떤 해를 끼치는지 말해 보세요.

흡연은 자신의 몸에 해로울 뿐만 아니라, 다른 사람의 건강도 위협할 수 있고, 심지어 공기, 환경 등에도 좋지 않은 영향이 있다. 우리는 모두 흡연이 자신의 몸에 좋지 않고, 중독될 수 있을 뿐만 아니라 장기 흡연 때문에 폐의 질병이나 암 등을 초래할 수도 있다는 것을 알고 있다. 동시에 연구에서 간접흡연이 몸에 끼치는 해가 더 심각하다는 것을 증명했다. 만약 공공장소, 예를 들어 정류장, 마트, 길가 등의 장소에서 흡연을 한다면 주위에 아마도 노인이나 어린아이, 임산부가 있을 수 있고, 간접흡연으로 그들의 건강에 심각한 영향을 줄 수 있다.

이밖에 흡연은 환경에도 해를 끼칠 수 있다. 바닥 어느 곳에서나 볼 수 있는 담배 꽁초는 거리 위생에 영향을 주었고, 흡연 시 생기는 연기와 담배 냄새는 공기를 오염시켰다. 더욱 무서운 것은 만약 공원, 주유소 등의 장소에서 흡연 후 부주의로 담배 꽁초를 수풀이나 기타 인화물에 아무렇게나 버린다면, 화재 심지어 폭발까지도 발생할 수 있다.

이로부터 알 수 있듯이, 흡연은 다방면에서 해로움이 있고, 이로 인해 초래되는 비극도 많이 있다. 많은 담뱃갑에 '흡연은 건강에 해롭습니다'와 같은 경고어가 있다. 이러한 경고어는 사람들에게 흡연에는 절제함이 있어야 하고 자주 피지 말라고 늘 일깨워 준다. 만약 스트레스를 풀고 활기를 북돋우고 싶다면 더 건강하고 과학적인 방법을 선택하는 게 낫다.

어휘 威胁 wēixié 동 위협하다 | 甚至 shènzhì 접 심지어 | 上瘾 shàngyǐn 이합사 버릇이 되다, 중독되다 | 导致 dǎozhì 동 야기하다, 초래하다 | 肺 fèi 명 폐 | 疾病 jíbìng 명 질병 | 癌症 áizhèng 명 암 | 证明 zhèngmíng 동 증명하다 명 증서 | 被动吸烟 bèidòng xīyān 명 간접흡연 | 伤害 shānghài 동 1. (몸을) 상하게 하다, 해치다, 다치게 하다 2. (감정을) 상하게 하다, 상처를 입히다 | 严重 yánzhòng 형 심각하다 | 公共场所 gōnggòng chǎngsuǒ 명 공공장소 | 孕妇 yùnfù 명 임산부 | 二手烟 èrshǒuyān 명 간접흡연 | 造成 zàochéng 동 (부정적인 상황을) 초래하다, 야기시키다 | 随处 suíchù 부 어디서나, 아무데나 | 卫生 wèishēng 명 위생 | 味儿 wèir 명 1. 맛 2. 냄새 3. 재미, 흥취 | 污染 wūrǎn 동 오염시키다, 오염되다 | 可怕 kěpà 형 두렵다, 무섭다 | 烟头 yāntóu 명 담배꽁초 | 随手 suíshǒu 부 손이 가는 대로, 아무렇게나 | 草丛 cǎocóng 명 덤불, 풀숲, 수풀 | 易燃物 yìránwù 명 인화성 물질, 인화물 | 火灾 huǒzāi 명 화재 | 爆炸 bàozhà 동 폭발하다 | 危害 wēihài 동 해치다, 해를 끼치다 | 悲剧 bēijù 명 비극 | 烟盒 yānhé 명 담뱃갑 | 标 biāo 동 표기하다, 표시하다 | 提示 tíshì 동 제시하다, 안내하다 | 时刻 shíkè 부 시시각각, 늘, 언제나 명 시각, 순간 | 提醒 tíxǐng 동 일깨우다, 상기시키다, 주의시키다 | 节制 jiézhì 동 절제하다 | 缓解 huǎnjiě 동 완화시키다, 누그러뜨리다 | 振作 zhènzuò 동 진작하다, 분발하다 | 精神 jīngshen 명 활기, 활력, 원기 형 활기차다, 생기발랄하다 | 不如 bùrú 동 ~만 못하다

주요 표현 정리

如果想缓解压力，振作精神，不如选择更健康科学的方式。

★ **不如……**：~하는 것이 더 낫다

예) 天都黑了，不如我们明天去吧。 날이 어두워졌으니, 우리는 내일 가는 것이 더 낫겠다.

모범 답안 简单版

서론
吸烟 不但 对自己的身体不好，还会影响 别人 的健康，甚至对 空气、环境 等也有危害。
Xīyān búdàn duì zìjǐ de shēntǐ bù hǎo, hái huì yǐngxiǎng biérén de jiànkāng, shènzhì duì kōngqì, huánjìng děng yě yǒu wēihài.

본론
我们都知道，长期抽烟可能会 引起一些疾病 ，尤其是对肺部有很大的危害。同时，研究发现，一个人 在 吸烟 的同时 ，等于 让身边的人吸二手烟 ，而被动吸烟对身体的伤害更严重，尤其是对
Wǒmen dōu zhīdào, chángqī chōuyān kěnéng huì yǐnqǐ yìxiē jíbìng, yóuqí shì duì fèibù yǒu hěn dà de wēihài. Tóngshí, yánjiū fāxiàn, yí ge rén zài xīyān de tóngshí, děngyú ràng shēnbiān de rén xī èrshǒuyān, ér bèidòng xīyān duì shēntǐ de shānghài gèng yánzhòng, yóuqí shì duì

본론

老人、孩子、孕妇等特殊人群的危害更大。所以吸烟也是对身边的
lǎorén、háizi、yùnfù děng tèshū rénqún de wēihài gèng dà. Suǒyǐ xīyān yě shì duì shēnbiān de

人的健康不负责任的行为。
rén de jiànkāng bú fù zérèn de xíngwéi.

另外，吸烟也会对环境造成危害。人们把剩下的烟头扔
Lìngwài, xīyān yě huì duì huánjìng zàochéng wēihài. Rénmen bǎ shèngxià de yāntóu rēng

在地上，影响了街道的卫生，吸烟的时候出现的烟雾和烟味儿也
zài dìshang, yǐngxiǎng le jiēdào de wèishēng, xīyān de shíhou chūxiàn de yānwù hé yānwèir yě

是对空气的污染。更可怕的是，如果是在容易着火的地方吸烟，比如
shì duì kōngqì de wūrǎn. Gèng kěpà de shì, rúguǒ shì zài róngyì zháohuǒ de dìfang xīyān, bǐrú

草地上，不小心扔掉的烟头儿可能会引起火灾，造成严重的
cǎodìshàng, bù xiǎoxīn rēngdiào de yāntóur kěnéng huì yǐnqǐ huǒzāi, zàochéng yánzhòng de

安全事故。
ānquán shìgù.

결론

由此可见，吸烟的危害太大了，现在很多烟盒上面写着"吸烟
Yóucǐ kějiàn, xīyān de wēihài tài dà le, xiànzài hěn duō yānhé shàngmiàn xiě zhe "xīyān

有害健康"，它是在告诉人们吸烟的时候应该注意身体，不要经常
yǒu hài jiànkāng", tā shì zài gàosu rénmen xīyān de shíhou yīnggāi zhùyì shēntǐ, bú yào jīngcháng

吸烟。如果是想放松一下，不如选择更健康的方式，比如运动、
xīyān. Rúguǒ shì xiǎng fàngsōng yíxià, bùrú xuǎnzé gèng jiànkāng de fāngshì, bǐrú yùndòng、

听音乐等等。
tīng yīnyuè děngděng.

해석 흡연은 자신의 몸에 좋지 않을 뿐 아니라 다른 사람의 건강에도 영향을 줄 수 있으며, 심지어 공기, 환경 등에도 해로움이 있다. 우리는 장기간 담배를 피우면 질병을 유발할 수 있는데, 특히 폐에 큰 해가 되는 것을 알고 있다. 동시에 연구에서 한 사람이 담배를 피움과 동시에 곁에 있는 사람이 간접흡연을 하게 하는 것과 같고, 간접흡연은 몸에 끼치는 해가 더 심각한데 특히 노인, 어린아이, 임산부 등 특수한 사람들에 대한 해가 더 크다는 것을 발견했다. 그래서 흡연은 곁에 있는 사람의 건강에도 무책임한 행위이다.

그밖에 흡연은 환경에도 해를 끼칠 수 있다. 사람들은 남은 담배꽁초를 땅에 버려 거리 위생에 영향을 주었고, 흡연 시 생기는 연기와 담배 냄새도 공기에 대한 오염이다. 더 두려운 것은 만약 쉽게 불이 나는 장소에서, 예를 들어 잔디밭에서 담배를 피우는 것인데, 부주의로 버린 담배 꽁초는 화재를 일으킬 수 있고, 심각한 안전 사고를 초래하게 된다.

이로부터 알 수 있듯이 흡연의 해는 너무나 크다. 현재 많은 담뱃갑에는 '흡연은 건강에 해롭습니다'라 쓰여 있고, 그것은 사람들에게 흡연할 때 건강에 주의해야 하고, 자주 담배를 피우지 말라고 알려준다. 만약 긴장을 좀 풀고 싶다면 운동, 음악 듣기 등과 같은 더 건강한 방식을 선택하는 것이 낫다.

어휘 引起 yǐnqǐ 동 야기하다, 불러 일으키다 | 疾病 jíbìng 명 질병 | 尤其 yóuqí 부 특히 | 特殊 tèshū 형 특수하다 | 人群 rénqún 명 군중, 무리 | 负 fù 동 1. (짐을) 짊어지다 2. (책임·임무를) 맡다, 지다 | 责任 zérèn 명 책임 | 行为 xíngwéi 명 행위 | 剩下 shèngxià 동 남다, 남기다 | 安全 ānquán 형 안전하다 | 事故 shìgù 명 사고 | 放松 fàngsōng 동 풀다, 늦추다, 완화시키다, 이완시키다

> 一个人在吸烟的同时，等于让身边的人吸二手烟。
>
> ★ 在……的同时：~함과 동시에
>
> 예 他在学英语的同时还在学习汉语。그는 영어를 배우는 것과 동시에 중국어도 배우고 있다.

🎧 05-06

6 现代社会一人户家庭越来越多，请你谈一谈对这一现象的看法。

맥락 구상

관점 제시	첫 번째 단락	1인 가정 중 젊은이들이 우위를 차지함
논거	두 번째 단락	• 첫 번째 원인 : 혼자 사는 것이 더 편하다고 생각함 • 두 번째 원인 : 결혼은 선택이 되었음
논점	세 번째 단락	개인적으로는 심리적 준비를, 정부는 미리 조치를 세워야 함

모범 답안 高级版

관점 제시

现代社会 一人户家庭越来越多了，除了独居的老人之外，选择
Xiàndài shèhuì yì rén hù jiātíng yuè lái yuè duō le, chúle dú jū de lǎorén zhīwài, xuǎnzé
一个人生活的年轻人也越来越多。他们不想结婚，向往自由，
yí ge rén shēnghuó de niánqīngrén yě yuè lái yuè duō. Tāmen bù xiǎng jiéhūn, xiàngwǎng zìyóu,
专注于自己的事业或者生活。从一人户家庭的构成上看，随着
zhuānzhù yú zìjǐ de shìyè huòzhě shēnghuó. Cóng yì rén hù jiātíng de gòuchéngshàng kàn, suízhe
时代的发展，年轻人的数量逐渐占据了优势。
shídài de fāzhǎn, niánqīngrén de shùliàng zhújiàn zhànjù le yōushì.

논거

之所以出现这一现象，和社会的发展以及人们思想观念的
Zhīsuǒyǐ chūxiàn zhè yí xiànxiàng, hé shèhuì de fāzhǎn yǐjí rénmen sīxiǎng guānniàn de
变化有很大关系。首先，社会不断进步，人们的生活节奏不断
biànhuà yǒu hěn dà guānxi. Shǒuxiān, shèhuì búduàn jìnbù, rénmen de shēnghuó jiézòu búduàn
加快，同时物价、房价不断上涨，随之而来的负担也越来越大，
jiākuài, tóngshí wùjià, fángjià búduàn shàngzhǎng, suí zhī ér lái de fùdān yě yuè lái yuè dà,
面对种种压力，不少人觉得一个人生活更加轻松，所以不想
miànduì zhǒngzhǒng yālì, bùshǎo rén juéde yí ge rén shēnghuó gèngjiā qīngsōng, suǒyǐ bù xiǎng

논거 🎤

结婚组建家庭。其次，现在人们的观念和过去也不一样了，结婚对
jiéhūn zǔjiàn jiātíng. Qícì, xiànzài rénmen de guānniàn hé guòqù yě bù yíyàng le, jiéhūn duì

现代人来说不再是一种责任，而是变成了一种选择。
xiàndài rén láishuō bú zài shì yì zhǒng zérèn, ér shì biànchéng le yì zhǒng xuǎnzé.

논점 🎤

我认为选择独居是人们的自由，但是也要做好心理准备，面对
Wǒ rènwéi xuǎnzé dú jū shì rénmen de zìyóu, dànshì yě yào zuòhǎo xīnlǐ zhǔnbèi, miànduì

很多挑战，比如心理上很可能会感到孤独，老了以后自己解决养老
hěn duō tiǎozhàn, bǐrú xīnlǐshàng hěn kěnéng huì gǎndào gūdú, lǎo le yǐhòu zìjǐ jiějué yǎnglǎo

问题等。从长远的角度看，这也是对社会的一个挑战，因此政府
wèntí děng. Cóng chángyuǎn de jiǎodù kàn, zhè yě shì duì shèhuì de yí ge tiǎozhàn, yīncǐ, zhèngfǔ

也要提前制定合理的措施，应对出生率降低、人口老龄化加重的
yě yào tíqián zhìdìng hélǐ de cuòshī, yìngduì chūshēnglǜ jiàngdī、rénkǒu lǎolíng huà jiāzhòng de

问题，同时努力改善一人户家庭的生活，比如多修建小户型的住宅
wèntí, tóngshí nǔlì gǎishàn yì rén hù jiātíng de shēnghuó, bǐrú duō xiūjiàn xiǎohù xíng de zhùzhái

区等。
qū děng.

해석 현대 사회에 1인 가구가 갈수록 많아지고 있는데, 이 현상에 대한 견해를 말해 보세요.

현대 사회에 1인 가구가 갈수록 많아지고 있으며, 독거 노인을 제외하고 혼자 생활하는 것을 선택하는 젊은이도 갈수록 많아진다. 그들은 결혼을 하고 싶어 하지 않고 자유롭길 바라며, 자신의 사업이나 삶에 집중한다. 1인 가구의 구성으로 볼 때, 시대의 발전에 따라 젊은이들의 수가 점차 우위를 차지하게 되었다.

이런 현상이 나타나는 것은 사회의 발전 및 사람들의 사상관념의 변화와 큰 관계가 있다. 우선 사회가 끊임없이 진보하고 사람들의 생활 리듬이 끊임없이 빨라졌으며, 동시에 물가와 집 값이 끊임없이 오르면서 이에 따르는 부담도 갈수록 커져 여러 가지 스트레스를 마주하게 되고, 적지 않은 사람들이 혼자 생활하는 것이 더 편하다고 생각하여 결혼해서 가정을 이루고 싶어 하지 않는다. 두 번째로 현재 사람들의 생각은 과거와는 달라졌는데, 결혼은 현대인들에게 있어서 더 이상 책임이 아닌 일종의 선택이 되었다.

나는 혼자 사는 것을 선택하는 건 사람들의 자유지만, 심리적인 준비를 잘 해야 하고, 많은 도전을 마주해야 한다고 생각한다. 예를 들면 심리적으로 외로움을 느낄 수 있고, 늙으면 스스로 여생을 보내는 문제 등을 해결해야 한다. 장기적인 관점에서 보면 이것은 또한 사회에 대한 하나의 도전이다. 따라서 정부도 미리 합리적인 조치를 세우고, 출생률이 낮아지고 인구 노령화가 심해지는 문제에 대처하는 동시에 1인 가구의 생활을 개선하는데, 예를 들어 식구가 적은 가정형의 주택가를 많이 짓는 등을 노력해야 한다.

어휘 独居 dú jū 혼자 살다, 독거하다 | 向往 xiàngwǎng 동 (이상·목표·바람이 실현되기를) 바라다, 열망하다, 갈망하다 | 专注 zhuānzhù 형 집중하다, 전념하다 | 事业 shìyè 명 사업 | 构成 gòuchéng 명 구조 동 구성하다, 이루다 | 逐渐 zhújiàn 부 점점, 점차 | 占据 zhànjù 동 점거하다, 점유하다 | 优势 yōushì 명 우세, 우위 | 现象 xiànxiàng 명 현상 | 思想 sīxiǎng 명 사상, 의식 | 观念 guānniàn 명 관념, 생각 | 不断 búduàn 부 끊임없이, 부단히, 늘 동 끊임없다 | 进步 jìnbù 동 진보하다 형 진보적이다 | 节奏 jiézòu 명 리듬, 박자 | 加快 jiākuài 동 빠르게 하다, 가속화하다 | 物价 wùjià 명 물가 | 房价 fángjià 명 집 값, 건물 값 | 上涨 shàngzhǎng 동 (수위·가격 따위가) 상승하다, 올라가다 | 随之而来 suí zhī ér lái 뒤따르다 | 负担 fùdān 명 동 부담(하다) | 面对 miànduì 동 직면하다, 대면하다 | 轻松 qīngsōng 형 수월하다, 가볍다, 부담이 없다 | 组建 zǔjiàn 동 (단체·기구 따위를) 조직하다, 편성하다 | 责任 zérèn 명 책임 | 心理 xīnlǐ 명 심리 | 挑战 tiǎozhàn 명 도전 이합사 도전하다 | 孤独 gūdú 형 고독하다 | 养老 yǎnglǎo 이합사 1. 노인을 모시다 2. 노후를 안락하게 보내다, 여생을 보내다 | 长远 chángyuǎn 형 (시간이) 길다, 오래다 | 角度 jiǎodù 명 각도 | 政府 zhèngfǔ 명 정부 | 提前 tíqián 동 (예정된 시간이나 위치를) 앞당기다 | 制定 zhìdìng 동 제정하다, 만들다, 세우다 | 合理 hélǐ 형 합리적이다 | 措施 cuòshī 명 조치, 대책 | 降低

jiàngdī 동 내리다, 낮추다 | **老龄化** lǎolíng huà 노령화 | **加重** jiāzhòng 동 가중하다, 무겁게 하다, 심해지다 | **改善** gǎishàn 동 개선하다 | **修建** xiūjiàn 동 건설하다, 건축하다, 시공하다, 부설하다 | **小户型** xiǎohù xíng 식구가 적은 가정형 | **住宅区** zhùzhái qū 주택가

🎧 모범 답안 简单版

관점 제시

现代社会一人家庭越来越多了，其中有一些自己生活的老人，也
Xiàndài shèhuì yì rén jiātíng yuè lái yuè duō le, qízhōng yǒu yìxiē zìjǐ shēnghuó de lǎorén, yě
有一些不想结婚、生孩子，更喜欢一个人生活的年轻人。随着
yǒu yìxiē bù xiǎng jiéhūn、shēng háizi, gèng xǐhuan yí ge rén shēnghuó de niánqīngrén. Suízhe
时代的发展，|独居的年轻人的数量正在增加|。
shídài de fāzhǎn, dú jū de niánqīngrén de shùliàng zhèngzài zēngjiā.

논거

之所以出现这样的现象，和社会的发展以及人们想法的变化
Zhīsuǒyǐ chūxiàn zhèyàng de xiànxiàng, hé shèhuì de fāzhǎn yǐjí rénmen xiǎngfǎ de biànhuà
有关系。|首先|，社会不断进步，人们的生活越来越忙，同时物价
yǒu guānxi. Shǒuxiān, shèhuì búduàn jìnbù, rénmen de shēnghuó yuè lái yuè máng, tóngshí wùjià
和房价也越来越高，所以负担也不断加重。在这样的情况下，
hé fángjià yě yuè lái yuè gāo, suǒyǐ fùdān yě búduàn jiāzhòng. Zài zhèyàng de qíngkuàngxià,
年轻人更愿意一个人生活，不想面对结婚和养孩子的压力。|其次|，
niánqīngrén gèng yuànyì yí ge rén shēnghuó, bù xiǎng miànduì jiéhūn hé yǎng háizi de yālì. Qícì,
人们的想法也和过去不一样了，现在人们觉得结婚是个人的自由，
rénmen de xiǎngfǎ yě hé guòqù bù yíyàng le, xiànzài rénmen juéde jiéhūn shì gèrén de zìyóu,
如果不愿意的话，也可以不结婚。
rúguǒ bú yuànyì de huà, yě kěyǐ bù jiéhūn.

논점

我认为怎么生活是每个人的自由，但如果选择一个人生活，
Wǒ rènwéi zěnme shēnghuó shì měi ge rén de zìyóu, dàn rúguǒ xuǎnzé yí ge rén shēnghuó,
|应该做好心理的准备|，因为独居可能要面对一些难题，比如一个人
yīnggāi zuòhǎo xīnlǐ de zhǔnbèi, yīnwèi dú jū kěnéng yào miànduì yìxiē nántí, bǐrú yí ge rén
生活的孤单感，以后的养老问题等。同时，一人家庭的增加也是
shēnghuó de gūdān gǎn, yǐhòu de yǎnglǎo wèntí děng. Tóngshí, yì rén jiātíng de zēngjiā yě shì
对社会的挑战，|政府也应该做好准备|，解决以后可能会出现的
duì shèhuì de tiǎozhàn, zhèngfǔ yě yīnggāi zuòhǎo zhǔnbèi, jiějué yǐhòu kěnéng huì chūxiàn de
一系列问题，比如出生率降低和人口的老龄化。
yíxìliè wèntí, bǐrú chūshēnglǜ jiàngdī hé rénkǒu de lǎolíng huà.

해석 현대 사회는 1인 가구가 갈수록 많아지는데, 그 중에는 일부 혼자 사는 노인도 있고, 일부는 결혼을 하거나 아이를 낳고 싶지 않고 혼자 사는 것을 더 좋아하는 젊은이들도 있다. 시대의 발전에 따라 혼자 사는 젊은이의 수가 증가하고 있다.

이런 현상이 나타나는 것은 사회의 발전 및 사람들의 생각 변화와 관련이 있다. 우선 사회가 끊임없이 진보하고, 사람들의 생활이 갈수록 바빠졌으며, 동시에 물가와 집 값도 점점 높아졌고, 그래서 부담도 끊임없이 무거워졌다. 이런 상황에서 젊은이는 혼자 사는 것을 더 원하게 되고, 결혼과 아이를 기르는 스트레스를 마주하고 싶어하지 않는다. 두 번째로 사람들의 생각도 과거와 달라져서, 현재 사람들은 결혼은 개인의 자유이며 만약 원하지 않는다면 결혼하지 않을 수 있다고 생각한다.

나는 어떻게 살지는 개개인의 자유라고 생각하지만, 만약 혼자 사는 것을 선택한다면 마음의 준비를 잘 해야 한다. 왜냐하면 혼자 사는 것은 어려운 문제들을 마주할 가능성이 있기 때문이다. 예를 들어 혼자 지내는 고독감이나 이후의 여생을 보내는 문제 등이다. 동시에 1인 가구의 증가는 사회에 대한 도전이기도 한데, 정부 또한 준비를 잘해야 하고 이후 나타날 수 있는 일련의 문제들, 예를 들면 출생률 저하와 인구 노령화를 해결해야 한다.

어휘 增加 zēngjiā [동] 증가하다, 더하다, 늘리다 | 以及 yǐjí [접] 및, 그리고 | 孤单 gūdān [형] 고독하다 | 一系列 yíxìliè [형] 일련의

실전 모의고사 6회

모범 답안 및 해설

第一部分

🎧 06-01

1 　　有一个人看到一个残疾人摆的小摊，就随手扔下一百元。但是不久他又回来了，并非常抱歉地说："不好意思，你是一个生意人，我竟然把你当成了乞丐。"过了一段时间，他再次经过这里，那个残疾人在一个商店的门口喊住他："我一直期待你的出现，你是第一个把我当成生意人看待的。你看，我现在有了自己的商店，已经是一个真正的生意人了。"

해석 어떤 사람이 장애인이 진열한 작은 노점을 보고는 무심코 100 위안을 던져주었다. 하지만 오래되지 않아 그는 다시 돌아왔고, 또한 매우 미안해하며 말했다. "죄송합니다. 당신은 장사하시는 분인데, 제가 뜻밖에도 당신을 거지로 여겼네요." 얼마간의 시간이 지났고, 그가 또 이곳을 지나가는데, 그 장애인이 한 상점 입구에서 그를 불러 세웠다. "저는 당신이 계속 나타나길 기대했어요. 당신은 첫번째로 나를 장사하는 사람으로 대해 준 사람이에요. 보세요, 전 지금 제 가게가 생겼고, 이미 진정한 장사하는 사람이 되었어요."

어휘 残疾人 cánjírén 명 장애인 | 摆 bǎi 동 놓다, 배열하다, 진열하다 | 小摊 xiǎo tān 노점 | 随手 suíshǒu 부 손이 가는 대로, 무심코 | 扔 rēng 동 1. 던지다 2. 내버리다 | 抱歉 bàoqiàn 형 미안해하다, 미안하게 생각하다 | 生意 shēngyi 명 사업, 비즈니스 | 竟然 jìngrán 부 뜻밖에도, 의외로 | 当成 dàngchéng 동 ~로 여기다, ~로 삼다 | 乞丐 qǐgài 명 거지 | 经过 jīngguò 동 지나다, 거치다, 경과하다 명 과정 | 喊 hǎn 동 1. 외치다, 큰 소리를 지르다 2. (사람을) 부르다 | 期待 qīdài 동 기대하다 | 出现 chūxiàn 동 출현하다, 나타나다 | 看待 kàndài 동 대하다, 다루다, 취급하다 | 真正 zhēnzhèng 형 진정한, 참된 부 정말로, 진짜로, 참으로

핵심요약

1. 有一个人看到一个残疾人摆的小摊，就随手扔下一百元。
   <small>제거　　　　　　　　제거</small>
   → 有个人看到残疾人在路边卖东西，就随手扔下一百元。

> **코너 속 어법 Tip**
>
> **随手의 용법**
>
> ❶ ~하는 김에, 손이 가는 대로
>   예) 出去时，请记得随手关门。 나갈 때, 가는 김에 문 닫는 걸 잊지 마세요.
>
> ❷ 무심코, 손이 가는 데로
>   예) 他有随手扔垃圾的坏习惯。 그는 무심코 쓰레기를 버리는 나쁜 습관이 있다.

2. 但是不久他又回来了，并非常抱歉地说："不好意思，你是一个生意人，我竟然把你当成了乞丐。"
   <small>　　　　　　　　　　　　　제거</small>
   → 但不久他又回来了，不好意思地说，残疾人是生意人，自己却把他当成了乞丐。

132

> **코너 속 어법 Tip**
>
> 把A当成B : A를 B로 삼다, A를 B로 여기다
> 把A当作(做)B = 把A看成B = 把A看作(做)B
> 把A视作(做)B = 把A视为B = 把A作为B = 以A为B

3. 过了^{제거}一段时间，他再次经过这里，那个残疾人在一个商店^{제거}的门口喊住他：
   → 过了段时间，他又经过这里，那个残疾人在一个商店门口叫住他，

> **코너 속 어법 Tip**
>
> **결과보어 住**
> ❶ 고정
>   예) 站住 그 자리에 서다, 喊住 불러 세우다
> ❷ 안정됨, 견고함
>   예) 记住 딱 기억하다, 拦住 딱 가로막다

4. "我一直期待你的出现，你是第一个把我当成生意人看待^{제거}的。你看，我现在有了 自己的商店，已经是一个真正的生意人了。"
   → 说，自己一直在等他出现，他是第一个把自己看作生意人的人，现在自己有了商店，是真正的生意人了。

모범 답안

有个人看到残疾人在路边卖东西，就随手扔下一百元，但不久他又
Yǒu ge rén kàndào cánjírén zài lùbiān mài dōngxi, jiù suíshǒu rēng xià yì bǎi yuán, dàn bùjiǔ tā yòu

回来了，不好意思地说，残疾人是生意人，自己却把他当成了乞丐。过了段
huílai le, bùhǎoyìsi de shuō, cánjírén shì shēngyi rén, zìjǐ què bǎ tā dàngchéng le qǐgài. Guò le duàn

时间，他又经过这里，那个残疾人在一个商店门口叫住他，说，自己一直在
shíjiān, tā yòu jīngguò zhèli, nà ge cánjírén zài yí ge shāngdiàn ménkǒu jiàozhù tā, shuō, zìjǐ yìzhí zài

等他出现，他是第一个把自己看作生意人的人，现在自己有了商店，是
děng tā chūxiàn, tā shì dì yī ge bǎ zìjǐ kànzuò shēngyi rén de rén, xiànzài zìjǐ yǒu le shāngdiàn, shì

真正的生意人了。
zhēnzhèng de shēngyi rén le.

🎧 06-02

2 　　有一家报社以"世界上最大的快乐是什么"为题，开展有奖征答活动。最后获奖的4个答案分别是：一位艺术家望着刚完成的作品，满意地吹着口哨；孩子在海滩上，用沙子堆出一座城堡；忙碌了一天的母亲晚上给孩子洗澡；外科医生做完手术，成功挽救了一条生命。所以说真正的快乐，其实就来自于平淡的日常生活中。

해석　한 신문사에서 '세상에서 가장 큰 즐거움은 무엇인가'를 주제로 상품을 건 질문에 답하기 활동을 전개했다. 최후에 상을 받은 4개의 답은 각각 '한 예술가가 막 완성한 작품을 보고 만족스럽게 휘파람을 부는 것', '아이가 해변 모래사장에서 모래로 성을 쌓는 것', '바쁜 하루를 보낸 어머니가 저녁에 아이를 씻겨 주는 것', '외과의사가 수술을 끝내고 성공적으로 한 생명을 구한 것'이다. 그래서 진정한 즐거움은 사실 평범한 일상에서 오는 것이다.

어휘　报社 bàoshè 명 신문사 | 开展 kāizhǎn 동 전개하다, 펼치다 | 有奖 yǒu jiǎng 상품이 있다, 상금이 있다 | 征答 zhēngdá 동 회답을 구하다 | 活动 huódòng 명 활동, 행사, 모임 동 활동하다, 움직이다 | 答案 dá'àn 명 답안, 답, 해답 | 分别 fēnbié 부 다르게 | 望 wàng 동 1. (멀리) 바라보다 2. 희망하다 | 吹口哨 chuī kǒushào 휘파람을 불다 | 海滩 hǎitān 해변 모래사장, 백사장 | 沙子 shāzi 명 모래 | 堆 duī 동 쌓다, 쌓이다 양 무더기, 더미, 무리 | 城堡 chéngbǎo 성보, 성루 | 忙碌 mánglù 형 바쁘다, 일이 많다 | 外科 wàikē 명 외과 | 挽救 wǎnjiù 동 (위험에서) 구해 내다, 구제하다 | 生命 shēngmìng 명 생명 | 来自于 láizì yú ~에서 오다 | 平淡 píngdàn 형 평범하다, 무미건조하다

핵심요약

1. 有一家报社以"世界上最大的快乐是什么"为题，开展有奖征答活动。
   → 有家报社以"世界上最大的快乐是什么"为题，举办送奖品的活动。

   > **코너 속 어법 Tip**
   > **以A为B**：A를 B로 삼다, A를 B로 여기다
   > 예 中国菜以炒菜为主。중국요리는 볶음요리를 주로 삼는다.

2. 最后获奖的4个答案分别是：一位艺术家望着刚完成的作品，满意地吹着口哨；
   → 最后获奖的4个答案分别是：艺术家看着刚完成的作品，感到很满意；

   > **코너 속 어법 Tip**
   > **分别是/分别为**：각각
   > 예 他的父母分别是医生和老师。그의 부모는 각각 의사와 선생님이다.

3. 孩子在海滩上，用沙子堆出一座城堡；
   → 孩子在沙滩上，用沙子做出城堡；

4. 忙碌了一天的母亲晚上给孩子洗澡；
   → 忙碌的母亲晚上给孩子洗澡；

5. 外科医生做完手术，~~成功~~挽救了一条生命。
   → 外科医生做完手术，救了一条生命。

6. 所以~~说~~真正的快乐，其实~~就~~来自于平淡的日常生活~~中~~。
   → 所以真正的快乐，其实来自平淡的日常生活。

모범 답안

有家报社以"世界上最大的快乐是什么"为题，举办送奖品的活动。
Yǒu jiā bàoshè yǐ "shìjièshàng zuì dà de kuàilè shì shénme" wéi tí, jǔbàn sòng jiǎngpǐn de huódòng.

最后获奖的4个答案分别是：艺术家看着刚完成的作品，感到很满意；
Zuìhòu huòjiǎng de sì ge dá'àn fēnbié shì: yìshùjiā kàn zhe gāng wánchéng de zuòpǐn, gǎndào hěn mǎnyì;

孩子在沙滩上，用沙子做出城堡；忙碌的母亲晚上给孩子洗澡；外科
háizi zài shātānshàng, yòng shāzi zuòchū chéngbǎo; mánglù de mǔqīn wǎnshang gěi háizi xǐzǎo; wàikē

医生做完手术，救了一条生命。所以真正的快乐，其实来自平淡的日常
yīshēng zuòwán shǒushù, jiù le yì tiáo shēngmìng. Suǒyǐ zhēnzhèng de kuàilè, qíshí láizì píngdàn de rìcháng

生活。
shēnghuó.

🎧 06-03

3 无论你的收入是多少，请记得分成5份进行投资：增加对身体的投资，保证你的健康；增加对社交的投资，扩大你的人脉；增加对学习的投资，增强你的自信；增加对旅游的投资，丰富你的见闻；增加对未来的投资，提高你的收益。好好儿规划落实，你将发现你的人生会越来越精彩。

해석 당신의 수입이 얼마이든 관계없이, 다섯 등분으로 나누어 투자해야 함을 기억해야 한다. 몸에 대한 투자를 늘려 당신의 건강을 보증하고, 사회에 대한 투자를 늘려 당신의 인맥을 넓히고, 학습에 대한 투자를 늘려 당신의 자신감을 강화하고, 여행에 대한 투자를 늘려 당신의 견문을 풍부하게 하고, 미래에 대한 투자를 늘려 당신의 수익을 높여라. 잘 계획하고 실행하면, 당신은 당신의 인생이 갈수록 멋있어지는 것을 발견할 것이다.

어휘 无论 wúlùn 접 ~에도 불구하고, ~에 관계없이 | 收入 shōurù 명 수입, 소득 | 分成 fēnchéng 동 나누다 | 投资 tóuzī 명 투자금 동 투자하다 | 增加 zēngjiā 동 증가하다, 더하다, 늘리다 | 保证 bǎozhèng 동 보증하다, 담보하다 | 人脉 rénmài 명 인맥 | 增强 zēngqiáng 동 증강하다, 강화하다 | 自信 zìxìn 명 자신감 동 자신을 믿다 형 자신만만하다 | 见闻 jiànwén 명 견문, 보고 들은 것 | 收益 shōuyì 명 수익 | 规划 guīhuà 명 발전 계획, 기획 동 계획하다, 기획하다 | 落实 luòshí 동 1. (정책, 계획, 조치 등이) 실현되다, 현실화되다 2. 실현시키다, 현실화시키다 | 精彩 jīngcǎi 형 뛰어나다, 훌륭하다, 멋지다

핵심요약

1. 无论你的收入是多少，请记得分~~成~~5份进行投资：
   → 无论你的收入是多少，记得分成5份作投资：

> **코너 속 어법 Tip**
>
> **결과보어 成**
> ❶ 완성
>   예) 学成 공부를 마치다, 写成 다 쓰다
>
> ❷ 변화 : ~으로
>   예) 他把这本书译成了中文。 그는 이 책을 중국어로 번역했다.
>   他把这句话理解成了别的意思。 그는 이 말을 다른 뜻으로 이해했다.

2. 增加对身体的投资，保证~~你的~~健康；
   → 增加对身体的投资，保证健康；

3. 增加对社交的投资，扩大~~你的~~人脉；
   → 增加对社交的投资，扩大人脉；

4. 增加对学习的投资，增强~~你的~~自信；
   → 增加对学习的投资，增强自信，

5. 增加对旅游的投资，丰富~~你的~~见闻；
   → 增加对旅游的投资，丰富见闻；

6. 增加对未来的投资，提高~~你的~~收益。
   → 增加对未来的投资，提高收入。

7. 好好儿规划落实，~~你将发现~~你的人生会越来越精彩。
   → 好好儿计划实现，你的人生会越来越精彩。

🔊 모범 답안

无论你的收入是多少，记得分成5份作投资：增加对身体的投资，
Wúlùn nǐ de shōurù shì duōshǎo, jì de fēnchéng wǔ fèn zuò tóuzī: zēngjiā duì shēntǐ de tóuzī,

保证健康；增加对社交的投资，扩大人脉；增加对学习的投资，增强自信，
bǎozhèng jiànkāng; zēngjiā duì shèjiāo de tóuzī, kuòdà rénmài; zēngjiā duì xuéxí de tóuzī, zēngqiáng zìxìn,

增加对旅游的投资，丰富见闻；增加对未来的投资，提高收入。好好儿计划
zēngjiā duì lǚyóu de tóuzī, fēngfù jiànwén; zēngjiā duì wèilái de tóuzī, tígāo shōurù. Hǎohāor jìhuà

实现，你的人生会越来越精彩。
shíxiàn, nǐ de rénshēng huì yuè lái yuè jīngcǎi.

第二部分

🎧 06-04

4

一般来说，大多数人/都认为/自己的想法/更有道理，往往/过高/
Yìbān láishuō, dàduōshù rén/dōu rènwéi/zìjǐ de xiǎngfǎ/gèng yǒu dàolǐ, wǎngwǎng/guò gāo/
评价/和估计自己，这实际上/是一种/"乐观偏见"。很多实验/证明，人们
píngjià/hé gūjì zìjǐ, zhè shíjìshàng/shì yì zhǒng/"lèguān piānjiàn". Hěn duō shíyàn/zhèngmíng, rénmen
通常/会把成功/归因于/自己的才能/和努力，而失败是/"运气不佳"/
tōngcháng/huì bǎ chénggōng/guī yīn yú/zìjǐ de cáinéng/hé nǔlì, ér shībài shì/"yùnqi bù jiā"/
"问题本身/就无法解决"/等外部因素/造成的。此外，当人们/拿自己/和
"wèntí běnshēn/jiù wúfǎ jiějué"/děng wàibù yīnsù/zàochéng de. Cǐwài, dāng rénmen/ná zìjǐ/hé
别人比较时，也会出现/乐观偏见，比如/大多数人/都认为/自己的/道德
biérén bǐjiào shí, yě huì chūxiàn/lèguān piānjiàn, bǐrú/dàduōshù rén/dōu rènwéi/zìjǐ de/dàodé
水平更高、更能胜任/自己的工作等。
shuǐpíng gèng gāo, gèng néng shèngrèn/zìjǐ de gōngzuò děng.

当然，乐观偏见/对人类/很有帮助。首先，它使人们/远离抑郁。
Dāngrán, lèguān piānjiàn/duì rénlèi/hěn yǒu bāngzhù. Shǒuxiān, tā shǐ rénmen/yuǎnlí yìyù.
因为/抑郁的人/常把失败的原因/指向自己。其次，它有助于/缓解压力。
Yīnwèi/yìyù de rén/cháng bǎ shībài de yuányīn/zhǐxiàng zìjǐ. Qícì, tā yǒuzhù yú/huǎnjiě yālì.
认为/自己比/真实中的自我/更聪明、更强大，在一定意义上/是有利的，
Rènwéi/zìjǐ bǐ/zhēnshízhōng de zìwǒ/gèng cōngmíng、gèng qiángdà, zài yídìng yìyìshàng/shì yǒulì de,
因为/这种积极的信念/能激励人们/去努力，并在困境中/保持希望。
yīnwèi/zhè zhǒng jījí de xìnniàn/néng jīlì rénmen/qù nǔlì, bìng zài kùnjìngzhōng/bǎochí xīwàng.

해석 일반적으로 대다수의 사람들은 자신의 생각이 더 일리가 있다고 여기며, 자신을 지나치게 높게 평가하고 예측하는데, 이것은 사실 일종의 '낙관적 편견'이다. 많은 실험에서 사람들은 통상적으로 성공의 원인을 자신의 재능과 노력으로 돌리지만, 실패는 '운이 좋지 않다', '문제 자체가 해결할 수 없다' 등의 외부적 요인이 초래한 것이라고 하는 것을 증명했다. 이밖에 사람들이 자신을 다른 사람과 비교할 때도 낙관적 편견이 나타나는데, 예를 들면 대다수 사람이 자신의 도덕 수준이 더 높고, 자신의 일을 감당할 능력이 더 충분하다고 여기는 것이다.

물론 낙관적 편견은 사람들에게 많은 도움이 된다. 먼저 그것은 사람들이 우울을 멀리하게 해준다. 우울한 사람은 종종 실패의 원인을 자신에게 돌리기 때문이다. 다음으로 그것은 스트레스를 완화시키는 데 도움이 된다. 자신이 실제 자신보다 더 똑똑하고 더 강하다고 여기는 것은 일정 의미에서는 이로운 것인데, 이런 긍정적인 신념은 사람들이 노력하고, 또한 곤경 속에서 희망을 지키도록 격려해 주기 때문이다.

어휘 道理 dàolǐ 명 일리, 도리, 이치 | 评价 píngjià 명 동 평가(하다) | 估计 gūjì 동 추측하다, 예측하다, 어림잡다 | 实际上 shíjìshàng 부 사실상, 실제로 | 乐观 lèguān 형 낙관적이다 | 偏见 piānjiàn 명 편견 | 实验 shíyàn 명 실험 | 证明 zhèngmíng 명 동 증명(하다) | 归因于 guī yīn yú 원인을 (~에) 돌리다, (~의) 탓으로 하다 | 运气 yùnqi 명 운 형 운이 좋다 | 佳 jiā 형 좋다, 훌륭하다, 아름답다 | 本身 běnshēn 대 그 자체, 그 자신 | 无法 wúfǎ 동 ~할 방법이 없다, ~할 수 없다 | 因素 yīnsù 명 요소, 요인 | 造成 zàochéng 동 (부정적인 결과를) 야기하다, 초래하다 | 道德 dàodé 명 도덕 형 도덕적이다 | 胜任 shèngrèn 동 (직무, 일 등을) 감당할 수 있다, 담당할 능력이 충분하다 | 人类 rénlèi 명 인류 | 远离 yuǎnlí 동 멀리 하다, 멀리 떠나다 | 抑郁 yìyù 형 우울하다, 울적하다 | 指向 zhǐxiàng 명 가리키는 방향 동 지향하다, 향하다, 가리키다 | 有助于 yǒuzhù yú ~에 도움이 되다 | 缓解 huǎnjiě 동 완화시키다, 누그러뜨리다 | 真实 zhēnshí 형 진실하다 | 自我 zìwǒ 대 자아, 자기, 자신 | 强大 qiángdà 형 강대하다 | 有利 yǒulì 형 유리하다, 이롭다 | 信念 xìnniàn 명 신념 | 激励 jīlì 동 격려하다 | 困境 kùnjìng 명 곤경 | 保持 bǎochí 동 유지하다, 지키다

第三部分

🎧 06-05

5 在生活中你有坐过站的经历吗？请说一说。

맥락 구상

서론	첫 번째 단락	종종 역을 지나친 적이 있음
본론	두 번째 단락	인상 깊었던 경험
	세 번째 단락	역을 지나친 여러 가지 상황
결론	네 번째 단락	해결 방법

모범 답안 高级版

서론

我是一个有点粗心的人，生活中经常丢三落四，坐车也
Wǒ shì yí ge yǒudiǎn cūxīn de rén, shēnghuózhōng jīngcháng diūsān làsì, zuò chē yě
经常坐过站。
jīngcháng zuò guò zhàn.

본론

我 印象比较深刻的一次 坐过站的经历，是在我读大学的时候。
Wǒ yìnxiàng bǐjiào shēnkè de yí cì zuò guò zhàn de jīnglì, shì zài wǒ dú dàxué de shíhou.
那一天我乘坐公交车准备回学校， 本来 应该在学校门口的
Nà yì tiān wǒ chéngzuò gōngjiāochē zhǔnbèi huí xuéxiào, běnlái yīnggāi zài xuéxiào ménkǒu de
车站下车，但是因为我太困了，所以不知不觉地在车上睡着了，
chēzhàn xiàchē, dànshì yīnwèi wǒ tài kùn le, suǒyǐ bùzhī bùjué de zài chēshang shuìzháo le,
没有听到车内报站的广播声音。当我醒过来时已经坐过
méiyǒu tīngdào chēnèi bàozhàn de guǎngbō shēngyīn. Dāng wǒ xǐng guòlai shí yǐjīng zuò guò
了好几站，我不得不赶快下车，然后去乘坐相反方向的公交，
le hǎo jǐ zhàn, wǒ bùdébù gǎnkuài xiàchē, ránhòu qù chéngzuò xiāngfǎn fāngxiàng de gōngjiāo,
浪费了很多时间。
làngfèi le hěn duō shíjiān.
后来 也发生过很多类似的事情： 有时候 是因为我在车上
Hòulái yě fāshēng guò hěn duō lèisì de shìqing: yǒushíhou shì yīnwèi wǒ zài chēshang
玩儿手机太入迷，忘了下车； 有时候 是因为和朋友在车上聊天聊
wánr shǒujī tài rùmí, wàng le xiàchē; yǒushíhou shì yīnwèi hé péngyou zài chēshang liáotiān liáo

본론

得太投入；有时候是因为高峰期人太多，导致车内非常拥挤，下不了
de tài tóurù; yǒushíhou shì yīnwèi gāofēngqī rén tài duō, dǎozhì chēnèi fēicháng yōngjǐ, xiàbuliǎo
车。每次坐过站都非常麻烦，甚至会因此上学迟到或者错
chē. Měi cì zuò guò zhàn dōu fēicháng máfan, shènzhì huì yīncǐ shàngxué chídào huòzhě cuò
过重要的约定。
guò zhòngyào de yuēdìng.

결론

为了避免坐过站，我现在坐地铁或坐公交车的时候会非常
Wèile bìmiǎn zuò guò zhàn, wǒ xiànzài zuò dìtiě huò zuò gōngjiāochē de shíhou huì fēicháng
留意地听报站广播，尽量不在车上听歌或者玩儿手机，快到
liúyì de tīng bàozhàn guǎngbō, jǐnliàng bú zài chēshang tīng gē huòzhě wánr shǒujī, kuài dào
站的时候提前站到车门口去，做好下车的准备。我觉得只要多
zhàn de shíhou tíqián zhàn dào chē ménkǒu qù, zuòhǎo xiàchē de zhǔnbèi. Wǒ juéde zhǐyào duō
留心，一定能防止这类事情的发生。
liúxīn, yídìng néng fángzhǐ zhè lèi shìqing de fāshēng.

해석 생활 속에서 당신은 역을 지나쳤던 경험이 있습니까? 얘기해 보세요.
나는 조금 부주의한 사람이라서, 생활 속에서 자주 이것저것 잘 잊어 버리고, 차를 탔을 때도 자주 역을 지나친다.
내가 비교적 인상 깊은 역을 지나쳤던 하나의 경험은 대학을 다닐 때이다. 그날 나는 버스를 타고 학교로 돌아갈 계획이었는데, 본래 학교 입구 정류장에서 내려야 했는데, 너무 졸려서 나도 모르게 차에서 잠이 들었고, 차내의 정류장 안내 방송 소리를 듣지 못했다. 내가 깨어났을 때는 이미 여러 정거장을 지나쳤고, 나는 어쩔 수 없이 서둘러 하차한 후에 반대 방향의 버스를 타서 많은 시간을 낭비했다.
후에도 유사한 일들이 여러 번 발생한 적이 있는데, 때로는 차에서 휴대 전화를 하다 너무 빠져 하차하는 것을 잊었고, 때로는 친구와 차에서 이야기하는 것에 너무 심취했기 때문이었고, 때로는 러시아워에 사람이 너무 많아서 차 안이 너무 붐벼 내릴 수가 없었다. 매번 역을 지나칠 때마다 매우 번거롭고, 심지어는 이 때문에 학교에 지각하거나 중요한 약속을 놓칠 수도 있다.
역을 지나치는 것을 피하기 위해, 나는 지금 지하철을 타거나 버스를 탈 때 주의하여 안내 방송을 듣고, 가능한 한 차에서 음악을 듣거나 휴대 전화를 하지 않으며, 역에 거의 도착했을 때는 미리 차 문에 서서 내릴 준비를 한다. 나는 주의를 많이 기울이기만 하면 반드시 이런 일이 발생하는 것을 방지할 수 있다고 생각한다.

어휘 粗心 cūxīn 형 데면데면하다, 부주의하다, 세심하지 못하다 | 丢三落四 diūsān làsì 성 이것저것 빠뜨리다, 이 일 저 일 잘 잊어 버리다 | 坐过站 zuò guò zhàn 역을 지나치다 | 印象 yìnxiàng 명 인상 | 深刻 shēnkè 형 1. (인상이) 깊다. 핵심을 찌르다, 깊이가 있다 | 经历 jīnglì 명 경험, 경력 동 몸소 겪다, 체험하다 | 乘坐 chéngzuò 동 (차, 배, 비행기 등을) 타다 | 公交车 gōngjiāochē 명 버스 | 本来 běnlái 부 본래, 원래 형 본래의, 원래의 | 困 kùn 형 졸립다 동 포위하다, 가두어 놓다 | 不知不觉 bùzhī bùjué 성 자기도 모르는 사이에 | 睡着 shuìzháo 동 잠들다 | 报站 bàozhàn 이합사 (승무원이) 도착역을 알리다 | 广播 guǎngbō 명 라디오 방송 동 방송하다 | 醒 xǐng 동 깨다, 깨어나다 | 不得不 bùdébù 어쩔 수 없이, 부득불 | 赶快 gǎnkuài 부 빨리, 어서 | 相反 xiāngfǎn 형 상반되다, 반대되다 | 方向 fāngxiàng 명 방향 | 浪费 làngfèi 동 낭비하다 | 类似 lèisì 동 유사하다, 비슷하다 | 入迷 rùmí 이합사 매혹되다, 정신이 팔리다 | 投入 tóurù 형 (열정적으로) 몰입하다 | 高峰期 gāofēngqī 명 절정기, 피크(peak), 러시아워(rush hour) | 导致 dǎozhì 동 야기하다, 초래하다 | 拥挤 yōngjǐ 형 붐비다, 혼잡하다 | 麻烦 máfan 형 귀찮다, 성가시다 | 甚至 shènzhì 접 더욱이, 더 나아가서는 | 或者 huòzhě 접 또는, 혹은 부 어쩌면, 혹시 | 错过 cuòguò 동 (시기나 대상을) 놓치다 | 约定 yuēdìng 동 약속하다 | 避免 bìmiǎn 동 (나쁜 상황을) 피하다 | 留意 liúyì 이합사 주의를 기울이다, 관심을 갖다 | 尽量 jǐnliàng 부 가능한 한, 되도록 | 提前 tíqián 동 (예정된 시간이나 위치를) 앞당기다 | 留心 liúxīn 이합사 주의하다, 마음을 기울이다, 신경을 쓰다 | 防止 fángzhǐ 동 방지하다

주요 표현 정리

1. 本来应该在学校门口的车站下车

★ **本来의 용법**

❶ 원래, 본래(= 原来) : 이전의 상황을 나타내며 지금은 변화가 있음을 나타냄
  예 她本来/原来身体不好，现在好多了。
  그녀는 원래/본래 몸이 좋지 않았는데, 지금은 많이 좋아졌다.

❷ 본래 : 도리상 마땅히 어떠해야 함을 나타냄
  예 学生本来就应该好好儿学习。 학생은 본래가 열심히 공부해야 한다.

2. 甚至会因此上学迟到或者错过重要的约定

★ **因此의 용법**

❶ 한 묶음으로 해석할 때 : 따라서, 그래서
  예 我和男朋友吵架了，因此今天心情不太好。
  나는 남자친구와 다투었고, 그래서 오늘 기분이 그다지 좋지 않다.

❷ 한 글자씩 해석할 때 :
  因(때문에) + 此(이것) = 이 때문에, 이로 인해
  예 这几天天气突然变冷，很多人因此都感冒了。
  요 며칠 날씨가 갑자기 추워졌고, 많은 사람들이 이 때문에 감기에 걸렸다.

🔊 모범 답안 简单版

서론

我是一个有点粗心的人，生活中经常丢东西，坐车也经常坐过站。
Wǒ shì yí ge yǒudiǎn cūxīn de rén, shēnghuózhōng jīngcháng diū dōngxi, zuò chē yě jīngcháng zuò guò zhàn.

본론

有一次是在我读大学的时候，那天我坐公交车准备回学校，
Yǒu yí cì shì zài wǒ dú dàxué de shíhou, nà tiān wǒ zuò gōngjiāochē zhǔnbèi huí xuéxiào,

本来应该在学校附近的站下车，但因为我太困了，所以不知不觉地
běnlái yīnggāi zài xuéxiào fùjìn de zhàn xiàchē, dàn yīnwèi wǒ tài kùn le, suǒyǐ bùzhī bùjué de

睡着了，没有听到车上广播的声音。当我睡醒以后，已经
shuìzháo le, méiyǒu tīngdào chēshang guǎngbō de shēngyīn. Dāng wǒ shuìxǐng yǐhòu, yǐjīng

坐过了好几站，我只能赶快下车，然后乘坐相反方向的
zuò guò le hǎo jǐ zhàn, wǒ zhǐ néng gǎnkuài xiàchē, ránhòu chéngzuò xiāngfǎn fāngxiàng de

公交车，浪费了很多时间。这件事给我留下了深刻的印象。
gōngjiāochē, làngfèi le hěn duō shíjiān. Zhè jiàn shì gěi wǒ liú xià le shēnkè de yìnxiàng.

后来发生了好几次这样的事：有时候是因为我在车上玩儿
Hòulái fāshēng le hǎo jǐ cì zhèyàng de shì: yǒushíhou shì yīnwèi wǒ zài chēshang wánr

본론

手机玩儿得太认真，不知道已经坐过站了；有时候是因为和朋友
shǒujī wánr de tài rènzhēn, bù zhīdào yǐjīng zuò guò zhàn le; yǒushíhou shì yīnwèi hé péngyou
在车上聊天忘了下车；有时候是因为车上人太多下不了车。
zài chēshang liáotiān wàng le xiàchē; yǒushíhou shì yīnwèi chēshang rén tài duō xiàbuliǎo chē.
每次坐过站都要换乘反方向的车，非常麻烦。
Měi cì zuò guò zhàn dōu yào huànchéng fǎn fāngxiàng de chē, fēicháng máfan.

결론

为了不再发生这样的事，我现在坐地铁或公交的时候会
Wèile bú zài fāshēng zhèyàng de shì, wǒ xiànzài zuò dìtiě huò gōngjiāo de shíhou huì
非常注意，认真地听车上的广播，尽量不玩儿手机或者听歌，
fēicháng zhùyì, rènzhēn de tīng chēshàng de guǎngbō, jǐnliàng bù wánr shǒujī huòzhě tīng gē,
提前做好下车的准备。我觉得只要多注意，就不会坐过站。
tíqián zuòhǎo xiàchē de zhǔnbèi. Wǒ juéde zhǐyào duō zhùyì, jiù bú huì zuò guò zhàn.

해석 나는 조금 부주의한 사람이라서, 생활 속에서 자주 물건을 잃어버리고, 차를 탔을 때도 자주 역을 지나친다.
한번은 내가 대학을 다닐 때, 그 날 버스를 타고 학교로 돌아갈 계획이었는데, 본래 학교 부근의 정류장에서 내려야 했으나 너무 졸려서 나도 모르게 잠이 들었고, 차내 방송 소리를 듣지 못했다. 내가 잠에서 깨어난 후엔 이미 여러 정류장을 지나쳤고, 나는 서둘러 하차한 후에 반대 방향의 버스를 타서 많은 시간을 낭비할 수밖에 없었다. 이 일은 나에게 깊은 인상을 남겼다.
후에도 이런 일이 여러 번 발생했는데, 때로는 차에서 휴대 전화를 너무 열심히 해서 이미 역을 지나친 것을 몰랐고, 때로는 친구와 차에서 이야기하다 하차하는 것을 잊었고, 때로는 차에 사람이 너무 많아서 내리지 못했다. 매번 역을 지나칠 때마다 반대 방향 차를 갈아타야 해서 매우 번거로웠다.
이런 일이 더 이상 생기지 않게 하기 위해, 나는 지금은 지하철을 타거나 버스를 탈 때 매우 주의하고, 열심히 차내 방송을 듣고, 가능한 한 휴대 전화를 하거나 음악을 듣지 않으며, 미리 내릴 준비를 한다. 내 생각에 주의를 많이 하면, 역을 지나치지 않을 것이다.

어휘 附近 fùjìn 명 부근, 근처 | 声音 shēngyīn 명 소리, 목소리 | 睡醒 shuìxǐng 잠에서 깨어나다, 잠이 깨다 | 留下 liú xià 남기다 | 换乘 huànchéng 동 갈아타다 | 反方向 fǎn fāngxiàng 반대쪽, 역방향

🎧 06-06

6 你认为最近老年人和年轻人之间的代沟严重吗？

맥락 구상

관점 제시	첫 번째 단락	세대 차이가 심각하다고 생각함
논거	두 번째 단락	생활 방식
	세 번째 단락	사상 관념
	네 번째 단락	대화 방식
논점	다섯 번째 단락	해결 방법

모범 답안 심각함

관점 제시

我认为最近老年人和年轻人之间的代沟非常严重。他们的生活方式和思想观念、说话方式等都很不一样，也会因此产生一些矛盾。

논거

从生活方式来看，年轻人出生在科技发达的时代，他们的生活离不开手机和电脑，不管做什么都要使用网络。但老年人很难适应时代的变化，也很难学会用电子产品。所以两代人的生活方式也完全不同，很难互相理解。

从思想观念上看，老年人和年轻人对待找工作、结婚、消费的态度也都不一样。老年人的想法比较传统，年轻人比较开放，所以很容易因为这些问题发生矛盾。

从说话方式上看，年轻人受网络影响，在生活中也会经常使用网络用语、新词。但是老年人不上网，可能完全不懂这些新词的意思，这影响了两代人的沟通。

논점

由此可见，老年人和年轻人之间的代沟是很严重的。要解决这个问题，需要双方多沟通，互相理解，同时年轻人也应该尽力去帮助老年人适应社会的变化。

해석 당신은 요즘 노인과 젊은이 사이의 세대 차이가 심각하다고 생각하나요?

나는 최근 노인들과 젊은이들 사이의 세대 차이가 매우 심각하다고 생각한다. 그들의 생활 방식과 사상 관념, 말하는 방식 등이 모두 매우 다르고, 또한 이로 인해 갈등들도 생길 것이다.

생활 방식에서 보면, 젊은이들은 과학기술이 발달한 시대에 태어났고, 그들의 생활은 휴대 전화와 컴퓨터를 벗어날 수 없으며, 무엇을 하든 인터넷을 사용해야 한다. 그러나 노인들은 시대의 변화에 적응하기 매우 어렵고, 또한 전자제품을 사용하는 것을 배우기도 매우 어렵다. 그래서 두 세대의 생활 방식도 완전히 다르고, 서로 이해하기가 어렵다.

사상 관념에서 보면, 노인들과 젊은이들은 구직, 결혼, 소비를 대하는 태도 또한 모두 다르다. 노인들의 생각은 비교적 전통적이고, 젊은이들은 비교적 개방적이어서 쉽게 이런 문제들로 인해 갈등이 생긴다.

말하는 방식에서 보면, 젊은이들은 인터넷의 영향을 받아 생활 속에서 인터넷 용어와 신조어를 자주 사용한다. 그러나 노인들은 인터넷을 하지 않아 이런 신조어의 뜻을 아마도 전혀 알지 못할 것이다. 이것은 두 세대 사람들의 소통에 영향을 주었다.

이로써 알 수 있듯, 노인들과 젊은이들 사이의 세대 차이는 심각하다. 이 문제를 해결하려면 쌍방이 많이 소통해야 하고, 서로를 이해하고, 동시에 젊은이들 또한 힘을 다해 노인들이 사회의 변화에 적응하도록 도와주어야 한다.

어휘 代沟 dàigōu 명 세대차이 | 严重 yánzhòng 형 심각하다 | 思想 sīxiǎng 명 사상 | 观念 guānniàn 명 관념, 사고방식 | 产生 chǎnshēng 동 (추상적인 것이) 생기다 | 矛盾 máodùn 명 1. 모순 2. 갈등 형 모순적이다 | 科技 kējì 명 과학기술 약칭(科学技术) | 发达 fādá 동 발달하다, 발전하다 | 离不开 lí bu kāi 떨어질 수 없다, 떨어지지 못하다 | 适应 shìyìng 동 적응하다 | 时代 shídài 명 시대 | 产品 chǎnpǐn 명 생산품, 제품 | 对待 duìdài 동 대하다, 다루다 | 消费 xiāofèi 동 소비하다 | 态度 tàidu 명 태도, 몸짓 | 传统 chuántǒng 명/형 전통(적이다) | 开放 kāifàng 동 1. (꽃망울이) 피다 2. 개방하다 3. 풀다, 해제하다 형 (성격이나 사상이) 개방적이다 | 网络 wǎngluò 명 인터넷 | 新词 xīncí 명 신조어 | 沟通 gōutōng 동 소통하다, 교류하다 | 由此可见 yóucǐ kějiàn 이로부터(이로써) 알 수 있다 | 双方 shuāngfāng 명 쌍방, 양측, 양쪽 | 理解 lǐjiě 동 이해하다 | 尽力 jìnlì 이합사 힘을 다하다

주요 표현 정리

我认为最近老年人和年轻人之间的代沟非常严重。

★ 认为와 以为의 차이

❶ 认为 : 개인적인 의견이나 생각. 觉得의 서면어체 표현.
  예 我认为学生应该努力学习。 나는 학생은 열심히 공부해야 한다고 생각한다.

❷ 以为 : 객관적인 사실에 맞지 않는 잘못된 생각.
  예 我以为他今天不来了。 나는 그가 오늘 오지 않을 거라 생각했다.(실제로는 왔음)

맥락 구상

관점 제시	첫 번째 단락	세대 차이가 심각하지 않다고 생각함
논거	두 번째 단락	첫 번째 원인 : 노인들의 사상이 개방적으로 바뀜
	세 번째 단락	두 번째 원인 : 노인들이 사회 발전에 적응할 수 있게 됨
논점	네 번째 단락	세대 차이는 심각하지 않음

모범 답안 심각하지 않음

관점 제시

我认为 最近老年人和年轻人之间的代沟 没有那么严重 。
Wǒ rènwéi zuìjìn lǎoniánrén hé niánqīngrén zhī jiān de dàigōu méiyǒu nàme yánzhòng.

虽然有时候生活习惯和想法不太一样，但能够互相理解。
Suīrán yǒushíhou shēnghuó xíguàn hé xiǎngfǎ bú tài yíyàng, dàn nénggòu hùxiāng lǐjiě.

논거

之所以 代沟没有那么严重， 第一个原因 是现在的老人思想
Zhī suǒyǐ dàigōu méiyǒu nàme yánzhòng, dì yī ge yuányīn shì xiànzài de lǎorén sīxiǎng

没有那么落后。很久以前，在社会不太进步的时候，老人们的想法
méiyǒu nàme luòhòu. Hěn jiǔ yǐqián, zài shèhuì bú tài jìnbù de shíhou, lǎorénmen de xiǎngfǎ

一般比较不开放。比如对子女特别严格，子女不管做什么都要得到
yìbān bǐjiào bù kāifàng. Bǐrú duì zǐnǚ tèbié yángé, zǐnǚ bùguǎn zuò shénme dōu yào dédào

长辈的同意，甚至连找工作、结婚也没有自由。但现在的老年人
zhǎngbèi de tóngyì, shènzhì lián zhǎo gōngzuò、jiéhūn yě méiyǒu zìyóu. Dàn xiànzài de lǎoniánrén

已经不像以前一样了， 他们想法比较开放 ，能够理解年轻人。
yǐjīng bú xiàng yǐqián yíyàng le, tāmen xiǎngfǎ bǐjiào kāifàng, nénggòu lǐjiě niánqīngrén.

第二个原因 是现在社会发展得很快，比如科学技术不断地改变
Dì èr ge yuányīn shì xiànzài shèhuì fāzhǎn de hěn kuài, bǐrú kēxué jìshù búduàn de gǎibiàn

着人们的生活，年轻人也愿意主动地帮助老年人学习使用
zhe rénmen de shēnghuó, niánqīngrén yě yuànyì zhǔdòng de bāngzhù lǎoniánrén xuéxí shǐyòng

电子产品，帮助 他们适应社会的发展 ，和老年人之间的沟通也
diànzǐ chǎnpǐn, bāngzhù tāmen shìyìng shèhuì de fāzhǎn, hé lǎoniánrén zhī jiān de gōutōng yě

比较多；社会上帮助、照顾老年人的机构也很多。
bǐjiào duō; shèhuìshàng bāngzhù、zhàogù lǎoniánrén de jīgòu yě hěn duō.

논점

不但年轻人很尊重老年人，而且老人也很理解年轻人， 因此
Búdàn niánqīngrén hěn zūnzhòng lǎoniánrén, érqiě lǎorén yě hěn lǐjiě niánqīngrén, yīncǐ

代沟没有那么严重 。
dàigōu méiyǒu nàme yánzhòng.

해석 나는 최근 노인들과 젊은이들 간의 세대 차이가 그렇게 심각하지 않다고 생각한다. 비록 때로는 생활습관과 생각이 그다지 같지 않을 때도 있지만, 서로를 이해할 수 있다.

세대 차이가 그렇게 심각하지 않은 첫 번째 원인은 노인들의 생각이 그렇게 뒤처지지 않다는 것이다. 오래전 사회가 그다지 진보하지 않았을 때는, 노인들의 생각이 일반적으로 비교적 개방적이지 않았다. 예를 들어 자녀에 대해 특히 엄격하였는데, 자녀가 무엇을 하든 어른의 동의를 얻어야 하고, 심지어 취업, 결혼 조차도 자유가 없었다. 그러나 현재 노인들은 예전과 같지 않다. 그들은 생각이 비교적 개방적이고, 젊은이들을 이해할 수 있다.

두 번째 원인은 현재 사회가 매우 빠르게 발전하고 있다. 예를 들어 과학기술은 끊임없이 사람들의 생활을 바꾸고 있고, 젊은이들도 자발적으로 노인들이 전자제품을 사용하는 것을 배우도록 도와주며, 그들이 사회의 발전에 적응하는 것을 도와, 노인과의 소통도 비교적 많다. 사회에는 노인을 돕고 돌보는 기관도 많다.

젊은이들은 노인을 존중할 뿐 아니라 게다가 노인들도 젊은이들을 이해한다. 따라서 세대 차이는 그렇게 심각하지 않다.

어휘 **互相** hùxiāng 부 서로 | **落后** luòhòu 형 낙후되다, 뒤떨어지다 | **进步** jìnbù 동 진보하다 형 진보적이다 | **严格** yángé 형 엄격하다, 엄하다 | **长辈** zhǎngbèi 명 손윗사람, 연장자 | **甚至** shènzhì 접 심지어 | **自由** zìyóu 명 자유 형 자유롭다 | **改变** gǎibiàn 동 바뀌다, 바꾸다 | **主动** zhǔdòng 형 주동적이다, 자발적이다 | **机构** jīgòu 명 기관, 단체 등의 사업 단위, 기구 | **尊重** zūnzhòng 동 존중하다, 중시하다

주요 표현 정리

1. 我认为最近老年人和年轻人之间的代沟没有那么严重。

   ★ **没(有)那么 + 형용사/동사** : 그렇게 ~하지 않다

   예 这件事没有那么简单。 이 일은 그렇게 간단하지 않다.
   我没那么喜欢他。 나는 그렇게 그를 좋아하지 않는다.

2. 之所以代沟没有那么严重,

   ★ **之所以……, 원인이나 목적**

   예 他之所以能成功，是因为他十分勤奋。
   그가 성공할 수 있었던 것은, 그가 매우 근면하기 때문이다.

   ★ **원인이나 목적, 所以……**

   예 因为他十分勤奋，所以他能成功。
   그는 매우 근면하기 때문에, 그래서 성공할 수 있었다.

실전 모의고사 7회

모범 답안 및 해설

第一部分

🎧 07-01

1 　　当初，上帝在创造人类的时候，给每个人的身上都背了一个大袋子。其中一些人常常向上帝抱怨，说上帝不公平，为什么自己的袋子这么重，马上就要背不动了，而别人的袋子都比自己的轻很多。有一天，上帝叫这些人互相交换袋子。可是当他们互相交换了袋子以后，反而觉得更重，觉得不如自己以前的袋子轻。

해석 처음, 하느님이 인류를 창조하실 때 모든 사람들에게 큰 짐을 하나 짊어지게 하셨다. 그중 일부 사람은 종종 하느님을 향해 불평했다. 왜 자신의 짐은 이렇게 무거워서 곧 감당할 수 없는 반면 다른 사람의 짐은 모두 자신의 것보다 훨씬 가벼운지 하느님은 불공평하다고 말했다. 어느 날 하느님은 이 사람들에게 서로의 짐을 바꾸도록 시켰다. 그러나 그들은 짐을 바꾼 후 오히려 더 무겁고, 자신의 이전 짐만큼 가볍지 않다고 생각했다.

어휘 当初 dāngchū 명 당초, 처음, 이전 | 上帝 Shàngdì 명 하느님, 조물주, 창조주 | 人类 rénlèi 명 인류 | 背 bēi 동 1. (물건을) 지다, 메다 2. 부담하다, 지다, 감당하다 | 袋子 dàizi 명 주머니, 자루, 포대 | 其中 qízhōng 명 그중 | 抱怨 bàoyuàn 동 불평하다 | 公平 gōngpíng 형 공평하다 | 互相 hùxiāng 부 서로, 상호 | 交换 jiāohuàn 동 교환하다 | 反而 fǎn'ér 부 오히려 | 不如 bùrú 동 ~만 못하다

핵심요약

1. 当初，上帝在创造人类的时候，给每个人的身上都背了一个大袋子。 〈제거〉
   → 当初，上帝创造人类时，在每个人身上都放了一个大袋子。

2. 其中一些人常常向上帝抱怨，说上帝不公平，
   → 其中一些人常常怪上帝不公平，

3. 为什么自己的袋子这么重，马上就要背不动了，而别人的袋子都比自己的轻很多。 〈제거〉
   → 为什么自己的袋子这么重，快背不动了，而别人的袋子更轻。

   > **코너 속 어법 Tip**
   > 주어1……，而주어2……： 而은 주어1과 주어2의 비교나 대조를 나타냄
   > 예 自己的袋子……，而别人的袋子…… 자신의 짐은 ~한데, 반면 다른 사람의 짐은 ~하다

4. 有一天，上帝叫这些人互相交换袋子。 〈제거〉
   → 有一天，上帝叫他们交换袋子。

5. 可是当他们互相交换了袋子以后，反而觉得更重，觉得不如自己以前的袋子轻。
   → 可是他们交换袋子后，反而觉得更重，不如自己以前的袋子轻。

> **코너 속 어법 Tip**
>
> A不如B : A는 B만 못하다(B가 A보다 더 ~하다)
>
> 예 不如自己以前的袋子轻。 자신의 이전 짐만큼 가볍지 못하다.(이전 짐이 더 가볍다)

모범 답안

当初，上帝创造人类时，在每个人身上都放了一个大袋子。其中
Dāngchū, Shàngdì chuàngzào rénlèi shí, zài měi ge rén shēnshang dōu fàng le yí ge dà dàizi. Qízhōng

一些人常常怪上帝不公平，为什么自己的袋子这么重，快背不动了，
yìxiē rén chángcháng guài Shàngdì bù gōngpíng, wèishénme zìjǐ de dàizi zhème zhòng, kuài bēi bú dòng le,

而别人的袋子更轻。有一天，上帝叫他们交换袋子。可是他们交换袋子后，
ér biéren de dàizi gèng qīng. Yǒu yì tiān, Shàngdì jiào tāmen jiāohuàn dàizi. Kěshì tāmen jiāohuàn dàizi hòu,

反而觉得更重，不如自己以前的袋子轻。
fǎn'ér juéde gèng zhòng, bùrú zìjǐ yǐqián de dàizi qīng.

🎧 07-02

2 午睡对身体健康很有帮助，但需要注意的是，采用合理的午睡方法才能达到好的效果。健康的午睡以15~30分钟最为恰当：时间太短，达不到休息的效果；时间太长，醒来后会头痛、全身无力，还会影响晚上的睡眠。另外，睡前不要吃得太饱，最好活动十来分钟再睡。

해석 낮잠은 신체 건강에 도움이 되지만, 주의가 필요한 것은 합리적인 낮잠 방법을 써야 좋은 효과에 도달할 수 있다는 것이다. 건강한 낮잠은 15~30분 정도가 가장 적당하다. 시간이 너무 짧으면 휴식의 효과에 도달하지 못하고, 시간이 너무 길면 깨어난 후 머리가 아프고 온몸이 무기력하며, 저녁 수면에도 영향을 끼칠 것이다. 그밖에, 잠자기 전에 너무 많이 먹지 말고, 10분 정도 활동하고 잠을 자는 게 가장 좋다.

어휘 午睡 wǔshuì 명동 낮잠(을 자다) | 采用 cǎiyòng 동 골라 쓰다, 선택하여 사용하다 | 合理 hélǐ 형 합리적이다 | 达到 dádào 동 달성하다, 도달하다 | 效果 xiàoguǒ 명 효과 | 恰当 qiàdàng 형 알맞다, 타당하다 | 醒 xǐng 동 깨다, 깨어나다 | 头痛 tóutòng 형 머리가 아프다 | 无力 wúlì 동 1. 힘이 없다, 기운이 없다 2. 능력이 없다, 역부족이다 | 睡眠 shuìmián 명 수면, 잠

핵심요약

1. 午睡对身体健康很有帮助，
   → 午睡对健康很有帮助，

2. 但需要注意的是，采用合理的午睡方法才能达到好的效果。
   → 但要注意，用合理的午睡方法才能达到好的效果。

> **코너 속 어법 Tip**
>
> **达到와 到达**
> ❶ 达到 + 추상적 개념 : 目的, 目标, 水平, 效果, 标准
> ❷ 到达 + 구체적 장소 : 目的地, 北京, 首尔

3. 健康的午睡**以**15~30分钟最**为**恰当；
   → 健康的午睡，15~30分钟最合适；

> **코너 속 어법 Tip**
>
> **以A为B** : A를 B로 삼다, A를 B로 여기다
> 예) 中国菜以炒菜为主。중국요리는 볶음 요리를 주로 한다.

4. 时间太短，达不到休息的效果；
   → 时间太短，会休息不够；

5. 时间太长，醒来后会头痛、全身(제거)无力，还会影响晚上的睡眠。
   → 时间太长，醒来后会头痛、无力，还会影响晚上的睡眠。

모범 답안

午睡对健康很有帮助，但要注意，用合理的午睡方法才能达到
Wǔshuì duì jiànkāng hěn yǒu bāngzhù, dàn yào zhùyì, yòng hélǐ de wǔshuì fāngfǎ cái néng dádào

好的效果。健康的午睡，15～30分钟最合适；时间太短，会休息不够；
hǎo de xiàoguǒ. Jiànkāng de wǔshuì, shíwǔ dào sānshí fēnzhōng zuì héshì; shíjiān tài duǎn, huì xiūxi búgòu;

时间太长，醒来后会头痛、无力，还会影响晚上的睡眠。
shíjiān tài cháng, xǐnglái hòu huì tóutòng、wúlì, hái huì yǐngxiǎng wǎnshang de shuìmián.

🎧 07-03

3 虽然我们并不希望经历失败，但当它发生时还是应该积极面对。因为失败所带来的经验教训是极其有价值的，它会时刻提醒我们关注自己曾经不懂或需要学习的东西。失败能够锻炼我们的意志力和学习能力，而这些将会引导我们走向未来的成功。

해석 비록 우리는 실패를 경험하는 것을 결코 바라지 않지만, 실패했을 때는 긍정적으로 직면해야 한다. 왜냐하면 실패가 가져오는 경험과 교훈은 매우 가치가 있는 것이고, 그것은 늘 우리가 자신이 일찍이 알지 못하거나 배워야 할 것에 관심을 가지도록 일깨워 줄 것이기 때문이다. 실패는 우리의 의지력과 학습 능력을 단련시킬 수 있고, 이러한 것들은 우리가 미래의 성공으로 나아가도록 이끌어 줄 것이다.

어휘 经历 jīnglì 명 경험, 경력 동 몸소 겪다, 체험하다 | 失败 shībài 동 실패하다 | 积极 jījí 형 1. 적극적이다 2. 긍정적이다 | 面对 miànduì 동 직면하다, 대면하다 | 经验 jīngyàn 명 경험 | 教训 jiàoxùn 명 교훈 동 교훈하다, 훈계하다 | 极其 jíqí 부 아주, 지극히, 몹시, 매우 | 价值 jiàzhí 명 가치 | 时刻 shíkè 명 시각, 순간 부 시시각각, 늘, 언제나 | 提醒 tíxǐng 동 일깨우다, 상기시키다, 주의시키다 | 关注 guānzhù 동 관심을 가지다, 주시하다 | 能够 nénggòu 조동 ~할 수 있다 | 意志力 yìzhìlì 명 의지력 | 引导 yǐndǎo 동 안내하다, 인도하다, 이끌다

핵심요약

1. 虽然我们并不希望经历失败，但当它发生时还是应该积极面对。(제거×3)
   → 虽然我们不希望失败，但它发生时还是应该积极面对。

2. 因为失败所带来的经验教训是极其有价值的，(제거)
   → 因为它带来的经验教训是很有价值的，

3. 它会时刻提醒我们关注自己曾经不懂或需要学习的东西。(제거)
   → 它会时刻提醒我们关注以前不懂或需要学习的东西。

> **코너 속 어법 Tip**
> 提醒 + 사람 + 동사 : ~가 ~하도록 일깨우다
> 예) 家长要提醒孩子少犯错误。 학부모는 아이가 잘못을 덜 저지르게 일깨워야 한다.

4. 失败能够锻炼我们的意志力和学习能力，而这些将会引导我们走向未来的成功。(제거×2)
   → 失败能增强我们的意志力和学习能力，引导我们走向成功。

> **코너 속 어법 Tip**
> 引导 + 사람 + 동사 : ~가 ~하도록 이끌다
> 예) 家长要引导孩子少犯错误。 학부모는 아이가 잘못을 덜 저지르게 이끌어야 한다.

모범 답안

虽然我们不希望失败，但它发生时还是应该积极面对。因为它带来的
Suīrán wǒmen bù xīwàng shībài, dàn tā fāshēng shí háishi yīnggāi jījí miànduì. Yīnwèi tā dài lái de

经验教训是很有价值的，它会时刻提醒我们关注以前不懂或需要学习
jīngyàn jiàoxùn shì hěn yǒu jiàzhí de, tā huì shíkè tíxǐng wǒmen guānzhù yǐqián bù dǒng huò xūyào xuéxí

的东西。失败能增强我们的意志力和学习能力，引导我们走向成功。
de dōngxi. Shībài néng zēngqiáng wǒmen de yìzhìlì hé xuéxí nénglì, yǐndǎo wǒmen zǒuxiàng chénggōng.

第二部分

🎧 07-04

4　近年来，中国/不少高校/开设了/恋爱课程，该课程/涉及心理学、
Jìnnián lái, Zhōngguó/bù shǎo gāoxiào/kāishè le/liàn'ài kèchéng, gāi kèchéng/shèjí xīnlǐxué、
恋爱方法、恋爱经济学、婚姻与家庭/等方面，深受/学生欢迎。如/
liàn'ài fāngfǎ、liàn'ài jīngjìxué、hūnyīn yǔ jiātíng/děng fāngmiàn, shēnshòu/xuéshēng huānyíng. Rú/
中国某大学/开设了/恋爱心理学/选修课，这门选修课的/选课人数/累计
Zhōngguó mǒu dàxué/kāishè le/liàn'ài xīnlǐxué/xuǎnxiūkè, zhè mén xuǎnxiūkè de/xuǎnkè rénshù/lěijì
超过一万人，老师/会教授一些/表白小妙招，课后作业之一/就是写情书。
chāoguò/yí wàn rén, lǎoshī/huì jiāoshòu yìxiē/biǎobái xiǎo miàozhāo, kè hòu zuòyè zhī yī/jiùshì xiě qíngshū.
　　高校/特意开设/恋爱课，说明/高校越来越重视/大学生的心理
Gāoxiào/tèyì kāishè/liàn'ài kè, shuōmíng/gāoxiào yuè lái yuè zhòngshì/dàxuéshēng de xīnlǐ
健康。开设/和爱情婚姻/相关的课程/是很有必要的。因为/在恋爱交往
jiànkāng. Kāishè/hé àiqíng hūnyīn/xiāngguān de kèchéng/shì hěn yǒu bìyào de. Yīnwèi/zài liàn'ài jiāowǎng
中/常会有/很多矛盾冲突，大学生/因为经验不足/往往不能/
zhōng/cháng huì yǒu/hěn duō máodùn chōngtū, dàxuéshēng/yīnwèi jīngyàn bùzú/wǎngwǎng bù néng/
正确对待和处理。当然，讲授恋爱知识/并不是/让学生/成为恋爱
zhèngquè duìdài hé chǔlǐ. Dāngrán, jiǎngshòu liàn'ài zhīshí/bìng bú shì/ràng xuéshēng/chéngwéi liàn'ài
高手，而是/运用/心理学的方法，加深/对自我的了解，对自我成长经历的
gāoshǒu, ér shì/yùnyòng/xīnlǐxué de fāngfǎ, jiāshēn/duì zìwǒ de liǎojiě, duì zìwǒ/chéngzhǎng jīnglì de
探索，树立/正确的婚恋观。
tànsuǒ, shùlì/zhèngquè de hūnliàn guān.

해석　최근 중국의 적지 않은 대학에서 연애 수업을 개설했는데, 이 수업은 심리학, 연애 방법, 연애 경제학, 결혼과 가정 등 방면을 언급하여 학생들의 많은 환영을 받고 있다. 예를 들어 중국 모 대학은 연애 심리학 선택과목을 개설했는데, 이 선택과목의 선택 누적 수강생 수는 1만 명이 넘었고, 선생님들은 고백 꿀팁들을 가르쳤으며, 수업 후 과제 중의 하나는 바로 연애편지를 쓰는 것이다.
고등교육기관은 일부러 연애 수업을 개설하여, 대학이 갈수록 대학생의 심리 건강을 중시한다는 것을 설명한다. 사랑 결혼과 관련된 교육과정을 개설하는 것은 매우 필요한 것이다. 왜냐하면 연애를 하는 중에는 많은 갈등과 마찰이 있는데, 대학생들은 경험이 부족하여 종종 올바르게 대처하고 해결하질 못한다. 당연히 연애 지식을 가르치는 것이 결코 학생들을 연애 고수로 만들어줄 수 있는 것은 아니며, 심리학 방법을 활용하여 자신에 대한 깊이 있는 이해를 심화시키는 것이다. 자아 성장 경험에 대한 탐색은 올바른 결혼과 연애관을 세워준다.

어휘　近年来 jìnnián lái 최근 몇 년간 | 高校 gāoxiào 명 고등교육기관(高等学校)의 약칭(대학교·단과 대학·전문대학 등 고등교육을 시행하는 학교를 통틀어 이르는 말) | 开设 kāishè 동 개설하다 | 恋爱 liàn'ài 명 연애(하다) | 课程 kèchéng 명 (교육) 과정, 커리큘럼 | 涉及 shèjí 동 관계되다, 관련되다, 미치다, 언급하다 | 经济 jīngjì 명 경제 | 婚姻 hūnyīn 명 혼인, 결혼 | 家庭 jiātíng 명 가정 | 选修课 xuǎnxiū kè 선택과목 | 累计 lěijì 동 누계하다, 합계하다 | 超过 chāoguò 동 초과하다, 넘다 | 教授 jiāoshòu 동 가르치다 | 表白 biǎobái 동 고백하다 | 妙招 miàozhāo 명 뛰어난 솜씨나 재주 | 情书 qíngshū 명 연애편지 | 特意 tèyì 부 특별히, 일부러 | 相关 xiāngguān 동 관련되다, 연관되다, 관계되다 | 必要 bìyào 형 필요로 하다 | 交往 jiāowǎng 동 왕래하다, 교제하다 | 矛盾 máodùn 명 1. 모순 2. 갈등 형 모순적이다 | 冲突 chōngtū 동 충돌하다 | 正确 zhèngquè 형 정확하다 | 对待 duìdài 동 대처하다, 다루다 | 处理 chǔlǐ 동 처리하다 | 高手 gāoshǒu 명 고수 | 运用 yùnyòng 동 활용하다 | 加深 jiāshēn 동 깊어지다, 심화되다 | 自我 zìwǒ 대 자아, 자기 자신 | 探索 tànsuǒ 동 탐색하다, 찾다 | 树立 shùlì 동 수립하다, 세우다

第三部分

🎧 07-05

5 请说一说你有没有收到过别人亲手做的礼物。

맥락 구상

서론	첫 번째 단락	직접 만든 선물이 가장 귀중함
본론	두 번째 단락	엄마가 직접 나에게 짜 준 스웨터를 받은 경험
결론	세 번째 단락	직접 만든 선물은 가치를 매길 수 없음

🔊 모범 답안 高级版

서론

在我们的一生中，可能会收到来自不同人的各种各样的
Zài wǒmen de yìshēngzhōng, kěnéng huì shōudào láizì bù tóng rén de gèzhǒng gèyàng de
礼物，有些礼物是我们需要的东西，有些是意外的惊喜，有些可能是简单
lǐwù, yǒuxiē lǐwù shì wǒmen xūyào de dōngxi, yǒuxiē shì yìwài de jīngxǐ, yǒuxiē kěnéng shì jiǎndān
的小礼物，有些可能价格很昂贵。其中最珍贵的，应该是对方亲手
de xiǎo lǐwù, yǒuxiē kěnéng jiàgé hěn ánggui. Qízhōng zuì zhēnguì de, yīnggāi shì duìfāng qīnshǒu
做的礼物，因为它包含着满满的心意。
zuò de lǐwù, yīnwèi tā bāohán zhe mǎnmǎn de xīnyì.

본론

我收到过别人亲手做的礼物，是一件妈妈亲手给我织的毛衣。
Wǒ shōudào guo biérén qīnshǒu zuò de lǐwù, shì yí jiàn māma qīnshǒu gěi wǒ zhī de máoyī.
我记得小的时候，有一段时间很流行穿毛衣，但是外面卖的
Wǒ jì de xiǎo de shíhou, yǒu yí duàn shíjiān hěn liúxíng chuān máoyī, dànshì wàimiàn mài de
毛衣，款式都差不多，有些毛衣不知道用了什么毛线，穿上
máoyī, kuǎnshì dōu chàbuduō, yǒuxiē máoyī bù zhīdào yòng le shénme máoxiàn, chuānshang
以后会让人感觉不舒服。妈妈听了我的抱怨以后，在我十二岁生日
yǐhòu huì ràng rén gǎnjué bù shūfu. Māma tīng le wǒ de bàoyuàn yǐhòu, zài wǒ shí'èr suì shēngrì
那天，送了我一件她亲手织的毛衣，不但非常漂亮，而且穿上
nà tiān, sòng le wǒ yí jiàn tā qīnshǒu zhī de máoyī, búdàn fēicháng piàoliang, érqiě chuānshang
以后非常舒服，我抚摸着柔软的毛衣，对妈妈说："这是我收到的
yǐhòu fēicháng shūfu, wǒ fǔmō zhe róuruǎn de máoyī, duì māma shuō: "Zhè shì wǒ shōudào de

본론 🎤 最好的礼物！"虽然这不是什么贵重的礼物，但一针一线都饱含着
zuì hǎo de lǐwù!" Suīrán zhè bú shì shénme guìzhòng de lǐwù, dàn yì zhēn yí xiàn dōu bǎohán zhe
妈妈对我的爱，所以我非常感动。
māma duì wǒ de ài, suǒyǐ wǒ fēicháng gǎndòng.

결론 🎤 随着社会发展，现在人们更愿意买礼物送人，不但选择更
Suízhe shèhuì fāzhǎn, xiànzài rénmen gèng yuànyì mǎi lǐwù sòng rén, búdàn xuǎnzé gèng
多，也省去了制作礼物的时间。虽然买的礼物同样珍贵，但亲手做
duō, yě shěngqù le zhìzuò lǐwù de shíjiān. Suīrán mǎi de lǐwù tóngyàng zhēnguì, dàn qīnshǒu zuò
的礼物更值得我们珍惜和感恩，因为它承载的诚意和心意是无价的。
de lǐwù gèng zhídé wǒmen zhēnxī hé gǎn'ēn, yīnwèi tā chéngzài de chéngyì hé xīnyì shì wújià de.

해석 당신은 다른 사람이 직접 만든 선물을 받아 본 적 있는지 말해 보세요.

우리는 일생 동안 서로 다른 사람들로부터 온 갖가지 선물을 받게 될 것이다. 어떤 선물은 우리가 필요로 하는 것이고, 어떤 것은 의외의 놀라운 기쁨이고, 어떤 것은 아마 간단한 작은 선물일 것이고, 어떤 것은 아마도 가격이 비쌀 것이다. 그중 가장 귀중한 것은 당연히 상대가 직접 만든 선물인데, 왜냐하면 그것은 가득한 성의가 담겨있기 때문이다.

나는 다른 사람이 직접 만든 선물을 받은 적 있는데, 엄마가 직접 나에게 짜 주신 스웨터이다. 내 기억에 어렸을 때 한동안 스웨터 입는 것이 유행이었다. 그러나 밖에서 파는 스웨터는 디자인이 다 비슷했고, 어떤 스웨터는 어떤 털실을 썼는지 몰라도 입고 나면 사람에게 불편을 느끼게 했다. 엄마는 나의 불평을 들은 후, 내 12살 생일 그 날에 나에게 그녀가 직접 뜨개질한 스웨터를 선물했는데, 매우 예쁠 뿐만 아니라, 게다가 입고 나면 매우 편해서, 나는 부드러운 스웨터를 만지며 엄마에게 말했다. "이건 제가 받은 가장 좋은 선물이에요!" 비록 이건 비싼 선물은 아니지만, 한 땀 한 땀 모두 엄마의 나에 대한 사랑이 담겨 있었고, 그래서 나는 매우 감동했다.

사회가 발전함에 따라, 요즘 사람들은 더욱이 선물을 사서 사람들에게 선물하길 원하고, 선택이 더욱 많아졌을 뿐만 아니라, 선물을 제작하는 시간도 줄어들었다. 비록 구매한 선물도 똑같이 귀중하지만, 직접 만든 선물은 더욱 우리가 소중히 여기고 감사할 만하다. 왜냐하면 그것에 담겨있는 정성과 마음은 가치를 매길 수 없기 때문이다.

어휘 各种各样 gèzhǒng gèyàng 형 각양각색, 각종, 온갖 | 意外 yìwài 형 의외이다, 뜻밖이다 명 뜻밖의 사고 | 惊喜 jīngxǐ 형 놀라고도 기뻐하다 | 昂贵 ángguì 형 비싸다 | 珍贵 zhēnguì 형 진귀하다, 귀중하다 | 亲手 qīnshǒu 부 스스로, 자기 손으로 | 包含 bāohán 동 포함하다 | 心意 xīnyì 명 마음, 성의 | 织 zhī 동 (실 등으로) 짜다, 엮다 | 毛衣 máoyī 명 털옷, 스웨터 | 款式 kuǎnshì 명 스타일, 디자인 | 毛线 máoxiàn 명 털실 | 感觉 gǎnjué 명 감각, 느낌 동 느끼다 | 抱怨 bàoyuàn 동 불평하다 | 抚摸 fǔmō 동 어루만지다, 쓰다듬다 | 柔软 róuruǎn 형 부드럽고 연하다 | 贵重 guìzhòng 형 귀중하다, 귀하다, 진귀하다, 비싸다 | 一针一线 yì zhēn yí xiàn 성 바늘 하나 실 한 오라기, 아주 작은 물건 | 感动 gǎndòng 동 감동하다, 감동시키다 | 省去 shěngqù 동 1. 절약하다 2. 생략하다, 덜다 | 制作 zhìzuò 동 제작하다, 제조하다 | 珍惜 zhēnxī 동 아끼다, 소중히 여기다 | 感恩 gǎn'ēn 이합사 은혜에 감사하다 | 承载 chéngzài 동 (무게를) 지탱하다, 견디다 | 诚意 chéngyì 명 성의, 진심 | 无价 wújià 동 값을 헤아릴 수 없다, 아주 진귀하다

주요 표현 정리

虽然这不是什么贵重的礼物，但一针一线都饱含着妈妈对我的爱。
虽然买的礼物同样珍贵，但亲手做的礼物更值得我们珍惜和感恩。

★ 虽然/虽说/尽管A，但(是)/可是(주어)却/倒B : 비록 A하지만, 그러나 B하다

예 他虽然不高，但力气很大。= 他虽然不高，力气却很大。
　 = 他虽然不高，但力气却很大。
　 그는 비록 키가 크지 않지만, 그러나 힘이 세다.

★ 虽然/虽说/尽管A, (주어)也/还是B : 비록 A하지만, 그래도 B하다

예 他虽然病了，但还是去上课了。 그는 비록 병이 났지만, 그러나 그래도 수업하러 갔다.

모범 답안 › 简单版

서론
在我们的一生中，会收到各种各样的礼物，有些是吃的，有些是用的，有些是简单的小礼物，有些可能价格很贵。其中 <u>最珍贵的，应该是对方亲手做的礼物</u>，因为这样的礼物代表了满满的心意。
Zài wǒmen de yìshēngzhōng, huì shōudào gèzhǒng gèyàng de lǐwù, yǒuxiē shì chī de, yǒuxiē shì yòng de, yǒuxiē shì jiǎndān de xiǎo lǐwù, yǒuxiē kěnéng jiàgé hěn guì. Qízhōng zuì zhēnguì de, yīnggāi shì duìfāng qīnshǒu zuò de lǐwù, yīnwèi zhèyàng de lǐwù dàibiǎo le mǎnmǎn de xīnyì.

본론
<u>我小时候收到过妈妈亲手做的毛衣</u>，这个礼物给我留下了深刻的印象，我记得那段时间很流行穿毛衣，但是在外面买的毛衣，**不是**样子不好看，**就是**穿上感觉不舒服，所以我经常对妈妈说："为什么没有既好看又舒服的毛衣呢？"后来在我十二岁生日的那天，妈妈送给了我她亲手做的毛衣，不但很漂亮，而且穿上感觉很舒服，所以我很感动，对妈妈说："这是我收到过的最好的礼物。"虽然只是一件毛衣，但它是妈妈一点一点亲手做的，代表了妈妈对我的爱。
Wǒ xiǎoshíhou shōudào guo māma qīnshǒu zuò de máoyī, zhè ge lǐwù gěi wǒ liúxià le shēnkè de yìnxiàng, wǒ jì de nà duàn shíjiān hěn liúxíng chuān máoyī, dànshì zài wàimiàn mǎi de máoyī, bú shì yàngzi bù hǎokàn, jiùshì chuānshang gǎnjué bù shūfu, suǒyǐ wǒ jīngcháng duì māma shuō: "Wèishénme méiyǒu jì hǎokàn yòu shūfu de máoyī ne?" Hòulái zài wǒ shí'èr suì shēngrì de nà tiān, māma sòng gěi le wǒ tā qīnshǒu zuò de máoyī, búdàn hěn piàoliang, érqiě chuānshang gǎnjué hěn shūfu, suǒyǐ wǒ hěn gǎndòng, duì māma shuō: "Zhè shì wǒ shōudào guo de zuì hǎo de lǐwù." Suīrán zhǐ shì yí jiàn máoyī, dàn tā shì māma yì diǎn yì diǎn qīnshǒu zuò de, dàibiǎo le māma duì wǒ de ài.

결론

现在人们更愿意买礼物送给别人，不但方便，而且有非常
Xiànzài rénmen gèng yuànyì mǎi lǐwù sòng gěi biérén, búdàn fāngbiàn, érqiě yǒu fēicháng
多的选择。虽然买来的礼物一样很好，但 亲手做的礼物 是最珍贵
duō de xuǎnzé. Suīrán mǎi lái de lǐwù yíyàng hěn hǎo, dàn qīnshǒu zuò de lǐwù shì zuì zhēnguì
的，因为它代表了对方 无价的心意 。
de, yīnwèi tā dàibiǎo le duìfāng wújià de xīnyì.

해석 우리는 일생 동안 각종 선물을 받게 되는데, 어떤 것은 먹는 것이고, 어떤 것은 사용하는 것이고, 어떤 것은 간단한 작은 선물이고, 어떤 것은 아마도 가격이 매우 비쌀 것이다. 그중 가장 귀중한 것은 당연히 상대방이 직접 만든 선물이다. 왜냐하면 이런 선물은 가득한 성의를 나타내기 때문이다.

나는 어렸을 때 엄마가 직접 만든 스웨터를 받은 적이 있는데, 이 선물은 나에게 깊은 인상을 남겼다. 내 기억에 그 시기에는 스웨터 입는 것이 매우 유행했다. 그러나 밖에서 산 스웨터는 모양이 예쁘지 않거나 입었을 때 불편함을 느껴서 나는 종종 엄마에게 "왜 예쁘고 편한 스웨터가 없는 거죠?"라고 말했었다. 후에 나의 12살 생일인 그날, 엄마는 나에게 그녀가 직접 만든 스웨터를 선물로 주셨는데, 예쁠 뿐만 아니라, 입었을 때 매우 편해서 나는 감동하여 엄마에게 말했다. "이것은 내가 받았던 것에서 가장 좋은 선물이에요." 비록 단지 스웨터 한 벌이었지만, 그것은 엄마가 하나 하나 직접 만든 것으로 나에 대한 엄마의 사랑을 의미했다.

지금 사람들은 선물을 사서 다른 사람에게 보내주는 것을 더 원하는데, 편리할 뿐만 아니라, 게다가 아주 많은 선택이 있다. 비록 사온 선물이 똑같이 좋다고는 하지만, 직접 만든 선물이 가장 귀중한 것이다. 왜냐하면 그것은 상대방의 가치를 매길 수 없는 마음을 나타내기 때문이다.

어휘 代表 dàibiǎo 명 대표자 동 대표하다, 나타내다 | 留下 liúxià 동 남기다 | 深刻 shēnkè 형 1. (인상이) 깊다 2. 핵심을 찌르다, 깊이가 있다 | 印象 yìnxiàng 명 인상 | 样子 yàngzi 명 모습, 모양

주요 표현 정리

不是样子不好看，就是穿上感觉不舒服。

★ **不是A就是B** : A 아니면 B이다
예 周末，我不是睡觉就是看电视。주말에 나는 잠을 자거나 TV를 본다.

★ **不是A而是B** : A 아니고 B이다
예 周末，我不是睡觉而是看电视。주말에 나는 잠을 자지 않고 TV를 본다.

🎧 07-06

6 你认为固定工作好，还是自由职业好？请谈谈你的看法。

맥락 구상

관점 제시	첫 번째 단락	고정직이 더 좋다고 생각함
논거	두 번째 단락	고정직이 좋은 이유 3가지
	세 번째 단락	자유직이 좋지 않은 이유 3가지
논점	네 번째 단락	종합적 서술 : 고정직이 가장 좋은 선택임

모범 답안 고정직 선호

관점 제시

随着社会的不断发展，人们对职业的看法也和以前不一样了。
很多人不再认为必须找固定工作，一些自由职业越来越受欢迎，
但我认为从整体上看，还是固定工作更好。

논거

首先，固定工作可以给我们带来稳定的收入，一般有固定工作的人每个月都能够拿到一定的工资，生活也比较有安全感；另外，有固定工作的人，生活也比较有规律，每天要早睡早起，这样对身体也比较好；最后，我们可以在工作中认识很多同事，遇到问题也可以互相帮助。

相反，自由职业的风险比较大。第一，自由职业没有固定的工资，这样生活比较不稳定；第二，自由职业一般由自己安排时间，所以很多自由职业者的生活都没什么规律；第三，自由职业者一般是一个人工作，需要自己解决很多问题，压力也比较大。

논점

综上所述，虽然时代在发展，但固定工作仍然是我们最好的选择。

해석 당신은 고정직이 좋습니까, 자유직이 좋습니까? 당신의 견해를 말해 보세요.
사회가 끊임없이 발전함에 따라, 사람들의 직업에 대한 견해도 이전과는 달라졌다. 많은 사람들은 더 이상 반드시 고정직을 찾아야 한다고 생각하지 않고, 자유직이 갈수록 환영을 받고 있지만, 나는 전체적으로 봤을 때 그래도 고정직이 더 좋다고 생각한다.
먼저 고정직은 우리에게 안정적인 수입을 가져오는데, 보통 고정직을 하는 사람은 매달 일정한 월급을 받을 수 있고, 생활도 비교적 안정감이 있다. 그밖에 고정직이 있는 사람은 생활도 비교적 규율이 있어서, 매일 일찍 자고 일찍 일어나는데, 이렇게 하면 몸에도 비교적 좋다. 마지막으로 우리는 업무 중에 많은 동료를 알게 되고, 문제를 마주쳤을 때도 서로 도와줄 수 있다.
반대로 자유직의 위험은 비교적 크다. 첫째, 자유직은 고정적인 월급이 없어서 생활이 비교적 불안정하다. 둘째, 자유직은 일반적으로 자신이 시간을 계획해서, 많은 프리랜서의 생활에는 규율이 없다. 셋째, 프리랜서는 보통 혼자 작업을 해서 스스로 많은 문제를 해결해야 하다 보니 스트레스도 비교적 크다.
종합적으로 말하면, 비록 시대가 발전하고 있지만, 고정직은 여전히 우리의 가장 좋은 선택이다.

어휘 职业 zhíyè 명 직업 | 固定 gùdìng 동 고정하다, 고정시키다 | 自由 zìyóu 형 자유롭다 명 자유 | 稳定 wěndìng 형 안정되다, 안정적이다 동 안정시키다, 진정시키다 | 规律 guīlǜ 명 형 규칙(적이다) | 相反 xiāngfǎn 접 반대로 | 风险 fēngxiǎn 명 위험(성) | 综上所述 zōngshàng suǒ shù 앞서 말한 내용을 종합하다 | 仍然 réngrán 부 여전히, 아직도

주요 표현 정리

自由职业一般由自己安排时间,

★ **由의 특수 용법**

❶ 동작의 주체를 강조
예 这件事由我负责。 이 일은 내가 책임지겠다.

❷ 구성 성분을 나타냄 由……构成/组成
예 这篇文章由5个部分组成。 이 글은 5개 부분으로 이루어져 있다.

❸ 원인을 나타냄
예 这次车祸是由司机酒后驾驶造成的。
이번 교통사고는 기사가 음주운전을 했기 때문에 초래된 것이다.

맥락 구상

관점 제시	첫 번째 단락	자유직이 더 좋다고 생각함, 첫 번째 원인 : 자유로움
논거	두 번째 단락	두 번째 원인 : 돈을 많이 벌 수 있음
	세 번째 단락	세 번째 원인 : 인간관계 문제가 없음
논점	네 번째 단락	종합적 서술 : 자유직이 더 좋음

모범 답안 자유직 선호

관점 제시

我认为自由职业更好。 第一 ,自由职业不需要按时上下班,
Wǒ rènwéi zìyóu zhíyè gèng hǎo. Dì yī, zìyóu zhíyè bù xūyào ànshí shàngxiàbān,

可以不用那么早起床;而且有些自由职业,比如说作家、拍视频赚钱
kěyǐ bú yòng nàme zǎo qǐchuáng; érqiě yǒuxiē zìyóu zhíyè, bǐrú shuō zuòjiā、pāi shìpín zhuànqián

的人,他们在家里也可以工作,不需要去公司,所以 非常自由 。
de rén, tāmen zài jiālǐ yě kěyǐ gōngzuò, bù xūyào qù gōngsī, suǒyǐ fēicháng zìyóu.

논거

<u>第二</u>，自由职业有时候比在公司工作赚的钱多，固定工作
Dì èr, zìyóu zhíyè yǒushíhou bǐ zài gōngsī gōngzuò zhuàn de qián duō, gùdìng gōngzuò
每个月挣的钱都是一样的，但自由职业不一样，如果特别努力或者
měi ge yuè zhèng de qián dōu shì yíyàng de, dàn zìyóu zhíyè bù yíyàng, rúguǒ tèbié nǔlì huòzhě
做得非常好的话，能赚很多钱。比如现在很多人通过拍视频
zuò de fēicháng hǎo de huà, néng zhuàn hěn duō qián. Bǐrú xiànzài hěn duō rén tōngguò pāi shìpín
并发到网上赚钱，他们一旦出了名，就<u>能挣很多钱</u>。
bìng fādào wǎngshang zhuànqián, tāmen yídàn chū le míng, jiù néng zhèng hěn duō qián.

<u>第三</u>，做自由工作<u>不需要面对人际关系问题</u>，因为自由工作
Dì sān, zuò zìyóu gōngzuò bù xūyào miànduì rénjì guānxi wèntí, yīnwèi zìyóu gōngzuò
一般不是在公司工作的，没有固定的职场，也就不需要每天和
yìbān bú shì zài gōngsī gōngzuò de, méiyǒu gùdìng de zhíchǎng, yě jiù bù xūyào měitiān hé
领导、同事见面。自己工作会更轻松，效率也会比较高。
lǐngdǎo、tóngshì jiànmiàn. Zìjǐ gōngzuò huì gèng qīngsōng, xiàolǜ yě huì bǐjiào gāo.

논점

<u>总之</u>，自由职业比固定工作要自由、轻松。随着社会的发展，
Zǒngzhī, zìyóu zhíyè bǐ gùdìng gōngzuò yào zìyóu、qīngsōng. Suízhe shèhuì de fāzhǎn,
自由职业的种类也会越来越多，赚钱的机会也更多。所以我认为
zìyóu zhíyè de zhǒnglèi yě huì yuè lái yuè duō, zhuànqián de jīhuì yě gèng duō. Suǒyǐ wǒ rènwéi
<u>自由职业更好</u>。
zìyóu zhíyè gèng hǎo.

해석 나는 자유직이 더 좋다고 생각한다. 첫째, 자유직은 시간에 맞춰 출퇴근할 필요가 없어 일찍 일어나지 않아도 된다. 게다가 어떤 자유직, 예를 들어 작가, 동영상 촬영으로 돈을 버는 사람들은 집에서도 일할 수 있고, 회사에 가지 않아도 되기 때문에 매우 자유롭다.
둘째, 자유직은 때로 회사에서 일해서 버는 돈보다 많은데, 고정직은 매달 버는 돈이 같지만, 자유직은 달라서, 만약 특별히 노력하거나 일을 매우 잘한다면 많은 돈을 벌 수 있다. 예를 들어 현재 많은 사람들이 동영상을 찍고 인터넷에 올리는 것을 통해 돈을 버는데, 그들은 일단 유명해지면 많은 돈을 벌 수 있다.
셋째, 자유직을 하면 인간관계 문제에 직면할 필요가 없다. 왜냐하면 자유직은 보통 회사에서 일을 하지 않고, 고정된 직장이 없으며 매일 리더와 동료들을 만날 필요가 없기 때문이다. 스스로 일을 하면 더 수월하고 효율도 비교적 높다.
결론적으로 말해서, 자유직은 고정직보다 자유롭고 수월하다. 사회의 발전에 따라 자유직의 종류도 점점 많아지고, 돈을 벌 수 있는 기회도 더 많아졌다. 그래서 나는 자유직이 더 좋다고 생각한다.

어휘 按时 ànshí [부] 제때에, 시간에 맞추어 | 拍 pāi [동] (사진을) 찍다, 촬영하다 | 视频 shìpín [명] 1. 주파수 2. 동영상 | 赚钱 zhuànqián [이합사] 돈을 벌다 | 挣 zhèng [동] (돈을) 벌다 | 一旦 yídàn [부] 일단 | 出名 chūmíng [형] 이름이 나다, 명성을 날리다, 유명해지다 | 职场 zhíchǎng [명] 직장, 일터 | 领导 lǐngdǎo [명] 지도자, 보스, 책임자 [동] 지도하다, 이끌고 나가다 | 轻松 qīngsōng [형] 수월하다, 가볍다, 홀가분하다 | 效率 xiàolǜ [명] 효율 | 总之 zǒngzhī [접] 총괄적으로 말하면, 결론적으로 말하면 | 种类 zhǒnglèi [명] 종류

실전 모의고사 8회

모범 답안 및 해설

第一部分

🎧 08-01

1   一位作家来到一家饭店吃午饭，但那家饭店的菜一点儿味道都没有，他只吃了一半儿就不想吃了。于是他把老板喊了过来，老板以为他是想结账，不料作家却说："先让我们拥抱一下吧！"老板十分不解，作家又说道："因为这次告别之后，恐怕今生今世我们再也不会见面了。"

해석 한 작가가 식당에 점심을 먹으러 왔는데, 그 식당의 요리는 조금도 맛이 없어서, 그는 절반만 먹고 먹기 싫어졌다. 그래서 그는 사장을 불렀고, 사장은 그가 계산하고 싶어 한다고 생각했으나, 뜻밖에도 작가는 말했다. "먼저 우리 한 번 안아 봅시다!" 사장이 매우 이해하지 못하자, 작가가 다시 말했다. "왜냐하면 이번 작별 후에 아마도 이생에서는 우리 다시는 만나지 못할 것이기 때문입니다."

어휘 老板 lǎobǎn [명] 상점 주인, 사장 | 喊 hǎn [동] 부르다 | 结账 jiézhàng [이합사] 계산하다, 장부를 결산하다 | 不料 búliào [접] 뜻밖에, 의외에 | 拥抱 yōngbào [동] 포옹하다 | 不解 bùjiě [동] 이해하지 못하다, 알지 못하다 | 告别 gàobié [이합사] 고별하다, 이별을 고하다 | 恐怕 kǒngpà [부] 아마 ~일 것이다

핵심요약

1. 一位作家来到一家饭店吃午饭，但那家饭店的菜 ~~一点儿~~ 味道 ~~都没有~~，他 ~~只~~ 吃了一半儿就不想吃了。
   → 一位作家来饭店吃午饭，但那家饭店的菜没味道，他吃了一半儿就不想吃了。

   > **코너 속 어법 Tip**
   > 一点儿 + 명사 + 都/也 + 没有 : 조금의 ~도 없다
   > 예) 今天一点儿风也没有。 오늘은 조금의 바람도 없다.

2. ~~于是~~ 他把老板喊了过来，老板以为他 ~~是~~ 想结账，
   → 他叫来老板，老板以为他想结帐，

3. 不料作家却说："先让我们拥抱一下吧！"
   → 没想到作家要先和老板拥抱一下，

   > **코너 속 어법 Tip**
   > 1. 让 + 我(们) + 동사 : 제가 ~할게요, 우리 ~합시다
   >   예) 让我看看。제가 좀 볼게요.
   > 2. 不料/没想到/谁知道 + 문장 : 뜻밖이나 예상 밖임을 나타냄
   >   예) 不料/没想到/谁知道考试却非常容易。 뜻밖에도 시험이 매우 쉬웠다.

4. 老板十分不解，作家又说道："因为这次告别之后，恐怕今生今世我们再也不会见面了。"
   → 老板不理解，作家说，因为以后他们再也不会见面了。

   코너 속 어법 Tip

   再也没 + 동사 : 다시는 ~하지 않았다
   再也不 + 동사 : 다시는 ~하지 않다
   예) 来这儿以后，再也没见到他。 여기 온 후, 다시는 그를 만나지 못했다.

모범 답안

一位作家来饭店吃午饭，但那家饭店的菜没味道，他吃了一半儿就不
Yí wèi zuòjiā lái fàndiàn chī wǔfàn, dàn nà jiā fàndiàn de cài méi wèidào, tā chī le yíbànr jiù bù

想吃了。他叫来老板，老板以为他想结帐，没想到作家要先和老板
xiǎng chī le. Tā jiào lái lǎobǎn, lǎobǎn yǐwéi tā xiǎng jiézhàng, méixiǎngdào zuòjiā yào xiān hé lǎobǎn

拥抱一下，老板不理解，作家说，因为以后他们再也不会见面了。
yōngbào yíxià, lǎobǎn bù lǐjiě, zuòjiā shuō, yīnwèi yǐhòu tāmen zài yě bú huì jiànmiàn le.

🎧 08-02

2 "相由心生"的意思是说一个人心里的情绪会反映在脸上，时间久了就会影响容貌，所以我们可以透过外表去了解一个人的内心。如果一个人每天都有各种抱怨、各种不满，他的精神状态就会看起来消极悲观；相反，如果一个人懂得知足，始终用积极乐观的态度去面对每一天，那么他看上去就会年轻有活力。

해석 '상유심생'의 뜻은 한 사람의 마음 속 기분이 얼굴에 반영될 수 있고, 시간이 오래되면 용모에 영향을 끼칠 수 있으며, 그래서 우리는 겉모습을 투과해서 한 사람의 마음 속을 이해할 수 있다는 것이다. 만약 한 사람이 매일 각종 원망, 각종 불만이 있다면, 그의 정신상태는 부정적이고 비관적으로 보일 것이고, 오히려 만약 한 사람이 만족할 줄 알고 시종일관 긍정적이고 낙관적인 태도로 매일을 마주하면, 그러면 그는 젊고 활력이 있어 보일 것이다.

어휘 情绪 qíngxù 명 정서, 기분 | 反映 fǎnyìng 동 1. 반영하다 2. 보고하다, 전달하다 | 容貌 róngmào 명 용모, 모습, 생김새 | 透过 tòuguò 동 (액체나 빛이) 통과하다, 투과되다 | 外表 wàibiǎo 명 겉모습, 외관, 외모 | 抱怨 bàoyuàn 동 불평하다 | 不满 bùmǎn 형 만족스럽지 못하다, 불만족하다 | 精神 jīngshén 명 정신 | 消极 xiāojí 형 1. 소극적이다 2. 부정적이다 | 悲观 bēiguān 형 비관적이다 | 相反 xiāngfǎn 접 오히려, 도리어 동 상반되다, 반대되다 | 知足 zhīzú 형 만족하다, 흡족하게 여기다 | 始终 shǐzhōng 부 시종일관, 줄곧 | 积极 jījí 형 1. 적극적이다 2. 긍정적이다 | 乐观 lèguān 형 낙관적이다 | 面对 miànduì 동 직면하다, 대면하다 | 活力 huólì 명 활력, 생기, 활기

핵심요약

1. "相由心生"的意思是说一个人心里的情绪会反映在脸上，
   → "相由心生"是说一个人心里的情绪会表现在脸上，

2. 时间久了就会影响容貌，所以我们可以透过外表去了解一个人的内心。
   → 时间长了会影响外表，所以我们可以通过外表了解一个人的内心。

   > **코너 속 어법 Tip**
   >
   > 理解와 了解
   >
   > 예 我很理解他。나는 그를 이해한다. [그의 마음을 이해하는 것 → 심리적 공감을 통한 이해]
   >   我很了解他。나는 그를 이해한다. [그의 성향이나 배경을 이해하는 것 → 전반적 상황에 대한 이해]

3. 如果一个人每天都有各种抱怨、各种不满，他的精神状态就会看起来消极悲观；
   → 如果一个人每天感到不高兴和不满，他看起来就消极悲观。

4. 相反，如果一个人懂得知足，始终用积极乐观的态度去面对每一天，那么他看上去就会年轻有活力。
   → 相反，如果懂得知足，积极乐观地面对每一天，那他看起来就年轻有活力。

   > **코너 속 어법 Tip**
   >
   > 如果/要是A，那(么)주어就B : 만약 A하면 B하다
   > 那(么)나 就 중 하나만 사용해도 됨
   >
   > 예 如果我不能按时到，那你就先出发吧。만약 내가 제때 도착하지 못하면, 너 먼저 출발하도록 해.

모범 답안

"相由心生"是说一个人心里的情绪会表现在脸上，时间长了
"xiāng yóu xīnshēng" shì shuō yí ge rén xīnlǐ de qíngxù huì biǎoxiàn zài liǎnshàng, shíjiān cháng le

会影响外表，所以我们可以通过外表了解一个人的内心。如果一个人
huì yǐngxiǎng wàibiǎo, suǒyǐ wǒmen kěyǐ tōngguò wàibiǎo liǎojiě yí ge rén de nèixīn. Rúguǒ yí ge rén

每天感到不高兴和不满，他看起来就消极悲观。相反，如果懂得知足，
měitiān gǎndào bù gāoxìng hé bùmǎn, tā kàn qǐlai jiù xiāojí bēiguān. Xiāngfǎn, rúguǒ dǒng de zhīzú,

积极乐观地面对每一天，那他看起来就年轻有活力。
jījí lèguān de miànduì měi yì tiān, nà tā kàn qǐlai jiù niánqīng yǒu huólì.

🎧 08-03

3 压力随时随地都有，谁都不可能避免。适度的压力有利于人们保持良好的状态，挖掘自身的潜能，从而提高个人与社会的整体工作效率。要是人们生活在一个没有压力的环境下，就容易陷入自我满足，很难有进步。所以说，适度的压力对社会发展和个人成长都有一定的正面意义。

해석 스트레스는 언제 어디서나 다 있는 것으로 누구도 피할 수 없다. 적당한 스트레스는 사람이 좋은 상태를 유지하고, 자신의 잠재력을 발굴하며, 따라서 개인과 사회 전체의 업무 효율을 향상시키는 데 이롭다. 만약 사람이 스트레스가 없는 환경에서 살아간다면 자기만족에 빠지기 쉽고 진보가 있기 어렵다. 그래서 적당한 스트레스는 사회 발전과 개인의 성장에 일정한 긍정적 의의가 있다.

어휘 随时随地 suí shí suí dì 언제 어디서나 | 避免 bìmiǎn 동 (나쁜 상황을) 피하다 | 适度 shìdù 형 (정도가) 적당하다, 적절하다 | 有利于 yǒulì yú ~에 유리하다, ~에 이롭다 | 保持 bǎochí 동 유지하다, 지키다 | 良好 liánghǎo 형 좋다 | 挖掘 wājué 동 1. (문물·지하자원 등을) 발굴하다, 캐다 2. (역량·인재 등을) 발굴하다, 찾다 | 潜能 qiánnéng 명 잠재 능력 | 从而 cóng'ér 접 따라서 | 整体 zhěngtǐ 명 전체, 전반 | 效率 xiàolǜ 명 효율 | 陷入 xiànrù 동 (불리한 상황에) 빠지다, 몰두하다, 열중하다 | 自我 zìwǒ 대 자아, 자기 자신 | 进步 jìnbù 동 진보하다 형 진보적이다 | 正面 zhèngmiàn 형 긍정적인 면, 좋은 면

핵심요약

1. 压力随时随地都有，谁都不可能避免。
   → 压力随时随地都有，谁都要面对。

2. 适度的压力有利于人们保持良好的状态，挖掘自身的潜能，
   → 适度的压力有利于人们保持良好的状态，找到自己的潜力，

> **코너 속 어법 Tip**
>
> **有利 두 가지 사용 방법**
>
> ❶ 对……有利
>   예 适度的运动对身体健康有利。 적당한 운동은 신체 건강에 이롭다.
>
> ❷ 有利于……
>   예 适度的运动有利于身体健康。 적당한 운동은 신체 건강에 이롭다.

3. 从而提高个人与社会的整体工作效率。 (从而: 제거, 整体: 제거)
   → 提高个人和社会的工作效率。

4. 要是人们生活在一个没有压力的环境下，就容易陷入自我满足，很难有进步。 (陷入: 제거)
   → 要是人们生活中没有压力，就容易自我满足，很难有进步。

5. 所以说，适度的压力对社会发展和个人成长都有一定的正面意义。 (发展: 제거, 成长: 제거)
   → 所以说，适度的压力对社会和个人都有一定的积极意义。

모범 답안

压力随时随地都有，谁都要面对。适度的压力有利于人们保持良好的状态，找到自己的潜力，提高个人和社会的工作效率。要是人们生活中没有压力，就容易自我满足，很难有进步。所以说，适度的压力对社会和个人都有一定的积极意义。

Yālì suí shí suí dì dōu yǒu, shéi dōu yào miànduì. Shìdù de yālì yǒulì yú rénmen bǎochí liánghǎo de zhuàngtài, zhǎodào zìjǐ de qiánlì, tígāo gèrén hé shèhuì de gōngzuò xiàolǜ. Yàoshi rénmen shēnghuózhōng méiyǒu yālì, jiù róngyì zìwǒ mǎnzú, hěn nán yǒu jìnbù. Suǒyǐ shuō, shìdù de yālì duì shèhuì hé gèrén dōu yǒu yídìng de jījí yìyì.

第二部分

🎧 08-04

4 很多时候，一些孩子会 / 被大人 / 称作熊孩子。熊孩子 / 指的是 / 调皮的孩子，通常 / 年龄小、不懂事，往往 / 没有受过 / 良好的教育。他们可能会 / 删掉你 / 辛辛苦苦 / 写的文档、摔坏 / 你的模型、划烂 / 你的屏幕，把家里 / 搞得一团糟，甚至 / 还固执地 / 要抢走 / 你心爱的漫画、游戏……他们的叫喊声 / 回荡在 / 每一家饭馆 / 和每一节 / 车厢里。看到小孩儿 / 表现得 / 毫无礼貌，甚至 / 做了一些 / 不可理喻的、带有破坏性的 / 事情时，家长会 / 生气地说："这熊孩子"。

不过"熊孩子" / 并非在 / 任何情况下 / 都是惹人讨厌的 / 代名词，有时候 / 它也表示 / 对调皮孩子的爱称。那些孩子 / 调皮捣蛋、让人 / 哭笑不得，但他们本身 / 是带着善意的，带给人们 / 更多的是快乐。

Hěn duō shíhou, yìxiē háizi huì / bèi dàrén / chēngzuò xióng háizi. Xióng háizi / zhǐ de shì / tiáopí de háizi, tōngcháng / niánlíng xiǎo、bù dǒngshì, wǎngwǎng / méiyǒu shòu guo / liánghǎo de jiàoyù. Tāmen kěnéng huì / shāndiào nǐ / xīnxīn kǔkǔ / xiě de wéndàng、shuāihuài / nǐ de móxíng、huálàn / nǐ de píngmù, bǎ jiālǐ / gǎo de yìtuánzāo, shènzhì / hái gùzhí de / yào qiǎngzǒu / nǐ xīn'ài de mànhuà、yóuxì…… tāmen de jiàohǎn shēng / huídàng zài / měi yì jiā fànguǎn / hé měi yì jié / chēxiānglǐ. Kàndào xiǎoháir / biǎoxiàn de / háowú lǐmào, shènzhì / zuò le yìxiē / bùkě lǐyù de、dàiyǒu pòhuàixìng de / shìqing shí, jiāzhǎnghuì / shēngqì de shuō: "zhè xióng háizi".

Búguò "xióng háizi" / bìngfēi zài / rènhé qíngkuàng xià / dōu shì rě rén tǎoyàn de / dàimíngcí, yǒushíhou / tā yě biǎoshì / duì tiáopí háizi de àichēng. Nàxiē háizi / tiáopí dǎodàn、ràng rén / kūxiào bùdé, dàn tāmen běnshēn / shì dài zhe shànyì de, dài gěi rénmen / gèng duō de shì kuàilè.

해석   많은 경우 아이들은 어른들에게 '장난꾸러기'라고 불린다. '장난꾸러기'가 가리키는 것은 장난이 심한 아이인데, 보통 나이가 어리고, 철이 없고, 종종 좋은 교육을 받은 적이 없다. 그들은 아마도 당신이 고생스럽게 쓴 문서를 지우고, 당신의 모형을 부수고, 당신의 모니터에 스크래치를 낼 것이며, 집안을 엉망진창으로 만들고, 심지어 당신이 아끼는 만화, 게임 등을 고집스럽게 빼앗

으려 할 것이다. 그들의 고함 소리는 모든 식당과 찻간에서 울릴 것이다. 어린 아이가 조금의 예의도 없이 굴고, 심지어 말로는 납득할 수 없는, 파괴성을 동반한 일을 한 것을 볼 때, 보호자는 화를 내며 '이 장난꾸러기'라고 말할 것이다.

하지만 '장난꾸러기'는 결코 모든 상황에서 남을 싫게 만드는 대명사는 아닌데, 가끔 그것은 장난이 심한 아이에 대한 애칭을 나타내기도 한다. 그 아이들이 장난이 심하고 소란을 피우고, 사람을 울지도 웃지도 못하게 만들지만, 그러나 그들 자체는 선의를 가지고 있는 것이고 사람들에게 더 많은 즐거움을 가져온다.

어휘 称作 chēngzuò [동] ~라고 부르다 | 调皮 tiáopí [형] 장난꾸러기이다, 장난이 심하다 | 通常 tōngcháng [형] 통상적이다, 일반적이다 | 年龄 niánlíng [명] 연령, 나이 | 懂事 dǒngshì [형] 철들다, 세상 물정을 알다 | 删掉 shāndiào [동] 지우다, 삭제하다 | 文档 wéndàng [명] 서류, 문서 | 摔坏 shuāihuài [동] 1. 떨어져서 다치다 2. 깨지다, 부서지다 | 模型 móxíng [명] 모형, 모델, 견본 | 屏幕 píngmù [명] 스크린 | 一团糟 yìtuánzāo [형] 엉망으로 뒤얽히다 | 固执 gùzhí [형] (성격·태도 따위가) 완고하다, 집요하다, 고집스럽다 | 抢 qiǎng [동] 1. 빼앗다 2. 앞다투어 ~하다 | 漫画 mànhuà [명] 만화 | 回荡 huídàng [동] (소리 따위가) 울리다, 메아리치다 | 车厢 chēxiāng [명] 객실이나 수화물칸, 찻간 | 表现 biǎoxiàn [동] (태도, 품행, 능력을) 겉으로 드러내다 | 毫无 háowú 조금도 ~이 없다 | 礼貌 lǐmào [명] 예의 [형] 예의 바르다 | 不可理喻 bùkělǐ yù [성] 말로는 납득시킬 수 없다 | 破坏性 pòhuàixìng [명] 파괴력, 파괴성 | 惹人 rě rén 남을 화나게 하다, 남의 심기를 건드리다 | 讨厌 tǎoyàn [형] 싫어하다, 미워하다 | 爱称 àichēng [명] 애칭 | 捣蛋 dǎodàn [이합사] 생트집을 잡다, 소란을 피우다 | 哭笑不得 kūxiào bùdé [성] 웃을 수도 울 수도 없다, 이러지도 저러지도 못하다 | 善意 shànyì [명] 선의, 호의

第三部分

🎧 08-05

5 当和别人发生矛盾时, 你一般怎么做?

맥락 구상

서론	첫 번째 단락	갈등이 생기면 구체적 상황에 따라 행동함
본론	두 번째 단락	3가지 갈등 상황에 따른 나의 행동
	세 번째 단락	2가지 갈등 대상에 따른 나의 행동
결론	네 번째 단락	갈등이 생기지 않는 것이 더 나음

모범 답안 高级版

서론

想必每个人都曾经和别人发生过矛盾。当发生这种
Xiǎngbì měi ge rén dōu céngjīng hé biérén fāshēng guo máodùn. Dāng fāshēng zhè zhǒng
事情的时候, 一方面我们的心情会受到影响, 另一方面也会
shìqing de shíhou, yìfāngmiàn wǒmen de xīnqíng huì shòudào yǐngxiǎng, lìng yìfāngmiàn yě huì
破坏我们和对方的关系, 所以我在生活中总是极力避免出现
pòhuài wǒmen hé duìfāng de guānxi, suǒyǐ wǒ zài shēnghuózhōng zǒngshì jílì bìmiǎn chūxiàn

서론

这样的情况。如果真的和别人 发生了矛盾，一般我会根据具体的
zhèyàng de qíngkuàng. Rúguǒ zhēn de hé biérén fāshēng le máodùn, yìbān wǒ huì gēnjù jùtǐ de
情况采取不同的行动。
qíngkuàng cǎiqǔ bù tóng de xíngdòng.

본론

当和别人发生矛盾时，我首先会努力控制自己的情绪，给自己
Dāng hé biérén fāshēng máodùn shí, wǒ shǒuxiān huì nǔlì kòngzhì zìjǐ de qíngxù, gěi zìjǐ
时间让自己冷静下来，然后再认真地判断。有时候 是我错了，那我就
shíjiān ràng zìjǐ lěngjìng xiàlai, ránhòu zài rènzhēn de pànduàn. Yǒushíhou shì wǒ cuò le, nà wǒ jiù
会主动去向对方道歉； 有时候 问题出在对方身上，那我一般
huì zhǔdòng qù xiàng duìfāng dàoqiàn; yǒushíhou wèntí chūzài duìfāng shēnshang, nà wǒ yìbān
会坦诚地和对方沟通，说出我的想法； 有时候 我发现双方
huì tǎnchéng de hé duìfāng gōutōng, shuōchū wǒ de xiǎngfǎ; yǒushíhou wǒ fāxiàn shuāngfāng
都有责任，那我就会跟对方好好儿沟通，努力地互相理解。总之，我
dōu yǒu zérèn, nà wǒ jiù huì gēn duìfāng hǎohāor gōutōng, nǔlì de hùxiāng lǐjiě. Zǒngzhī, wǒ
会努力消除误会，尽快和对方和好。
huì nǔlì xiāochú wùhuì, jǐnkuài hé duìfāng héhǎo.

但是有时候也要看和我发生矛盾的对象是谁，如果是和
Dànshì yǒushíhou yě yào kàn hé wǒ fāshēng máodùn de duìxiàng shì shéi, rúguǒ shì hé
父母或者领导 因为一些问题产生了不愉快，那我一般会努力尊重
fùmǔ huòzhě lǐngdǎo yīnwèi yìxiē wèntí chǎnshēng le bù yúkuài, nà wǒ yìbān huì nǔlì zūnzhòng
他们的想法，即便他们错了，我也不会和他们争执；如果是和 同事
tāmen de xiǎngfǎ, jíbiàn tāmen cuò le, wǒ yě bú huì hé tāmen zhēngzhí; rúguǒ shì hé tóngshì
或者朋友 有矛盾，在对方有错的情况下，我会坚持自己的意见。
huòzhě péngyou yǒu máodùn, zài duìfāng yǒu cuò de qíngkuàng xià, wǒ huì jiānchí zìjǐ de yìjiàn.

결론

虽然方法有很多，但我们与其事后想办法解决，不如大事化小，
Suīrán fāngfǎ yǒu hěn duō, dàn wǒmen yǔqí shì hòu xiǎng bànfǎ jiějué, bùrú dàshì huà xiǎo,
互相理解，不要和别人发生矛盾。
hùxiāng lǐjiě, búyào hé biérén fāshēng máodùn.

해석 다른 사람과 갈등이 생겼을 때, 당신은 보통 어떻게 하나요?

틀림없이 모든 사람들은 다 다른 사람과 갈등이 생긴 적이 있을 것이다. 이런 일이 발생했을 때, 한편으로 우리 마음이 영향을 받고, 다른 한편으로는 우리와 상대방의 관계가 깨지게 되어서 나는 생활 중에 항상 이런 상황이 생기는 것을 최대한 피하려고 한다. 만약 정말 다른 사람과 갈등이 발생했다면, 일반적으로 나는 구체적인 상황에 따라 다른 행동을 취할 것이다.

다른 사람과 갈등이 생겼을 때 나는 먼저 내 기분을 통제하려고 노력하고, 스스로에게 시간을 주어 스스로 냉정해지게 하며, 그런 후에 진지하게 판단한다. 때로는 내가 틀렸다면, 그럼 나는 자발적으로 상대방에게 사과를 한다. 때로는 문제가 상대방에게 있으면, 그럼 나는 일반적으로 솔직하게 상대방과 소통을 하고 내 생각을 말할 것이다. 때로 나는 쌍방이 모두 책임이 있는 것을 발견하면 나는 상대방과 잘 소통하여 서로 이해하려고 노력할 것이다. 결론적으로 말하면, 나는 오해를 없애고 가능한 한 빨리 상대방과 화해하려고 노력할 것이다.

그러나 때로는 나와 갈등이 생긴 대상이 누구인지를 봐야 하는데, 만약 부모님이나 리더와 약간의 문제가 생겨 유쾌하지 않다면, 나는 일반적으로 그들의 생각을 존중하려고 노력할 것이고, 설령 그들이 잘못했다고 하더라도, 나는 그들과 논쟁을 하지 않을 것이다. 만약 동료나 친구와 갈등이 있고, 상대방에게 잘못이 있는 상황이라면, 나는 내 의견을 고수할 것이다.

비록 방법은 많지만, 우리는 일이 생기고 방법을 생각해서 해결하기보다는 큰 일은 작게 만들고 서로 이해하여, 다른 사람과 갈등이 생기지 않는 것이 더 좋다.

어휘 想必 xiǎngbì 부 틀림없이, 필연, 필시 | 矛盾 máodùn 명 1. 모순 2. 갈등 형 모순적이다 | 破坏 pòhuài 동 파괴하다, 부수다 | 极力 jílì 부 있는 힘을 다하다 | 避免 bìmiǎn 동 (나쁜 상황을) 피하다 | 具体 jùtǐ 형 구체적이다 | 采取 cǎiqǔ 동 채택하다, 취하다 | 行动 xíngdòng 명 행동 동 행동하다 | 控制 kòngzhì 동 통제하다, 제어하다 | 情绪 qíngxù 명 정서, 기분 | 冷静 lěngjìng 형 냉정하다, 침착하다 | 判断 pànduàn 동 판단하다 | 主动 zhǔdòng 형 주동적이다, 자발적이다 | 道歉 dàoqiàn 이합사 사과하다 | 坦诚 tǎnchéng 형 솔직하고 성실하다 | 沟通 gōutōng 동 소통하다, 교류하다 | 责任 zérèn 명 책임 | 消除 xiāochú 동 제거하다, 없애 버리다 | 误会 wùhuì 명 동 오해(하다) | 尽快 jǐnkuài 부 되도록 빨리 | 和好 héhǎo 동 화목하다 동 화해하다 | 领导 lǐngdǎo 명 지도자, 리더 동 지도하다, 이끌고 나가다 | 愉快 yúkuài 형 기쁘다, 유쾌하다, 즐겁다 | 尊重 zūnzhòng 동 존중하다, 중시하다 | 即便 jíbiàn 접 설사 ~하더라도 | 争执 zhēngzhí 동 논쟁하다 | 与其 yǔqí 접 ~하기 보다는, ~하느니 | 不如 bùrú 접 ~만 못하다, ~하는 편이 낫다

주요 표현 정리

1. 即便他们错了，我也不会和他们争执

   ★ **即使/即便/就算A也B**：설령 A일지라도 B하다

   예 即便下雨，我们也要去。 설령 비가 오더라도, 우리는 가야 한다.

2. 但我们与其事后想办法解决，不如大事化小，互相理解，不要和别人发生矛盾。

   ★ **与其A不如B**：A하느니 차라리 B하다(B를 선택)

   예 与其看那样的电影，不如在家休息。 그런 영화를 보느니, 차라리 집에서 쉬겠어.

모범 답안 简单版

서론

在生活中，我们有时候会和别人发生矛盾。这时，一方面
Zài shēnghuózhōng, wǒmen yǒushíhou huì hé biérén fāshēng máodùn. Zhè shí, yìfāngmiàn
我们会感到心情不好，另一方面也会破坏我们和对方的关系，
wǒmen huì gǎndào xīnqíng bù hǎo, lìng yìfāngmiàn yě huì pòhuài wǒmen hé duìfāng de guānxi,
所以我平时尽量不让这样的事情发生。如果真的发生了，我会
suǒyǐ wǒ píngshí jǐnliàng bú ràng zhèyàng de shìqing fāshēng. Rúguǒ zhēn de fāshēng le, wǒ huì
根据不同的情况采取不同的行动。
gēnjù bù tóng de qíngkuàng cǎiqǔ bù tóng de xíngdòng.

본론

当和别人发生矛盾时，我会先让自己不要随便发脾气，等
Dāng hé biérén fāshēng máodùn shí, wǒ huì xiān ràng zìjǐ bú yào suíbiàn fā píqi, děng
平静下来以后，我再认真想一想。有时候是我错了，那我就主动和
píngjìng xiàlai yǐhòu, wǒ zài rènzhēn xiǎng yi xiǎng. Yǒushíhou shì wǒ cuò le, nà wǒ jiù zhǔdòng hé
对方道歉； 有时候 是对方错了，那我就会好好儿和对方说出我自己
duìfāng dàoqiàn; yǒushíhou shì duìfāng cuò le, nà wǒ jiù huì hǎohāor hé duìfāng shuōchū wǒ zìjǐ

| 본론 | 的想法；有时候 两个人都有错，那我就会跟对方好好儿沟通，
de xiǎngfǎ; yǒushíhou liǎng ge rén dōu yǒu cuò, nà wǒ jiù huì gēn duìfāng hǎohāor gōutōng,
互相理解。
hùxiāng lǐjiě.

但我也会看一看跟我发生矛盾的人是谁，如果是和 父母
Dàn wǒ yě huì kàn yi kàn gēn wǒ fāshēng máodùn de rén shì shéi, rúguǒ shì hé fùmǔ
或者领导 发生了矛盾，就算是他们做的不对，我也不会对他们
huòzhě lǐngdǎo fāshēng le máodùn, jiùsuàn shì tāmen zuò de bú duì, wǒ yě bú huì duì tāmen
生气，会尽力去理解他们；当我跟 朋友或者同事 发生了矛盾时，
shēngqì, huì jìnlì qù lǐjiě tāmen; dāng wǒ gēn péngyou huòzhě tóngshì fāshēng le máodùn shí,
如果是他们错了，我一般会说出自己的想法。
rúguǒ shì tāmen cuò le, wǒ yìbān huì shuō chū zìjǐ de xiǎngfǎ. |

| 결론 | 虽然解决矛盾的方法很多，但我们最好在发生矛盾前，多
Suīrán jiějué máodùn de fāngfǎ hěn duō, dàn wǒmen zuìhǎo zài fāshēng máodùn qián, duō
站在对方的角度想一想， 尽量不要和别人发生矛盾 。
zhàn zài duìfāng de jiǎodù xiǎng yi xiǎng, jǐnliàng búyào hé biérén fāshēng máodùn. |

해석 생활 중에 우리는 때로 다른 사람과 갈등이 생길 수 있다. 이때 한편으로 우리는 기분이 좋지 않을 것이며, 다른 한편으로는 우리와 상대방의 관계가 깨질 수도 있어서 나는 평소에 가능한 한 이러한 일이 발생하지 않게 한다. 만약 진짜 발생한다면, 나는 다른 상황에 따라 다른 행동을 취할 것이다.

다른 사람과 갈등이 생겼을 때 나는 먼저 스스로 함부로 화를 내지 않도록 하고, 차분해진 후에 다시 진지하게 생각해 본다. 때로는 내가 틀렸다면, 나는 자발적으로 상대방에게 사과를 한다. 때로는 상대방이 틀렸으면, 그럼 나는 상대방에게 내 자신의 생각을 잘 말할 것이다. 때로는 두 사람 모두 잘못이 있으면, 그럼 나는 상대방과 잘 소통하고 서로 이해할 것이다.

그러나 나도 나와 갈등이 생긴 사람이 누구인지를 본다. 만약 부모님이나 보스와 갈등이 생긴다면, 설령 그들이 한 것이 옳지 않더라도 나는 그들에게 화를 낼 수 없으니, 힘을 다해 그들을 이해할 것이다. 내가 친구나 동료와 갈등이 생겼을 때 만약 그들이 잘못했다면, 나는 보통 내 생각을 말할 것이다.

비록 갈등을 해결하는 방법은 많지만 우리는 갈등이 생기기 전에 상대방의 각도에서 생각을 많이 하고, 가능한 한 다른 사람과 갈등이 생기지 않는 것이 가장 좋다.

어휘 感到 gǎndào 동 느끼다, 여기다 | 心情 xīnqíng 명 기분, 심정 | 尽量 jǐnliàng 부 가능한 한, 되도록 | 随便 suíbiàn 형 산만하다, 함부로 하다, 제멋대로다 | 发脾气 fā píqi 성질부리다, 화내다 | 平静 píngjìng 형 평온하다, 평정하다, 조용하다, 고요하다 | 就算 jiùsuàn 접 설령 ~이라도 | 尽力 jìnlì 이합사 힘을 다하다 | 角度 jiǎodù 명 각도

🎧 08-06

6 你觉得有很多钱就会很幸福吗？谈谈你的看法。

맥락 구상

| 관점 제시 | 첫 번째 단락 | 돈과 행복은 필연적 관계가 없음 |

논거	두 번째 단락	많은 행복들이 돈으로는 살 수 없음
	세 번째 단락	행복은 마음가짐과 관계 있음
논점	네 번째 단락	돈이 있다고 행복한 것은 아님

모범 답안 ▶ 돈이 있다고 행복한 것은 아님

관점 제시

很多人认为"金钱是万能的",我们可以用钱买到很多东西,提高生活水平。但是有钱不一定就幸福,换句话说,钱和幸福没有必然的联系。
Hěn duō rén rènwéi "jīnqián shì wànnéng de", wǒmen kěyǐ yòng qián mǎidào hěn duō dōngxi, tígāo shēnghuó shuǐpíng. Dànshì yǒu qián bù yídìng jiù xìngfú, huàn jùhuà shuō, qián hé xìngfú méiyǒu bìrán de liánxì.

논거

一方面,有钱不一定幸福。以前人们吃不饱,穿不暖,生活贫穷,在那样的年代可能是越有钱越幸福。但现在人们的生活已经达到了一定的水平,不需要再担心吃什么穿什么的问题了。在这样的情况下,幸福的标准也不一样了,有的人觉得幸福是实现梦想,有人觉得幸福是健康长寿,有人觉得幸福是家庭和睦,这些都是用钱买不到的。
Yìfāngmiàn, yǒu qián bù yídìng xìngfú. Yǐqián rénmen chībubǎo, chuānbunuǎn, shēnghuó pínqióng, zài nàyàng de niándài kěnéng shì yuè yǒu qián yuè xìngfú. Dàn xiànzài rénmen de shēnghuó yǐjīng dádào le yídìng de shuǐpíng, bù xūyào zài dānxīn chī shénme chuān shénme de wèntí le. Zài zhèyàng de qíngkuàngxià, xìngfú de biāozhǔn yě bù yíyàng le, yǒu de rén juéde xìngfú shì shíxiàn mèngxiǎng, yǒu rén juéde xìngfú shì jiànkāng chángshòu, yǒu rén juéde xìngfú shì jiātíng hémù, zhèxiē dōu shì yòng qián mǎibudào de.

另一方面,能不能感觉到幸福跟个人的心态有关系。有的人虽然没钱,但心态很好,能从小事中得到快乐,而且很容易感到满足,这样的人往往能感受到幸福;相反,有的人虽然有钱,但每天有很多压力,生活得不快乐,这样是不会幸福的。
Lìng yìfāngmiàn, néng bu néng gǎnjuédào xìngfú gēn gèrén de xīntài yǒu guānxi. Yǒu de rén suīrán méi qián, dàn xīntài hěn hǎo, néng cóng xiǎoshìzhōng dédào kuàilè, érqiě hěn róngyì gǎndào mǎnzú, zhèyàng de rén wǎngwǎng néng gǎnshòudào xìngfú; xiāngfǎn, yǒu de rén suīrán yǒu qián, dàn měitiān yǒu hěn duō yālì, shēnghuó de bú kuàilè, zhèyàng shì bú huì xìngfú de.

논점

由此可见，有钱不一定幸福，重要的是我们要知道自己想要
Yóucǐ kějiàn, yǒuqián bù yídìng xìngfú, zhòngyào de shì wǒmen yào zhīdào zìjǐ xiǎng yào
什么，同时要有一个乐观的心态。
shénme, tóngshí yào yǒu yí ge lèguān de xīntài.

해석 당신은 돈이 많다면 행복할 거라고 생각합니까? 당신의 견해를 말해 보세요.

많은 사람들은 '돈은 만능이다'라고 생각하며, 우리는 돈으로 많은 것을 사고 생활 수준을 향상시킬 수 있다. 그러나 돈이 있다고 해서 반드시 행복한 것은 아니며, 바꿔 말하자면 돈과 행복은 필연적인 관계가 없다.

한편으로 돈이 있다고 해서 반드시 행복한 것은 아니다. 예전에 사람들은 배부르게 먹지 못하고 따뜻하게 입지 못해 생활이 빈곤한 그런 시대에서는 아마도 돈이 있을수록 행복해졌을 것이다. 그러나 현재 사람들의 생활은 이미 일정한 수준에 도달하였고, 무엇을 먹고 무엇을 입을지의 문제를 더는 걱정할 필요가 없다. 이런 상황에서 행복의 기준도 달라졌다. 어떤 사람은 행복은 꿈을 실현하는 것이라고 생각하고, 어떤 사람은 행복은 건강하게 장수하는 것이라고 생각하며, 어떤 사람은 행복은 가정이 화목한 것이라고 생각하는데, 이런 것들은 모두 돈으로 살 수 없는 것이다.

다른 한편으로 행복을 느낄 수 있는지는 개인의 마음가짐과 관련이 있다. 어떤 사람은 비록 돈은 없지만, 마음가짐이 좋아서, 작은 일로부터 즐거움을 얻고 게다가 쉽게 만족함을 느낀다. 이런 사람은 종종 행복함을 느낄 수 있다. 반대로 어떤 사람은 비록 돈은 있지만, 매일 많은 스트레스가 있어 생활하는 것이 즐겁지 않게 되면 행복하지 못할 것이다.

이로써 알 수 있듯, 돈이 있다고 해서 반드시 행복한 것은 아니며, 중요한 것은 우리가 자신이 무엇을 원하는지 알아야 하는 동시에 낙관적인 마음가짐이 있어야 한다.

어휘 金钱 jīnqián 명 금전, 돈 | 万能 wànnéng 형 만능이다 | 换句话说 huàn jùhuà shuō 바꾸어 말하면, 다시 말하면 | 必然 bìrán 형 필연적이다 | 贫穷 pínqióng 형 가난하다, 빈궁하다 | 年代 niándài 명 연대, 시기, 시대 | 标准 biāozhǔn 명 표준, 기준 형 표준적이다 | 长寿 chángshòu 형 장수하다 | 和睦 hémù 형 화목하다 | 由此可见 yóucǐ kějiàn 이로부터(이로써) 알 수 있다 | 乐观 lèguān 형 낙관적이다 | 心态 xīntài 명 심리 상태, 마음가짐

주요 표현 정리

1. 提高生活水平
   但现在人们的生活已经达到了一定的水平，
   有的人觉得幸福是实现梦想，

   ★ 중요한 搭配 암기하기
   提高 + 水平/效率/能力 : 수준/효율/능력을 향상시키다
   达到 + 水平/目标/目的/标准 : 수준/목표/목적/기준에 이르다
   实现 + 梦想/理想/目标 : 꿈/이상/목표를 실현하다

2. 一方面，有钱不一定幸福。
   另一方面，能不能感觉到幸福跟个人的心态有关系。

   ★ 一方面A，另一方面B : 한편으로는 A하고, 다른 한편으로는 B하다
   예 她一方面对丈夫怀有抱怨，另一方面也能理解丈夫的立场。
   그녀는 한편으로는 남편에게 불만을 갖고 있지만, 다른 한편으로는 남편의 입장을 이해할 수 있다.

맥락 구상

관점 제시	첫 번째 단락	돈이 있으면 행복할 수 있음
논거	두 번째 단락	생활 중의 문제를 해결할 수 있음
	세 번째 단락	건강을 유지할 수 있음
논점	네 번째 단락	돈이 있으면 행복하게 변하게 됨

모범 답안 돈이 있으면 행복함

관점 제시

我觉得生活在这个时代，**有钱就会幸福**。
Wǒ juéde shēnghuó zài zhè ge shídài, yǒu qián jiù huì xìngfú.

논거

一方面，现在人们的物质生活非常丰富，各种各样的
Yìfāngmiàn, xiànzài rénmen de wùzhì shēnghuó fēicháng fēngfù, gèzhǒng gèyàng de

生活、娱乐用品应有尽有。如果有很多钱的话，就可以满足自己的
shēnghuó、yúlè yòngpǐn yīngyǒu jìnyǒu. Rúguǒ yǒu hěn duō qián de huà, jiù kěyǐ mǎnzú zìjǐ de

各种需要，获得各种新的体验，那么生活也会非常有意思。即使是
gèzhǒng xūyào, huòdé gèzhǒng xīn de tǐyàn, nàme shēnghuó yě huì fēicháng yǒu yìsi. Jíshǐ shì

不开心的时候，也可以通过消费释放压力，可以说钱能够解决我们
bù kāixīn de shíhou, yě kěyǐ tōngguò xiāofèi shìfàng yālì, kěyǐ shuō qián nénggòu jiějué wǒmen

生活中遇到的大部分问题。
shēnghuózhōng yùdào de dàbùfen wèntí.

另一方面，有些人认为钱不能买到所有的东西，比如健康
Lìng yìfāngmiàn, yǒuxiē rén rènwéi qián bù néng mǎidào suǒyǒu de dōngxi, bǐrú jiànkāng

等。但是有钱的话，可以有能力买更有营养的食品、保养自己的
děng. Dànshì yǒu qián de huà, kěyǐ yǒu nénglì mǎi gèng yǒu yíngyǎng de shípǐn、bǎoyǎng zìjǐ de

身体，这样不也是一种保持健康的方式吗？况且如果生了比较
shēntǐ, zhèyàng bù yě shì yì zhǒng bǎochí jiànkāng de fāngshì ma? Kuàngqiě rúguǒ shēng le bǐjiào

严重的病，有钱的人确实**有机会接受**更好的治疗，在这种
yánzhòng de bìng, yǒu qián de rén quèshí yǒu jīhuì jiēshòu gèng hǎo de zhìliáo, zài zhè zhǒng

情况下钱的重要性就会凸显出来。
qíngkuàng xià qián de zhòngyàoxìng jiù huì tūxiǎn chūlái.

논점

因此我认为有很多钱确实会让我们的生活有保障，有
Yīncǐ wǒ rènwéi yǒu hěn duō qián quèshí huì ràng wǒmen de shēnghuó yǒu bǎozhàng, yǒu

更多机会和可能，**也会让我们更容易变得幸福**。
gèng duō jīhuì hé kěnéng, yě huì ràng wǒmen gèng róngyì biàn de xìngfú.

해석 나는 이 시대에서 생활하면서 돈이 있으면 행복할 수 있다고 생각한다.
한편으로, 현재 사람들의 물질 생활은 매우 풍부하며, 각종 생활, 레저 용품이 모두 갖추어져 있다. 만약 많은 돈이 있다면, 자신의 각종 수요를 만족시키고, 각종 새로운 체험을 얻을 수 있으며, 그러면 생활도 매우 재미있을 것이다. 설령 즐겁지 않을 때도, 소비를 통해 스트레스를 해소할 수 있어서, 돈이 우리 생활 중에 만나게 되는 대부분의 문제를 해결할 수 있다고 말할 수 있다. 다른 한편으로, 어떤 사람들은 돈이 모든 것, 예를 들어 건강 등을 살 수 없다고 생각한다. 그러나 돈이 있으면 더 영양있는 식품을 사고 자신의 신체를 보양할 능력이 있을 수 있으니, 이렇게 하는 것도 건강을 유지하는 방식이 아닐까? 게다가 만약 비교적 심각한 병이 나면, 돈이 있는 사람이 확실히 더 좋은 치료를 받을 기회가 있는 이런 상황에서 돈의 중요성은 분명하게 드러날 수 있다.
따라서 나는 돈이 많이 있으면 확실히 우리들의 생활에 보장이 생기고, 더 많은 기회와 가능성이 있으며, 또한 우리로 하여금 더 쉽게 행복하게 변화시킬 것이라고 생각한다.

어휘 各种各样 gèzhǒng gèyàng [성] 각양각색, 각종, 온갖 | 娱乐 yúlè [명] 오락, 레저 | 应有尽有 yīngyǒu jìnyǒu [성] 모두 갖추어져 있다, 있어야 하는 것은 모두 있다 | 释放 shìfàng [동] 1. 석방하다 2. (에너지 등을) 방출하다 | 保养 bǎoyǎng [동] 1. 보양하다 2. 관리하다, 손질하다 | 况且 kuàngqiě [접] 게다가, 더구나 | 治疗 zhìliáo [동] 치료하다 | 凸显 tūxiǎn [동] 분명하게 드러나다, 부각시키다 | 保障 bǎozhàng [명][동] 보장(하다)

주요 표현 정리

1. 就可以满足自己的各种需要,
   也可以通过消费释放压力,

   ★ 중요한 搭配 암기하기

   满足 + 需要/要求/条件 : 수요(필요)/요구/조건을 만족시키다

   释放 + 压力/能量 : 스트레스를 해소하다/에너지를 방출하다

2. 有钱的人确实有机会接受更好的治疗,

   ★ 有/没(有) + A + 동사(구) : ~할 A가 있다/없다

   예 我终于有机会去中国了。 나는 마침내 중국에 갈 기회가 생겼다.
   我没有时间看电影。 나는 영화 볼 시간이 없다.

실전 모의고사 9회

第一部分

🎧 09-01

1　一天深夜，一位教授看到自己的一名学生在实验室做实验，于是奇怪地问道："今天上午你在干什么？"学生回答说："在做实验。"教授又问了一句："那么晚上呢？"学生感觉良好地回答说："也在做实验。"没想到，教授却很不高兴地对他说："你一天到晚都在做实验，什么时间用于思考？"

해석　어느 깊은 밤, 한 교수가 자신의 한 학생이 실험실에서 실험을 하고 있는 것을 보고, 의아해 하며 물었다. "오늘 오전에 자네 무엇을 하고 있었나?" 학생이 대답했다. "실험을 하고 있었습니다." 교수는 또 한 마디 물었다. "그럼 저녁에는?" 학생은 기분 좋게 대답했다. "역시 실험을 하고 있었습니다." 뜻밖에도 교수님은 언짢아하며 그에게 말했다. "자네는 하루 종일 저녁까지 실험만 하고 있으니, 무슨 시간을 사고에 쓰려는 건가?"

어휘　深夜 shēnyè 명 심야, 깊은 밤 | 实验 shíyàn 명 실험 | 奇怪 qíguài 형 이상하다 | 感觉 gǎnjué 명 감각, 느낌 동 느끼다 | 良好 liánghǎo 형 좋다 | 思考 sīkǎo 동 사고하다, 사색하다

핵심요약

1. 一天深夜，一位教授看到自己的一名学生在实验室做实验，
   → 一天深夜，教授看到学生在实验室做实验，

2. 于是奇怪地问道："今天上午你在干什么？"学生回答说："在做实验。"
   → 所以奇怪地问他上午在干什么，学生回答说，在做实验。

3. 教授又问了一句："那么晚上呢？"学生感觉良好地回答说："也在做实验。"
   → 教授又问学生晚上在干什么，学生回答说也在做实验。

4. 没想到，教授很不高兴地对他说："你一天到晚都在做实验，什么时间用于思考？"
   → 没想到，教授不高兴地问他一天到晚都在做实验，用什么时间来思考。

코너 속 어법 Tip

문장 앞에서 뜻밖임을 나타내는 표현들
没想到, 不料, 谁知(道)

> 🔊 **모범 답안**
>
> 一天深夜，教授看到学生在实验室做实验，所以奇怪地问他上午
> Yì tiān shēnyè, jiàoshòu kàndào xuésheng zài shíyànshì zuò shíyàn, suǒyǐ qíguài de wèn tā shàngwǔ
> 在干什么，学生回答说，在做实验。教授又问学生晚上在干
> zài gàn shénme, xuésheng huídá shuō, zài zuò shíyàn. Jiàoshòu yòu wèn xuésheng wǎnshang zài gàn
> 什么，学生回答说也在做实验。没想到，教授不高兴地问他一天到
> shénme, xuésheng huídá shuō yě zài zuò shíyàn. Méi xiǎngdào, jiàoshòu bù gāoxìng de wèn tā yì tiān dào
> 晚都在做实验，用什么时间来思考。
> wǎn dōu zài zuò shíyàn, yòng shénme shíjiān lái sīkǎo.

🎧 09-02

2 很多老人刚刚退休时，不适应整天呆在家里、没什么事情可以做的生活，甚至有些老人因此感到失落、抑郁。而社区成立的老年大学很好地解决了这一问题。老年大学的课程十分丰富，有摄影课、太极拳课、音乐课等。这不仅丰富了老年人的业余生活，同时也改善了他们的心理状态。

해석 많은 노인들은 막 퇴직했을 때, 온종일 집 안에 머무르고 할 일이 없는 생활에 적응하지 못하고, 심지어 어떤 노인들은 이로 인해 실의와 울적함을 느낀다. 지역 사회에서 설립한 노인 대학은 이 문제를 아주 잘 해결했다. 노인 대학의 과정은 매우 풍부한데, 촬영 수업, 태극권 수업, 음악 수업 등이 있다. 이것은 노인들의 여가 생활을 풍부하게 만들어 주었을 뿐만 아니라, 동시에 그들의 심리 상태도 개선시켜 주었다.

어휘 刚刚 gānggāng 〔부〕 방금, 막, 지금 | 退休 tuìxiū 〔동〕 퇴직하다 | 适应 shìyìng 〔동〕 적응하다 | 整天 zhěng tiān 온종일, 하루 종일 | 呆 dāi 〔동〕 머무르다 | 失落 shīluò 〔형〕 망연자실하다, 실의하다 | 抑郁 yìyù 〔형〕 우울하다, 울적하다 | 社区 shèqū 〔명〕 공동체, 지역 사회 | 成立 chénglì 〔동〕 1. (조직·기구 따위를) 창립하다, 설립하다 2. (이론·의견 따위가) 성립하다 | 课程 kèchéng 〔명〕 (교육) 과정, 커리큘럼 | 丰富 fēngfù 〔형〕 풍부하다 〔동〕 풍부하게 하다 | 摄影 shèyǐng 〔동〕 (카메라로) 촬영하다 | 太极拳 tàijíquán 〔명〕 태극권 | 业余 yèyú 〔형〕 아마추어의(↔专业) | 改善 gǎishàn 〔동〕 개선하다 | 状态 zhuàngtài 〔명〕 상태

🔖 핵심요약

1. 很多老人刚刚退休时，不适应~~整天~~呆在家里、没什么事情可以做的生活，
   (제거)
   → 很多老人刚退休时，不适应呆在家里，**没事可做的生活**，

> **코너 속 어법 Tip**
>
> **没(有) + 명사 + 동사(구)** : [동사]할 [명사]가 없다
> 예 没(有)事可做 할 수 있는 일이 없다
>   没(有)钱看电影 영화 볼 돈이 없다
>   没(有)时间学习 공부할 시간이 없다

2. 甚至有些老人因此感到失落、抑郁。
   → 甚至有些老人感到心情郁闷。　＊郁闷 yùmèn 형 우울하다

3. 而社区成立的老年大学很好地解决了这一问题。
   → 而社区成立的老年大学解决了这个问题。

4. 老年大学的课程十分丰富，有摄影课、太极拳课、音乐课等。
   → 老年大学的课程丰富，有各种各样的课。

5. 这不仅丰富了老年人的业余生活，同时也改善了他们的心理状态。
   → 这不仅丰富了老年人的生活，也让他们的心理状态变好了。

> **코너 속 어법 Tip**
>
> 丰富
> ❶ 형용사 : 풍부하다 → 중첩형 AABB(丰丰富富)
>   예 老年大学的课程十分丰富。노인대학의 과정은 매우 풍부하다.
>
> ❷ 동사 : 풍부하게 하다 → 중첩형 ABAB(丰富丰富)
>   예 这丰富了老年人的生活。이것은 노인들의 생활을 풍부하게 했다.

🔊 모범 답안

很多老人刚退休时，不适应呆在家里，没事可做的生活，甚至有些老人感到心情郁闷。而社区成立的老年大学解决了这个问题。老年大学的课程丰富，有各种各样的课。这不仅丰富了老年人的生活，也让他们的心理状态变好了。

Hěn duō lǎorén gāng tuìxiū shí, bú shìyìng dāi zài jiālǐ, méi shì kě zuò de shēnghuó, shènzhì yǒuxiē lǎorén gǎndào xīnqíng yùmèn. Ér shèqū chénglì de lǎonián dàxué jiějué le zhè ge wèntí. Lǎonián dàxué de kèchéng fēngfù, yǒu gèzhǒng gèyàng de kè. Zhè bùjǐn fēngfù le lǎoniánrén de shēnghuó, yě ràng tāmen de xīnlǐ zhuàngtài biànhǎo le.

🎧 09-03

3　关于"口才好的人有什么共同特点"这个问题，得到赞同最多的答案是：他们都会勇敢地去争取开口表达的机会！没有人天生口才就好，口才需要长期的练习才能不断提高。可前提是你必须自己去创造练习的机会。或许你第一次做得不够好，但是你讲得越多，你就越有可能进步。慢慢地，你就会变成一个口才出众的人，变成一个受欢迎的人。

해석 '언변이 좋은 사람은 어떤 공통점이 있을까'라는 이 문제에 관해, 동의가 가장 많이 얻은 답은 '그들은 용감하게 입을 열어 표현할 기회를 쟁취한다!'이다. 태어나면서 언변이 좋은 사람은 없고, 언변은 장기간의 연습이 있어야만 끊임없이 향상될 수 있다. 그러나 전제 조건은 당신이 반드시 스스로 연습할 기회를 만들어야 한다는 것이다. 아마 당신은 처음에는 잘 못할 수 있지만, 당신이 말을 많이 할수록 당신은 아마 진보하게 될 것이다. 천천히 당신은 언변이 뛰어난 사람으로 변할 것이고 환영받는 사람으로 변할 것이다.

어휘 口才 kǒucái 명 말재주, 말재간, 언변 | 共同 gòngtóng 형 공동의, 공통의 | 特点 tèdiǎn 명 특징 | 赞同 zàntóng 동 찬성하다, 동의하다 | 答案 dá'àn 명 답안, 해답 | 勇敢 yǒnggǎn 형 용감하다 | 争取 zhēngqǔ 동 1. 쟁취하다, 노력하여 목적을 달성하다 2. ~을 실현하기 위해 노력하다 | 开口 kāikǒu 이합사 입을 열다, 말을 하다 | 表达 biǎodá 동 (생각이나 감정을) 표현하다, 나타내다 | 天生 tiānshēng 형 타고난, 선천적인 | 前提 qiántí 명 전제 (조건) | 创造 chuàngzào 동 창조하다, 만들다 | 或许 huòxǔ 부 아마, 어쩌면 | 出众 chūzhòng 형 남보다 뛰어나다, 출중하다

핵심요약

1. 关于"口才好的人有什么共同特点"这个问题，得到赞同最多的答案是：
   → 关于"口才好的人有什么共同特点"这个问题，很多人都认为：

2. 他们都会勇敢地去争取开口表达的机会！
   (地, 开口: 제거)
   → 他们都会勇敢争取表达的机会！

> **코너 속 어법 Tip**
> **표현하다**
> ① 表达 : 사람이 자신의 생각이나 감정을 표현하다.
> ② 表现 : 사물, 문학, 예술 등이 사상이나 성질을 표현하다.

3. 没有人天生口才就好，口才需要长期的练习才能不断提高。
   (就, 的, 不断: 제거)
   → 没有人天生口才好，需要长期练习才能提高。

4. 可前提是你必须自己去创造练习的机会。
   (你, 去: 제거)
   → 可前提是必须自己创造练习的机会。

5. 或许你第一次做得不够好，但是你讲得越多，你就越有可能进步。
   (你, 够, 你, 可能: 제거)
   → 也许第一次做得不好，但讲得越多就越有进步。

6. 慢慢地，你就会变成一个口才出众的人，变成一个受欢迎的人。
   (就, 变成一个: 제거)
   → 慢慢地，你会变成一个口才好、受欢迎的人。

关于"口才好的人有什么共同特点"这个问题，很多人都认为：
Guānyú "kǒucái hǎo de rén yǒu shénme gòngtóng tèdiǎn" zhè ge wèntí, hěn duō rén dōu rènwéi:

他们都会勇敢争取表达的机会！没有人天生口才好，需要长期练习
tāmen dōu huì yǒnggǎn zhēngqǔ biǎodá de jīhuì! Méiyǒu rén tiānshēng kǒucái hǎo, xūyào chángqī liànxí

才能提高。可前提是必须自己创造练习的机会。也许第一次做得不好，但讲
cái néng tígāo. Kě qiántí shì bìxū zìjǐ chuàngzào liànxí de jīhuì. Yěxǔ dì yī cì zuò de bù hǎo, dàn jiǎng

得越多就越有进步。慢慢地，你会变成一个口才好、受欢迎的人。
de yuè duō jiù yuè yǒu jìnbù. Mànmàn de, nǐ huì biànchéng yí ge kǒucái hǎo, shòu huānyíng de rén.

第二部分

🎧 09-04

4 一位作家/说过："幸运的人/一生都被/童年治愈，不幸的人/一生
Yí wèi zuòjiā/shuō guo: "xìngyùn de rén/yìshēng dōu bèi/tóngnián zhìyù, búxìng de rén/yìshēng

都在/治愈童年。"童年对人的一生/影响深远，如果/这个阶段/留下
dōu zài/zhìyù tóngnián." tóngnián duì rén de yìshēng/yǐngxiǎng shēnyuǎn, rúguǒ/zhè ge jiēduàn/liúxià

了/美好回忆，那是/非常珍贵/和幸福的事情。同样的，童年时/受到的
le/měihǎo huíyì, nà shì/fēicháng zhēnguì/hé xìngfú de shìqing. Tóngyàng de, tóngnián shí/shòudào de

伤害，也如同/影子一样/伴随人的一生。童年/是人生/最宝贵的阶段，
shānghài, yě rútóng/yǐngzi yíyàng/bànsuí rén de yìshēng. Tóngnián/shì rénshēng/zuì bǎoguì de jiēduàn,

会为人的一生/奠定基础。中国有句俗语"三岁/看大，七岁/看老"，意思
huì wèi rén de yìshēng/diàndìng jīchǔ. Zhōngguó yǒu jù súyǔ "sān suì/kàn dà, qī suì/kàn lǎo", yìsi

是说/一个人/在童年阶段/所具有的性格和特质，基本上/决定了/其个体
shì shuō/yí ge rén/zài tóngnián jiēduàn/suǒ jùyǒu de xìnggé hé tèzhì, jīběnshàng/juédìng le/qí gètǐ

发展的/轨迹与程度。经验总结/和实证研究/都表明/这一观点/具有
fāzhǎn de/guǐjì yǔ chéngdù. Jīngyàn zǒngjié/hé shízhèng yánjiū/dōu biǎomíng/zhè yī guāndiǎn/jùyǒu

一定的/合理性。有很多人/天赋一般，但由于/家庭氛围幸福，童年愉快，
yídìng de/hélǐxìng. Yǒu hěn duō rén/tiānfù yìbān, dàn yóuyú/jiātíng fēnwéi xìngfú, tóngnián yúkuài,

也依然/创造出了/很大的成就。
yě yīrán/chuàng zào chū le/hěn dà de chéngjiù.

해석 한 작가가 '운이 좋은 사람은 일생이 어린 시절에 의해 치유되고, 불행한 사람은 일생이 어린 시절을 치유한다.'라고 말한 적 있다. 어린 시절은 사람의 일생에 깊은 영향을 미치는데, 만약 이 단계에 아름다운 추억을 남겼다면, 그것은 매우 귀중하고 행복한 일이다. 마찬가지로 어린 시절 때 받은 상처는 그림자처럼 평생을 쫓아다닌다. 어린 시절은 인생에서 가장 소중한 시기이고 사람의 일생을 위한 기초를 다질 것이다. 중국에는 '세 살에 큰 모습이 보이고, 일곱 살에 늙은 모습이 보인다'라는 속담이 있는데, 뜻은 한 사람이 어린 시절 단계에 가지게 되는 성격과 특별한 기질이 대체로 그 개체가 발전하는 궤적과 정도를 결정한다는 것이다. 경험의 종합과 실증연구는 모두 이 관점이 일정한 합리성이 있음을 나타낸다. 많은 사람들은 타고난 자질은 평범하지만, 가정 분위기가 행복하고, 어린 시절이 유쾌하기 때문에 여전히 큰 성취를 창조해 낸다.

어휘 | 幸运 xìngyùn 형 운이 좋다 명 행운 | 童年 tóngnián 명 어린 시절 | 治愈 zhìyù 동 치유하다 | 深远 shēnyuǎn 형 깊고 크다 | 阶段 jiēduàn 명 단계 | 美好 měihǎo 형 (추상적인 것이) 아름답다 | 回忆 huíyì 동 회상하다, 추억하다 | 珍贵 zhēnguì 형 진귀하다, 귀중하다 | 伤害 shānghài 동 1. (몸을) 상하게 하다, 해치다, 다치게 하다 2. (감정을) 상하게 하다, 상처를 입히다 | 如同 rútóng 동 마치 ~와 같다 | 影子 yǐngzi 명 그림자 | 伴随 bànsuí 동 수반하다, 동행하다, 함께 가다 | 宝贵 bǎoguì 형 귀중하다, 소중하다 | 奠定 diàndìng 동 (기초를) 다지다, 닦다 | 基础 jīchǔ 명 기초 | 特质 tèzhì 명 특성, 특별한 기질 | 轨迹 guǐjì 명 1. 궤적, 자취 2. (인생의) 역정, 행적, 지나온 발자취 | 总结 zǒngjié 명 동 총괄(하다), 총결산(하다) | 实证 shízhèng 명 실증, 확실한 증거 | 表明 biǎomíng 동 표명하다, 분명하게 밝히다 | 氛围 fēnwéi 명 분위기, 기분, 상황, 정세 | 愉快 yúkuài 형 기쁘다, 유쾌하다, 즐겁다 | 依然 yīrán 부 여전히, 예전 그대로 동 여전하다, 전과 다름없다 | 创造 chuàngzào 동 창조하다, 발명하다, 만들다 | 成就 chéngjiù 명 성취, 업적 동 (사업을) 이루다, 완성하다

第三部分

🎧 09-05

5 请介绍一下你最尊敬的人。

맥락 구상

서론	첫 번째 단락	내가 가장 존경하는 사람은 할아버지임
본론	두 번째 단락	할아버지의 힘은 꾸준하심
	세 번째 단락	할아버지는 선량하고 인내심이 있으심
결론	네 번째 단락	할아버지는 나의 모범이심

🎤 모범 답안 高级版

서론
<u>我最尊敬的人是我的爷爷</u>。我的爷爷身材高大，笑起来很
Wǒ zuì zūnjìng de rén shì wǒ de yéye. Wǒ de yéye shēncái gāo dà, xiào qǐlai hěn
慈祥，我很少看到爷爷发脾气，他和大家相处得都很好。
cíxiáng, wǒ hěn shǎo kàndào yéye fā píqi, tā hé dàjiā xiāngchǔ de dōu hěn hǎo.

본론
爷爷年轻的时候是一名会计，他不但擅长数学，而且毛笔字写
Yéye niánqīng de shíhou shì yì míng kuàijì, tā búdàn shàncháng shùxué, érqiě máobǐzì xiě
得非常好。研究书法是他最大的爱好，每当我感叹"爷爷写的字真
de fēicháng hǎo. Yánjiū shūfǎ shì tā zuì dà de àihào, měi dāng wǒ gǎntàn "yéye xiě de zì zhēn
好看"时，他都会对我说，这是日复一日练习的结果。他还告诉我
hǎokàn" shí, tā dōu huì duì wǒ shuō, zhè shì rìfù yírì liànxí de jiéguǒ. Tā hái gàosu wǒ

본론

面对喜欢做的事情，一定要学会坚持。从爷爷身上，我看到了坚持的力量。
miànduì xǐhuan zuò de shìqíng, yídìng yào xuéhuì jiānchí. Cóng yéye shēnshang, wǒ kàndào le jiānchí de lìliang.

除了书法写得好以外，大家都知道爷爷为人非常善良。过去亲戚和邻居们有什么困难，爷爷总是竭尽所能地帮助他们，而且不求回报，所以大家都非常敬重他。另外，爷爷对待孩子们也非常有耐心，在我记忆中，他经常带我和妹妹去游乐场，我和妹妹玩儿的时候，爷爷就一个人在外面等着，一等就是一下午，从没抱怨过。
Chúle shūfǎ xiě de hǎo yǐwài, dàjiā dōu zhīdào yéye wéi rén fēicháng shànliáng. Guòqù qīnqi hé línjūmen yǒu shénme kùnnán, yéye zǒngshì jiéjìn suǒ néng de bāngzhù tāmen, érqiě bù qiú huíbào, suǒyǐ dàjiā dōu fēicháng jìngzhòng tā. Lìngwài, yéye duìdài háizimen yě fēicháng yǒu nàixīn, zài wǒ jìyìzhōng, tā jīngcháng dài wǒ hé mèimei qù yóulèchǎng, wǒ hé mèimei wánr de shíhou, yéye jiù yí ge rén zài wàimiàn děng zhe, yì děng jiùshì yí xiàwǔ, cóng méi bàoyuàn guo.

결론

是爷爷教会了我执着地追求梦想，永远保持对他人的真诚和善良，所以我非常地尊敬他。在我心中，他是我最好的榜样。
Shì yéye jiāohuì le wǒ zhízhuó de zhuīqiú mèngxiǎng, yǒngyuǎn bǎochí duì tārén de zhēnchéng hé shànliáng, suǒyǐ wǒ fēicháng de zūnjìng tā. Zài wǒ xīnzhōng, tā shì wǒ zuì hǎo de bǎngyàng.

해석 당신이 가장 존경하는 사람을 소개하세요.

내가 가장 존경하는 사람은 우리 할아버지이다. 우리 할아버지는 몸집이 크고 웃을 때 자상하시며, 나는 할아버지께서 화내시는 걸 거의 본적이 없고, 그는 모두와 다 잘 지내신다.

할아버지는 젊었을 때 회계사였고, 그는 수학을 잘할 뿐만 아니라 붓으로 글자도 매우 잘 쓰신다. 서예 연구는 그의 가장 큰 취미로, 매번 내가 "할아버지가 쓴 글자 정말 예뻐요"라고 감탄할 때마다 그는 내게 이건 매일 연습한 결과라고 말씀하셨다. 그는 또한 좋아하는 일을 만나게 되면 반드시 꾸준히 해야 한다고 알려주셨다. 할아버지에게서 나는 꾸준한 힘을 보았다.

서예를 잘 쓰시는 것 외에도, 할아버지의 인품이 매우 선량하다는 것을 모두가 알고 있다. 과거 친척들과 이웃들에게 무슨 어려움이 생기면, 할아버지는 항상 할 수 있는 모든 걸 다 해 그들을 도왔고, 게다가 보답을 바라지도 않으셔서 모두 그를 매우 존경한다. 그밖에 할아버지는 아이들을 대할 때도 매우 인내심이 있으셨다. 내 기억 속에 그는 자주 나와 여동생을 데리고 놀이동산에 가서, 나와 여동생이 놀 때 할아버지는 혼자 밖에서 기다리셨는데, 한 번 기다리면 오후 내내 기다렸지만 여태껏 불평한 적이 없으셨다.

바로 할아버지가 나에게 끈기 있게 꿈을 추구하고, 타인에 대한 진심과 선량함을 영원히 유지하도록 가르쳐 주셔서, 나는 그를 매우 존경한다. 내 마음 속에서 그는 나의 최고의 본보기이다.

어휘 尊敬 zūnjìng 형 존경스럽다 동 존경하다 | 身材 shēncái 명 몸매, 몸집 | 慈祥 cíxiáng 형 자상하다, 인자하다 | 发脾气 fā píqì 성질부리다, 화내다 | 相处 xiāngchǔ 동 함께 살다, 함께 지내다 | 会计 kuàijì 명 회계, 회계원 | 擅长 shàncháng 동 잘하다, 뛰어나다 | 书法 shūfǎ 명 1. 서법, 필법 2. 붓글씨, 서예 | 感叹 gǎntàn 동 1. 탄식하다, 한숨 쉬다 2. 감탄하다 | 坚持 jiānchí 동 견지하다, 굳게 지키다, 고수하다 | 力量 lìliang 명 힘, 역량 | 善良 shànliáng 형 선량하다, 착하다 | 亲戚 qīnqi 명 친척 | 邻居 línjū 명 이웃집, 이웃 사람 | 竭尽所能 jiéjìn suǒnéng 할 수 있는 모든 바를 다하다 | 不求 bù qiú 바라지 않다, 부탁하지 않다 | 回报 huíbào 동 1. 보답하다 2. 보복하다 | 耐心 nàixīn 명 인내심 형 참을성이 있다, 인내심이 강하다 | 游乐场 yóulèchǎng 명 유원지, 놀이공원 | 抱怨 bàoyuàn 동 불평하다 | 执着 zhízhuó 형 집착하다, 고집하다 | 追求 zhuīqiú 동 추구하다 | 永远 yǒngyuǎn 부 영원히, 항상 | 保持 bǎochí 동 유지하다, 지키다 | 真诚 zhēnchéng 형 진실하다, 성실하다 | 榜样 bǎngyàng 명 본보기, 모범

> **주요 표현 정리**
>
> 1. 一等就是一下午,
>   - ★ 一 + 동사 + 就是……: 한 번 [동사]하면 ～하다
>   - 예 一去就是十年 한 번 가면 10년이다
>   一说就是一个小时 한 번 말하면 1시간이다
>
> 2. 在我心中,
>   - ★ 在 + 사람 + 心(目)中: ～의 마음 속에서
>   - 예 在我的心(目)中 나의 마음 속에서
>   在中国人的心(目)中 중국인의 마음 속에서

맥락 구상

서론	첫 번째 단락	내가 가장 존경하는 사람은 邓亚萍임
본론	두 번째 단락	유명한 탁구 선수가 되었음
	세 번째 단락	영어를 매우 잘하게 되었음
결론	네 번째 단락	邓亚萍에게서 꾸준함과 노력의 힘을 보게 됨

모범 답안 简单版

서론

我最尊敬的人是乒乓球运动员邓亚萍。她虽然个子不高,
Wǒ zuì zūnjìng de rén shì pīngpāngqiú yùndòngyuán Dèngyàpíng. Tā suīrán gèzi bù gāo,

也不太漂亮,但是她非常刻苦,通过不断地努力成为了世界冠军,
yě bú tài piàoliàng, dànshì tā fēicháng kèkǔ, tōngguò búduàn de nǔlì chéngwéi le shìjiè guànjūn,

非常让人尊敬。
fēicháng ràng rén zūnjìng.

본론

她刚刚成为国家运动员的时候,大家都看不起她,觉得她
Tā gānggāng chéngwéi guójiā yùndòngyuán de shíhou, dàjiā dōu kànbuqǐ tā, juéde tā

没有能力,打不好乒乓球。后来她就每天特别努力地练习,最后她
méiyǒu nénglì, dǎ bù hǎo pīngpāngqiú. Hòulái tā jiù měitiān tèbié nǔlì de liànxí, zuìhòu tā

得到了很多金牌,成了特别有名的乒乓球运动员。
dédào le hěn duō jīnpái, chéng le tèbié yǒumíng de pīngpāngqiú yùndòngyuán.

| 본론 | 但是她出名后，又有人笑话她只会打乒乓球，脑袋不
Dànshì tā chūmíng hòu, yòu yǒu rén xiàohuà tā zhǐ huì dǎ pīngpāngqiú, nǎodai bù
聪明，所以她就开始努力地学英语。后来，她的英语到了可以和
cōngmíng, suǒyǐ tā jiù kāishǐ nǔlì de xué Yīngyǔ. Hòulái, tā de Yīngyǔ dào le kěyǐ hé
外国人熟练地对话的程度。
wàiguórén shúliàn de duìhuà de chéngdù. |

| 결론 | 从她的身上我看到了坚持和努力的力量。她用自己的经历感动
Cóng tā de shēnshang wǒ kàndào le jiānchí hé nǔlì de lìliàng. Tā yòng zìjǐ de jīnglì gǎndòng
了很多人，所以我非常尊敬她。我以后也要像她一样，不管别人
le hěn duō rén, suǒyǐ wǒ fēicháng zūnjìng tā. Wǒ yǐhòu yě yào xiàng tā yíyàng, bùguǎn biérén
说什么，都坚持走自己的路，用最后的胜利来证明自己。
shuō shénme, dōu jiānchí zǒu zìjǐ de lù, yòng zuìhòu de shènglì lái zhèngmíng zìjǐ. |

해석 내가 가장 존경하는 사람은 탁구선수 덩야핑이다. 그녀는 키가 크지 않고 그다지 예쁘지도 않지만, 그러나 매우 열심히 하고 끊임없는 노력을 통해 세계 챔피언이 되어, 사람들이 매우 존경하게 만들었다.
그녀가 막 국가대표선수가 되었을 때, 모두 그녀를 무시하며 그녀는 능력이 없고 탁구를 잘할 수 없을 것이라고 생각했다. 후에 그녀는 매일 매우 열심히 연습했고, 마지막에는 많은 금메달을 따서 매우 유명한 탁구선수가 되었다.
그러나 그녀가 유명해진 후 또 누군가는 그녀가 탁구밖에 할 줄 모르고 머리는 똑똑하지 않다고 비웃어서 그녀는 영어 공부를 열심히 하기 시작했다. 후에 그녀의 영어는 외국인과 능숙하게 대화를 할 수 있을 정도가 되었다.
그녀에게서 나는 꾸준함과 노력의 힘을 보았다. 그녀는 자신의 경험으로 많은 사람을 감동시켰고, 그래서 나는 그녀를 매우 존경한다. 나도 나중에 그녀처럼 다른 사람이 무슨 말을 하든 자신의 길을 꾸준히 걸어가, 최후의 승리로 자신을 증명할 것이다.

어휘 乒乓球 pīngpāngqiú 명 1. 탁구 2. 탁구공 | 刻苦 kèkǔ 형 고생을 참아내다, 몹시 애를 쓰다 | 不断 búduàn 동 끊임없다 부 끊임없이, 부단히 | 冠军 guànjūn 명 우승, 1등 | 看不起 kànbuqǐ 동 얕보다, 경시하다, 업신여기다 | 金牌 jīnpái 명 금메달 | 出名 chūmíng 형 이름이 나다, 명성을 날리다, 유명해지다 | 笑话 xiàohua 동 비웃다, 조소하다 명 우스운 이야기, 농담 | 脑袋 nǎodai 명 머리, 두뇌, 지능 | 熟练 shúliàn 형 능숙하다, 숙련되다 | 经历 jīnglì 명 경험, 경력 동 몸소 겪다, 체험하다 | 感动 gǎndòng 동 감동하다, 감동시키다 | 胜利 shènglì 동 승리하다 | 证明 zhèngmíng 명 증서 동 증명하다

주요 표현 정리

后来她就每天特别努力地练习，
后来，她的英语到了可以和外国人熟练地对话的程度。
我以后也要像她一样，

★ **后来와 以后**

	앞 문장 없이 사용		두 문장을 연결	
	가능 여부	시제	연결 방식	시제
后来	불가능	X	❷ 앞 문장……, / 。后来……뒷 문장	❹ 后来 앞뒤 문장 내용은 모두 이미 일어난 일
以后	가능	❶ 말하는 시점의 이후를 나타냄	❸ 앞 문장……以后(,) / ……뒷 문장	❺ 제한 없음

> **주요 표현 정리**
>
> ❶ 앞 문장 없이 以后를 사용하게 되면 말하는 시점의 이후를 나타냄으로, 아직 발생하지 않은 일이 뒤에 나오게 된다.
>   예 我以后更努力地学习。
>   → 이제부터 열심히 하겠다는 뜻/아직 열심히 하지 않았음
>
> ❷ 앞 문장의 끝에 쉼표나 마침표를 사용하고, 뒤의 문장 앞에 后来를 써서 두 개의 문장을 연결할 수 있다.
>   예 毕业后他在一家韩国公司工作，后来去了日本。
>
> ❸ 앞 문장의 끝에 以后를 쓰고 쉼표를 사용하거나 혹은 생략한 다음 뒤의 문장을 연결할 수 있다.
>   예 下课以后(，)我们一起去吃饭吧。
>
> ❹ 后来는 앞 문장과 뒷 문장 모두 이미 일어난 일이며 이를 회상할 때 사용한다.
>   예 毕业后他在一家韩国公司工作，后来去了日本。
>   → 한국 회사에서 일했던 것도, 일본에 간 것도, 모두 이미 일어난 일
>
> ❺ 以后가 두 문장을 연결할 때는 어떤 시제이든 모두 사용이 가능하다.
>   예 昨天下课以后，……。
>   今天下课以后，……。
>   明天下课以后，……。

🎧 09-06

6 现在很多人提倡简化婚礼，你同意这种观点吗?

맥락 구상

관점 제시	첫 번째 단락	동의함
논거	두 번째 단락	동의하는 세 가지 이유
	세 번째 단락	돈을 절약할 수 있음
논점	네 번째 단락	결혼식을 간소화해야 함

모범 답안 : 동의함

관점 제시

在旧时代，很多家庭为了显示自己的家族很有钱、有地位，会举办非常热闹的大型婚礼。但进入新时代后，人们的想法有了很大的变化。很多人都认为应该简化婚礼，我也同意这种观点。

Zài jiù shídài, hěn duō jiātíng wèile xiǎnshì zìjǐ de jiāzú hěn yǒu qián、yǒu dìwèi, huì jǔbàn fēicháng rènao de dàxíng hūnlǐ. Dàn jìnrù xīn shídài hòu, rénmen de xiǎngfǎ yǒu le hěn dà de biànhuà. Hěn duō rén dōu rènwéi yīnggāi jiǎnhuà hūnlǐ, wǒ yě tóngyì zhè zhǒng guāndiǎn.

논거

首先，婚礼一般很短，几个小时就结束了。但是办一个大型的婚礼，一般要提前很长时间做准备，要花费很多钱和精力，这样想的话，感觉很不值得；其次，大型婚礼一般要在很大的酒店举行，会请客人来参加，也会准备非常多的食物和饮料。因此最后会有很多食物被浪费，也会留下很多垃圾；第三，通过简单朴素的婚礼，新郎新娘一样可以接受大家的祝福，和大家一起分享结婚的幸福。

Shǒuxiān, hūnlǐ yìbān hěn duǎn, jǐ ge xiǎoshí jiù jiéshù le. Dànshì bàn yí ge dàxíng de hūnlǐ, yìbān yào tíqián hěn cháng shíjiān zuò zhǔnbèi, yào huāfèi hěn duō qián hé jīnglì, zhèyàng xiǎng de huà, gǎnjué hěn bù zhíde; qícì, dàxíng hūnlǐ yìbān yào zài hěn dà de jiǔdiàn jǔxíng, huì qǐng kèrén lái cānjiā, yě huì zhǔnbèi fēicháng duō de shíwù hé yǐnliào. Yīncǐ zuì hòu huì yǒu hěn duō shíwù bèi làngfèi, yě huì liúxià hěn duō lājī; dì sān, tōngguò jiǎndān pǔsù de hūnlǐ, xīnláng xīnniáng yíyàng kěyǐ jiēshòu dàjiā de zhùfú, hé dàjiā yìqǐ fēnxiǎng jiéhūn de xìngfú.

另一方面，简化婚礼可以为新婚夫妇节省很多钱。他们可以用这些钱去更好的地方度蜜月，或者买结婚以后需要的家具等等。所以现在社会上比较流行不办婚礼，旅行结婚。

Lìng yìfāngmiàn, jiǎnhuà hūnlǐ kěyǐ wèi xīnhūn fūfù jiéshěng hěn duō qián. Tāmen kěyǐ yòng zhèxiē qián qù gèng hǎo de dìfang dùmìyuè, huòzhě mǎi jiéhūn yǐhòu xūyào de jiājù děngděng. Suǒyǐ xiànzài shèhuìshàng bǐjiào liúxíng bú bàn hūnlǐ, lǚxíng jiéhūn.

논점

我认为婚礼只是一个形式，因此人们应该从实际的角度出发，简化婚礼。

Wǒ rènwéi hūnlǐ zhǐshì yí ge xíngshì, yīncǐ rénmen yīnggāi cóng shíjì de jiǎodù chūfā, jiǎnhuà hūnlǐ.

해석 현재 많은 사람들이 결혼식을 간소화하는 것을 권장하는데, 당신은 이런 생각에 동의하나요?

구시대에 많은 가정은 자신의 가족이 돈이 많고 지위가 있음을 드러내기 위해 매우 떠들썩한 대형 결혼식을 거행했다. 그러나 새로운 시대에 들어온 후, 사람들의 생각에 큰 변화가 생겼다. 많은 사람들은 결혼식을 간소화해야 한다고 생각하고, 나 또한 이런 관점에 동의한다.

우선, 결혼식은 보통 매우 짧아서 몇 시간이면 끝난다. 그러나 대형 결혼식을 치르는 건 보통 미리 매우 긴 시간을 준비해야 하고 많은 돈과 에너지를 써야 하는데, 이렇게 생각하면 매우 가치가 없다고 느껴진다. 다음으로, 대형 결혼식은 보통 아주 큰 호텔에서 진행하고 손님이 와서 참가하도록 초대하며, 매우 많은 음식과 음료를 준비할 것이다. 따라서 마지막에는 많은 음식이 낭비되고 많은 쓰레기도 남을 것이다. 셋째, 간단하고 소박한 결혼식을 통해서도 신랑 신부는 똑같이 모두의 축복을 받을 수 있고, 모두와 함께 결혼의 행복을 나눌 수 있다.

다른 한편으로, 결혼식을 간소화하는 것은 신혼부부에게 돈을 절약해 준다. 그들은 이 돈으로 더 좋은 곳에 가서 신혼여행을 보내거나 결혼 이후 필요한 가구 등을 살 수 있다. 그래서 현재 사회에서는 결혼식을 하지 않고 여행 결혼식이 비교적 유행한다. 나는 결혼식이 단지 하나의 형식일 뿐이라고 생각한다. 따라서 사람들은 실제적인 관점에서 출발하여 결혼식을 간소화해야 한다.

어휘 时代 shídài 명 시대 | 举办 jǔbàn 동 거행하다, 개최하다, 열다 | 热闹 rènao 형 왁자지껄하다, 떠들썩하게 놀다 | 大型 dàxíng 형 대형의 | 简化 jiǎnhuà 동 간소화하다 | 提前 tíqián 동 (예정된 시간이나 위치를) 앞당기다 | 精力 jīnglì 명 기운, 에너지, 활력, 기력 | 感觉 gǎnjué 명 감각, 느낌 동 느끼다 | 不值得 bù zhíde ~할 가치가 없다, ~할 만한 것이 못 되다 | 酒店 jiǔdiàn 명 호텔 | 食物 shíwù 명 음식물 | 饮料 yǐnliào 명 음료 | 浪费 làngfèi 동 낭비하다 | 垃圾 lājī 명 쓰레기, 오물 | 新郎 xīnláng 명 신랑 | 新娘 xīnniáng 명 신부 | 接受 jiēshòu 동 받아들이다, 수락하다 | 祝福 zhùfú 동 축복하다 | 分享 fēnxiǎng 동 함께 나누다 | 节省 jiéshěng 동 아끼다, 절약하다 | 度蜜月 dùmìyuè 신혼여행 | 形式 xíngshì 명 형식 | 实际 shíjì 형 실제적이다, 실제에 부합되다 명 실제 | 角度 jiǎodù 명 각도, 관점

주요 표현 정리

★ 나열에 쓰이는 표현

첫 번째	두 번째	세 번째	마지막
首先	其次	再次	最后
第一	第二	第三	

맥락 구상

관점 제시	첫 번째 단락	동의하지 않음
논거	두 번째 단락	첫 번째 이유
	세 번째 단락	두 번째 이유
논점	네 번째 단락	결혼식을 간소화해서는 안 됨

모범 답안 반대함

관점 제시
虽然现在很多人提倡简化婚礼，但我不同意这种想法。
Suīrán xiànzài hěn duō rén tíchàng jiǎnhuà hūnlǐ, dàn wǒ bù tóngyì zhè zhǒng xiǎngfǎ.

논거
第一个理由是，婚礼对相爱的两个人来说，是很重要的仪式。
Dì yī ge lǐyóu shì, hūnlǐ duì xiāng'ài de liǎng ge rén láishuō, shì hěn zhòngyào de yíshì.
通过举办婚礼，可以跟亲人朋友们分享结婚的幸福。而且在一个人
Tōngguò jǔbàn hūnlǐ, kěyǐ gēn qīnrén péngyoumen fēnxiǎng jiéhūn de xìngfú. Érqiě zài yí ge rén
的一生中，一般只有一次婚礼，因此婚礼是非常重要的，以后会
de yìshēngzhōng, yìbān zhǐyǒu yí cì hūnlǐ, yīncǐ hūnlǐ shì fēicháng zhòngyào de, yǐhòu huì

	成为宝贵的回忆，所以当然不能简单地办，应该好好儿办，这样 chéngwéi bǎoguì de huíyì, suǒyǐ dāngrán bù néng jiǎndān de bàn, yīnggāi hǎohāor bàn, zhèyàng 老了以后才不会后悔。 lǎo le yǐhòu cái bú huì hòuhuǐ.
논거 🎤	第二个理由是，举办婚礼不只是新郎和新娘两个人的事情， Dì èr ge lǐyóu shì, jǔbàn hūnlǐ bù zhǐshì xīnláng hé xīnniáng liǎng ge rén de shìqing, 也要想一想两个人的父母。一般父母都希望办一场比较热闹的 yě yào xiǎng yi xiǎng liǎng ge rén de fùmǔ. Yìbān fùmǔ dōu xīwàng bàn yì chǎng bǐjiào rènao de 婚礼，但现代年轻人的婚礼越来越简单，甚至有些年轻人选择不 hūnlǐ, dàn xiàndài niánqīngrén de hūnlǐ yuè lái yuè jiǎndān, shènzhì yǒuxiē niánqīngrén xuǎnzé bú 办婚礼。这样确实是比较省事，但是对父母或者身边的朋友们 bàn hūnlǐ. Zhèyàng quèshí shì bǐjiào shěngshì, dànshì duì fùmǔ huòzhě shēnbiān de péngyoumen 来说，可能会感到可惜。 láishuō, kěnéng huì gǎndào kěxī.
논점 🎤	结婚是人生的一件大事，所以婚礼不应该简化。当然，不简化 Jiéhūn shì rénshēng de yí jiàn dàshì, suǒyǐ hūnlǐ bù yīnggāi jiǎnhuà. Dāngrán, bù jiǎnhuà 婚礼并不代表浪费或者花非常多的钱。应该先想一想两个 hūnlǐ bìng bú dàibiǎo làngfèi huòzhě huā fēicháng duō de qián. Yīnggāi xiān xiǎng yi xiǎng liǎng ge 家庭的经济情况，再好好儿计划，办好婚礼。 jiātíng de jīngjì qíngkuàng, zài hǎohāor jìhuà, bànhǎo hūnlǐ.

해석 비록 현재 많은 사람이 결혼식을 간소화해야 한다고 주장하지만, 나는 이런 생각에 동의하지 않는다.

첫 번째 이유는 결혼식은 서로 사랑하는 두 사람에게 있어 매우 중요한 의식이다. 결혼식을 치르는 것을 통해 친지 친구들과 결혼의 행복을 함께 나눌 수 있다. 게다가 한 사람의 일생에서 일반적으로 오직 한 번의 결혼식만 있다. 따라서 결혼식은 매우 중요하며, 훗날 소중한 추억이 될 수 있어서 당연히 간단하게 할 수 없고 잘 해야만 늙은 후에 후회하지 않을 것이다.

두 번째 이유는 결혼식을 올리는 것은 신랑과 신부 두 사람만의 일이 아니기에 두 사람의 부모도 생각을 해야 한다. 보통 부모들은 모두 떠들썩한 결혼식을 하기를 희망하지만, 현대 젊은이들의 결혼식은 점점 단순해지고, 심지어 어떤 젊은이들은 결혼식을 하지 않는 것을 선택하기도 한다. 이렇게 하면 확실히 일은 줄지만, 그러나 부모님이나 주변의 친구들에게는 아쉽게 느껴질 수 있다.

결혼은 인생의 큰일이므로, 결혼식을 간소화해서는 안 된다. 물론 결혼식을 간소화하지 않는 것이 낭비하거나 많은 돈을 쓰는 것을 의미하는 것은 결코 아니다. 먼저 두 가족의 경제 상황을 생각하고, 그런 후에 계획을 잘 세워서 결혼식을 올려야 한다.

어휘 提倡 tíchàng 동 제창하다, 권장하다 | 婚礼 hūnlǐ 명 결혼식, 혼례 | 理由 lǐyóu 명 이유 | 相爱 xiāng'ài 동 서로 사랑하다 | 仪式 yíshì 명 의식 | 亲人 qīnrén 명 직계 친족 | 分享 fēnxiǎng 동 함께 나누다 | 幸福 xìngfú 명 행복(하다) | 宝贵 bǎoguì 형 귀중하다, 소중하다 | 回忆 huíyì 명동 회상(하다), 추억(하다) | 后悔 hòuhuǐ 동 후회하다, 뉘우치다 | 新郎 xīnláng 명 신랑 | 新娘 xīnniáng 명 신부 | 确实 quèshí 형 확실하다 부 확실히, 정말로 | 省事 shěngshì 형 편리하다, 간단하다 | 身边 shēnbiān 명 주변, 곁 | 感到 gǎndào 동 느끼다, 여기다 | 可惜 kěxī 형 아쉽다, 아깝다, 유감스럽다 | 代表 dàibiǎo 동 대표하다, 나타내다 | 浪费 làngfèi 동 낭비하다 | 家庭 jiātíng 명 가정

실전 모의고사 10회

모범 답안 및 해설

第一部分

🎧 10-01

1　一个人打电话到出租车公司，说他预订到机场的出租车还没有到，接电话的小姐安慰他说：" 先生，真抱歉，我们的司机已经以最快的速度开去您家了。不过您也不必太担心，飞机也可能会晚点的。" 打电话的人说：" 小姐，你说得非常正确，因为这班飞机就是我负责驾驶的。"

해석 한 사람이 택시 회사에 전화해서, 그가 공항으로 가는 택시를 예약했는데 아직 도착하지 않았다고 말하자, 전화를 받은 여직원이 그를 위로하며 말했다. "선생님, 정말 죄송합니다. 저희 기사님이 가장 빠른 속도로 당신 집으로 운전해서 갔습니다. 하지만 너무 걱정하실 필요 없습니다. 아마 비행기도 연착할 겁니다." 전화를 건 사람이 말했다. "아가씨 정말 정확하게 말했어요. 왜냐하면 이 비행기는 제가 비행을 책임지거든요."

어휘 预订 yùdìng [동] 예약하다 | 安慰 ānwèi [동] 위로하다 | 抱歉 bàoqiàn [형] 1. 미안하게 생각하다 2. (양해를 구하는 말) 죄송합니다 | 不必 búbì [부] ~할 필요 없다 | 晚点 wǎndiǎn [이합사] 연착하다 | 正确 zhèngquè [형] 정확하다 | 驾驶 jiàshǐ [동] 운전하다

핵심요약

1. 一个人打电话到出租车公司，说他预订到机场的出租车还没有到，
  → 一个人打电话给出租车公司，说预订到机场的出租车还没到，

2. 接电话的小姐安慰他说："先生，真抱歉，我们的司机已经以最快的速度开去您家了，不过您也不必太担心，飞机也可能会晚点的。"
  → 接电话的小姐说，司机已经用最快的速度开车去他家了，让他不要太担心，因为飞机可能也会晚点。

코너 속 어법 Tip

抱歉과 道歉의 차이

	품사적 차이	사용 형식
抱歉	형용사	매우/정말 미안하다 [예] 很抱歉/非常抱歉/真抱歉
道歉	이합사(동사 + 목적어)	~에게 사과하다 [예] 向……道歉

3. 打电话的人说："小姐，你说得非常正确，因为这班飞机就是我负责驾驶的。"
   → 打电话的人说，小姐说得非常对，因为这个飞机就是他负责驾驶的。

모범 답안

一个人打电话给出租车公司，说预订到机场的出租车还没到，接
Yí ge rén dǎ diànhuà gěi chūzūchē gōngsī, shuō yùdìng dào jīchǎng de chūzūchē hái méi dào, jiē

电话的小姐说，司机已经用最快的速度开车去他家了，让他不要太担心，
diànhuà de xiǎojiě shuō, sījī yǐjīng yòng zuì kuài de sùdù kāichē qù tā jiā le, ràng tā búyào tài dānxīn,

因为飞机可能也会晚点。打电话的人说，小姐说得非常对，因为这个飞机
yīnwèi fēijī kěnéng yě huì wǎndiǎn. Dǎ diànhuà de rén shuō, xiǎojiě shuō de fēicháng duì, yīnwèi zhè ge fēijī

就是他负责驾驶的。
jiùshì tā fùzé jiàshǐ de.

🎧 10-02

2 　　心理学家曾对一所小学的学生进行了测验，并交给教师们一份最有发展潜力者名单。后来，名单上的学生真的都取得了进步。但其实那些学生都只是随便挑选出来的，教师认为名单上的学生是天才，所以更加关注他们。学生们也会更加努力，从而取得进步。这说明，当教师对一个学生的期待值很高时，那个学生往往会受到影响而达到预期效果。

해석 심리학자가 한 초등학교 학생들에 대해 실험을 했고, 또한 교사들에게 가장 발전 잠재력을 가진 아이들의 명단을 건네 주었다. 이후 명단상에 있던 학생들은 정말 모두 발전했다. 그러나 사실 그 학생들은 모두 단지 제멋대로 골라낸 것이었는데, 교사들은 명단의 학생들이 천재라고 생각했고, 그래서 그들에게 더욱 관심을 가졌다. 학생들도 더욱 노력했고, 따라서 발전할 수 있었을 것이다. 이것은 교사가 한 학생에 대한 기대치가 높을 때, 그 학생은 종종 영향을 받아 기대한 효과에 도달할 수 있다는 것을 설명한다.

어휘 测验 cèyàn 동 시험하다, 테스트하다 | 教师 jiàoshī 명 교사 | 潜力 qiánlì 명 잠재 능력 | 名单 míngdān 명 명단 | 取得 qǔdé 동 취득하다, 얻다 | 进步 jìnbù 동 진보하다 형 진보적이다 | 随便 suíbiàn 형 산만하다, 함부로 하다 | 挑选 tiāoxuǎn 동 고르다, 선발하다 | 关注 guānzhù 동 관심을 가지다, 주시하다 | 期待值 qīdàizhí 명 기대치 | 达到 dádào 동 달성하다, 도달하다 | 预期 yùqī 동 예기하다, 미리 기대하다 | 效果 xiàoguǒ 명 효과

핵심요약

1. 心理学家曾对一所小学的学生进行了测验，并交给教师们一份最有发展潜力者名单。
   (曾, 一所, 了, 发展 — 제거)
   → 心理学家对小学生进行测验，并交给教师们一份最有潜力的人的名单。

2. 后来，名单上的学生真的都取得了进步。
   (取得 — 제거)
   → 后来，名单上的学生真的都进步了。

3. 但其实那些学生都只是随便挑选出来的。
   → 但其实那些学生只是随便选的。

4. 教师认为名单上的学生是天才，所以更加关注他们。
   → 教师认为他们是天才，所以更关注他们。

5. 学生们也会更加努力，从而取得进步。
   → 学生们也更努力，从而取得进步。

6. 这说明，当教师对一个学生的期待值很高时，那个学生往往会受到影响而达到预期效果。
   → 这说明，教师对学生有很多期待时，学生往往会受到影响，达到期待的效果。

코너 속 어법 Tip

★ 중요한 搭配 암기하기

达到 + 目标 : 목표에 도달하다 / 达到 + 水平 : 수준에 이르다
达到 + 标准 : 기준에 도달하다 / 达到 + 效果 : 효과에 이르다

모범 답안

心理学家对小学生进行测验，并交给教师们一份最有潜力的人的
Xīnlǐ xuéjiā duì xiǎoxuéshēng jìnxíng cèyàn, bìng jiāo gěi jiàoshīmen yí fèn zuì yǒu qiánlì de rén de

名单。后来，名单上的学生真的都进步了。但其实那些学生只是
míngdān. Hòulái, míngdānshàng de xuésheng zhēn de dōu jìnbù le. Dàn qíshí nàxiē xuésheng zhǐshì

随便选的，教师认为他们是天才，所以更关注他们。学生们也更努力，
suíbiàn xuǎn de, jiàoshī rènwéi tāmen shì tiāncái, suǒyǐ gèng guānzhù tāmen. Xuéshēngmen yě gèng nǔlì,

从而取得进步。这说明，教师对学生有很多期待时，学生往往会
cóng'ér qǔdé jìnbù. Zhè shuōmíng, jiàoshī duì xuésheng yǒu hěn duō qīdài shí, xuésheng wǎngwǎng huì

受到影响，达到期待的效果。
shòudào yǐngxiǎng, dádào qīdài de xiàoguǒ.

🎧 10-03

3 在漫长的岁月中，你一定会碰到一些令人不愉快的情况，它们已经发生，无法改变。因此，要乐于接受必然发生的情况，接受已然发生的事实，这是克服随之而来的不幸的第一步。只有坦然面对失败和痛苦才能拥有真正的幸福，让生命中无可避免的困境转变成创造奇迹的力量。

해석 긴 세월 동안, 당신은 분명 사람을 불쾌하게 만드는 일을 맞닥뜨리게 될 것인데, 그것들은 이미 발생했고 바꿀 수가 없다. 그러므로 필연적으로 발생하는 상황을 기꺼이 받아들이고, 이미 발생한 사실을 받아들여야 하는데, 이것은 뒤따르는 불행을 극복하는 첫걸음이다. 실패와 고통을 태연하게 마주해야만 진정한 행복을 가질 수 있고, 생명에서 피할 수 없는 곤경을 기적을 창조하는 힘으로 바꿀 수 있다.

어휘 漫长 màncháng 형 (시간, 공간이) 멀다, 길다 | 岁月 suìyuè 명 세월 | 碰 pèng 동 부딪히다, 충돌하다 | 愉快 yúkuài 형 기쁘다, 유쾌하다, 즐겁다 | 无法 wúfǎ 동 ~ 할 방법이 없다, ~할 수 없다 | 改变 gǎibiàn 동 변경하다, 변동하다 | 乐于 lèyú 동 (어떤 일을) 기꺼이 하다 | 接受 jiēshòu 동 받아들이다, 수락하다 | 必然 bìrán 형 필연적이다 부 분명히, 반드시, 꼭 | 已然 yǐrán 부 이미 | 克服 kèfú 동 극복하다 | 随之而来 suí zhī ér lái 뒤따르다 | 不幸 búxìng 형 불행하다 | 坦然 tǎnrán 형 마음이 편안하다 | 面对 miànduì 동 직면하다, 대면하다 | 失败 shībài 동 실패하다 | 痛苦 tòngkǔ 형 고통스럽다 | 拥有 yōngyǒu 동 가지다, 소유하다, 보유하다 | 生命 shēngmìng 명 생명 | 无可 wú kě ~할 수 없다, ~할 만한 것이 없다 | 避免 bìmiǎn 동 (나쁜 상황을) 피하다 | 困境 kùnjìng 명 곤경 | 转变 zhuǎnbiàn 동 전환하다, 바뀌다 | 创造 chuàngzào 동 창조하다, 발명하다, 만들다 | 奇迹 qíjì 명 기적 | 力量 lìliang 명 힘, 역량

핵심요약

1. 在漫长<u>的</u>岁月中，你一定会碰到<u>一些令人</u>不愉快的情况，它们已经发生，无法改变。
   → 在漫长岁月中，你一定会遇到不愉快的情况，它们已经发生，不能改变。

2. 因此，要乐于接受必然发生的情况，<u>接受</u>已然发生的事实，
   → 因此，要乐观地接受一定会发生的情况和已经发生的事实，

3. 这是克服随之而来的不幸的第一步。
   → 这是克服接下来发生的不幸的第一步。

4. 只有坦然面对失败和痛苦才能拥有真正的幸福，
   → 只有平静面对失败和痛苦才能拥有真正的幸福，

5. 让<u>生命中</u>无可避免的困境转变成创造奇迹的力量。
   → 让不能避开的困境变成创造奇迹的力量。

모범 답안

在漫长岁月中，你一定会遇到不愉快的情况，它们已经发生，
Zài màncháng suìyuè zhōng, nǐ yídìng huì yùdào bù yúkuài de qíngkuàng, tāmen yǐjīng fāshēng,
不能改变。因此，要乐观地接受一定会发生的情况和已经发生的
bù néng gǎibiàn. Yīncǐ, yào lèguān de jiēshòu yídìng huì fāshēng de qíngkuàng hé yǐjīng fāshēng de
事实，这是克服接下来发生的不幸的第一步。只有平静面对失败和痛苦才
shìshí, zhè shì kèfú jiē xiàlái fāshēng de búxìng de dì yī bù. Zhǐyǒu píngjìng miànduì shībài hé tòngkǔ cái
能拥有真正的幸福，让不能避开的困境变成创造奇迹的力量。
néng yōngyǒu zhēnzhèng de xìngfú, ràng bù néng bìkāi de kùnjìng biànchéng chuàngzào qíjì de lìliang.

第二部分

🎧 10-04

4
很多人/有疑问，观看/戏剧表演时/第一排/为什么不是/最佳位置？
Hěn duō rén/yǒu yíwèn, guānkàn/xìjù biǎoyǎn shí/dì yī pái/wèishénme bú shì/zuìjiā wèizhì?
离舞台越近，不是/越能看清/演员的/神态和表情吗？其实，一台/好的
Lí wǔtái yuè jìn, bú shì/yuè néng kàn qīng/yǎnyuán de/shéntài hé biǎoqíng ma? Qíshí, yì tái/hǎo de
舞台剧，除了/演员的表演，还有灯光、道具、舞美等因素。如果/坐得太
wǔtáijù, chúle/yǎnyuán de biǎoyǎn, háiyǒu dēngguāng、dàojù、wǔměi děng yīnsù. Rúguǒ/zuò de tài
近，必然看不清/舞台场面的/整体变化。所以，坐得近/不等于/看得清。
jìn, bìrán kànbuqīng/wǔtái chǎngmiàn de/zhěngtǐ biànhuà. Suǒyǐ, zuò de jìn/bù děngyú/kàndeqīng.
特别是/在前几排，需要一直保持/仰头的姿势，时间久了，脖子/容易
Tèbié shì/zài qián jǐ pái, xūyào yìzhí bǎochí/yǎngtóu de zīshì, shíjiān jiǔ le, bózi/róngyì
酸痛。另外，在观看一些/需要雨雾配合的/表演时，坐在前排的观众/
suāntòng. Lìngwài, zài guānkàn yìxiē/xūyào yǔwù pèihé de/biǎoyǎn shí, zuò zài qiánpái de guānzhòng/
还可能会/"不幸中招"。
hái kěnéng huì/"búxìng zhòngzhāo".
因而/所有剧场/价位最高的/都是五到八排。这部分区域/离舞台/不
Yīn'ér/suǒyǒu jùchǎng/jiàwèi zuìgāo de/dōu shì wǔ dào bā pái. Zhè bùfen qūyù/lí wǔtái/bù
远不近，无论是/演员表情的/细微变化还是舞台场面的/调度，都可以/
yuǎn bú jìn, wúlùn shì/yǎnyuán biǎoqíng de/xìwēi biànhuà háishì wǔtái chǎngmiàn de/diàodù, dōu kěyǐ/
尽收眼底，是看剧的/黄金位置。
jìnshōu yǎndǐ, shì kàn jù de/huángjīn wèizhì.

해석 연극을 볼 때 왜 1열이 가장 좋은 자리가 아닌지 의문을 갖는 사람들이 많다. 무대에서 가까울수록 배우의 모습과 표정이 더 잘 보이는 것이 아닌가? 사실 좋은 무대공연은 배우의 공연 외에 조명, 소품, 무대 미술 등 요소도 있다. 만약 너무 가까이 앉는다면 분명 무대 장면의 전체적인 변화를 정확하게 볼 수 없을 것이다. 그래서 가까이 앉는 것이 분명하게 볼 수 있는 것과 같은 것이 아니다. 특히 앞의 몇 줄은 고개를 젖힌 자세를 계속 유지하고 있어야 해서, 시간이 오래되면 목이 쑤시고 아프기 쉽다. 그 밖에 비와 안개를 함께 써야 하는 공연을 볼 때, 앞줄에 앉은 관객은 '불행한 일을 당할' 것이다.
따라서 모든 극장 가격이 가장 높은 자리는 모두 5에서 8열이다. 이 구역은 무대에서 멀지도 가깝지도 않고, 배우 표정의 미세한 변화이든 아니면 무대 장면의 배치이든 관계없이, 모두 한 눈에 들어와서, 연극 관람의 황금자리이다.

어휘 疑问 yíwèn 명 의문, 의혹 | 观看 guānkàn 동 보다, 관람하다, 참관하다 | 戏剧 xìjù 명 희극, 연극 | 表演 biǎoyǎn 동 공연하다, 연기하다 | 舞台 wǔtái 명 무대 | 神态 shéntài 명 기색과 자태 | 表情 biǎoqíng 명 표정 | 道具 dàojù 명 공연 도구, 촬영 소품 | 舞美 wǔměi 명 무대 미술 | 因素 yīnsù 명 요소, 요인 | 必然 bìrán 형 필연적이다 | 场面 chǎngmiàn 명 장면, 신(scene) | 整体 zhěngtǐ 명 전체, 전반 | 等于 děngyú 동 ~와 같다 | 保持 bǎochí 동 유지하다, 지키다 | 仰头 yǎngtóu 이합사 머리를 들다 | 姿势 zīshì 명 자세 | 脖子 bózi 명 목 | 酸痛 suāntòng 형 시큰시큰 쑤시고 아프다 | 配合 pèihé 동 협동하다, 협력하다, 호흡을 맞추다 | 中招 zhòngzhāo 덫에 걸리다, 속임수에 걸려들다 | 区域 qūyù 명 지역, 구역 | 细微 xìwēi 형 미세하다 | 调度 diàodù 동 (인원·차량·작업 따위를) 배치하다, 분배하다 | 尽收眼底 jìnshōu yǎndǐ 성 한눈에 다 보이다

第三部分

🎧 10-05

5 请介绍一下你的饮食习惯。

맥락 구상

서론	첫 번째 단락	나는 여러 가지 맛있는 음식을 좋아함
본론	두 번째 단락	좋아하지 않는 음식과 좋아하는 음식
	세 번째 단락	내가 먹는 점심과 저녁
결론	네 번째 단락	합리적이고 균형 잡힌 식사로 바꿔야 함

모범 답안 高级版

서론

俗话说："民以食为天。"由此可见，"吃"是我们的生活中
Súhuà shuō: "Mín yǐ shí wéi tiān." yóucǐ kějiàn, "chī" shì wǒmen de shēnghuózhōng
非常重要的一部分，吃饭不仅可以补充体力，还能让人心情愉悦。
fēicháng zhòngyào de yíbùfen, chīfàn bùjǐn kěyǐ bǔchōng tǐlì, hái néng ràng rén xīnqíng yúyuè.
我也非常喜欢吃各种各样的美食。
Wǒ yě fēicháng xǐhuan chī gèzhǒng gèyàng de měishí.

본론

我不是一个口味重的人，不太喜欢吃油腻、太辣或者太咸的
Wǒ bú shì yí ge kǒuwèi zhòng de rén, bútài xǐhuan chī yóunì、tài là huòzhě tài xián de
东西。但我比较喜欢吃甜食，比如蛋糕、点心等等，因为甜食可以
dōngxi. Dàn wǒ bǐjiào xǐhuan chī tiánshí, bǐrú dàngāo、diǎnxin děngděng, yīnwèi tiánshí kěyǐ
让人心情愉悦，尤其是在我感到压力大的时候，一般会吃甜的东西；
ràng rén xīnqíng yúyuè, yóuqí shì zài wǒ gǎndào yālì dà de shíhou, yìbān huì chī tián de dōngxi;
另外，比起面食来，我更喜欢吃米饭，所以我几乎每天的主食都是
lìngwài, bǐqǐ miànshí lái, wǒ gèng xǐhuan chī mǐfàn, suǒyǐ wǒ jīhū měitiān de zhǔshí dōu shì
米饭；还有，在不同的季节，我经常吃的食物类型也不一样，夏天
mǐfàn; háiyǒu, zài bù tóng de jìjié, wǒ jīngcháng chī de shíwù lèixíng yě bù yíyàng, xiàtiān
我喜欢吃冷面还有凉菜，冬天我喜欢喝热汤。
wǒ xǐhuan chī lěngmiàn háiyǒu liángcài, dōngtiān wǒ xǐhuan hē rè tāng.

본론

由于工作以后比较忙，我一天只吃两顿饭。我的 午饭 一般
Yóuyú gōngzuò yǐhòu bǐjiào máng, wǒ yì tiān zhǐ chī liǎng dùn fàn. Wǒ de wǔfàn yìbān
比较丰盛，饭后会再喝一杯咖啡来提神。下班后通常会回家吃
bǐjiào fēngshèng, fàn hòu huì zài hē yì bēi kāfēi lái tíshén. Xiàbān hòu tōngcháng huì huíjiā chī
晚饭，自己做一些清淡好消化的食物。吃完以后会边吃水果边看
wǎnfàn, zìjǐ zuò yìxiē qīngdàn hǎo xiāohuà de shíwù. Chīwán yǐhòu huì biān chī shuǐguǒ biān kàn
电视，这样对肠胃也不会有太大的负担。
diànshì, zhèyàng duì chángwèi yě bú huì yǒu tài dà de fùdān.

결론

虽然我一直保持着这样的饮食习惯，但随着年龄增长，我
Suīrán wǒ yìzhí bǎochí zhe zhèyàng de yǐnshí xíguàn, dàn suízhe niánlíng zēngzhǎng, wǒ
也发现 适当改变一下会更好 ，比如尽量做到一日三餐，同时合理
yě fāxiàn shìdàng gǎibiàn yíxià huì gèng hǎo, bǐrú jǐnliàng zuòdào yí rì sān cān, tóngshí hélǐ
均衡地搭配食物，这样才能更有利于身体的健康。
jūnhéng de dāpèi shíwù, zhèyàng cáinéng gèng yǒulì yú shēntǐ de jiànkāng.

해석 당신의 식습관을 소개해 보세요.

속담에 '백성은 먹는 것을 하늘로 여긴다'라는 말이 있다. 이로부터 알 수 있듯, '먹는다'는 것은 우리 생활에서 매우 중요한 부분이고, 식사는 체력을 보충할 수 있을 뿐만 아니라 사람으로 하여금 기분을 유쾌하게 만들어 줄 수도 있다. 나도 여러 가지 맛있는 음식을 매우 좋아한다.

나는 입맛이 강한 사람이 아니어서, 기름지거나 너무 맵거나 너무 짠 음식을 별로 좋아하지 않는다. 그러나 나는 단 음식, 예를 들면 케이크, 간식 등을 비교적 좋아한다. 단 음식은 기분을 좋게 해주기 때문에, 특히 내가 스트레스를 많이 받는다고 느낄 때 보통 단것을 먹는다. 이 외에 밀가루 음식과 비교했을 때 나는 쌀밥을 더 좋아해서 나의 매일의 주식은 거의 쌀밥이다. 또한, 서로 다른 계절에 나는 종종 먹는 음식의 종류도 다른데, 여름에는 냉면이나 냉채를 좋아하고, 겨울에는 따뜻한 국물을 좋아한다. 일을 하기 시작한 후 비교적 바쁘기 때문에, 나는 하루에 두 끼만 먹는다. 나의 점심은 보통 비교적 푸짐하고, 식후에는 일반적으로 커피 한 잔을 마셔 기운을 차린다. 퇴근 후에는 보통 집에 가서 저녁을 먹는데, 스스로 직접 담백하고 소화가 잘 되는 음식을 만든다. 다 먹은 후에는 과일을 먹으면서 텔레비전을 보는데, 이렇게 하면 위장에도 너무 큰 부담이 없다.

비록 나는 이러한 음식 습관을 유지하고 있지만, 나이의 증가에 따라, 나도 적당히 바꾸는 것이 더 좋다는 것을 발견했다. 예를 들어 가능한 한 하루 세 끼 먹는 것을 실천에 옮기고, 동시에 합리적이고 균형 잡히게 음식을 배합해야 몸 건강에 더 이로울 수 있다.

어휘 俗话 súhuà 명 속어, 속담 | 民以食为天 mín yǐ shí wéi tiān 성 백성은 식량을 하늘로 여긴다, 식량은 국민 생활의 근본이다 | 由此可见 yóucǐ kějiàn 이로부터(이로써) 알 수 있다 | 补充 bǔchōng 동 보충하다, 추가하다 | 愉悦 yúyuè 형 기쁘다, 즐겁다 | 各种各样 gèzhǒng gèyàng 성 각양각색, 각종, 온갖 | 美食 měishí 명 맛있는 음식(= 美味 měiwèi) | 口味 kǒuwèi 명 맛, 입맛, 기호 | 油腻 yóunì 형 기름지다, 기름기가 많다 | 点心 diǎnxin 명 간식(거리) | 压力 yālì 명 1. 압력 2. 스트레스 | 另外 lìngwài 대 다른, 그 외 부 따로, 별도로 접 이 외에, 이 밖에 | 主食 zhǔshí 명 주식 | 季节 jìjié 명 계절 | 类型 lèixíng 명 유형 | 丰盛 fēngshèng 형 푸짐하다, 성대하다 | 提神 tíshén 이합사 정신을 차리다, 기운을 내다, 졸음을 쫓다 | 通常 tōngcháng 부 일반적으로 | 清淡 qīngdàn 형 (음식이 기름지지 않고) 담백하다 | 消化 xiāohuà 동 소화하다 | 肠胃 chángwèi 명 창자와 위, 소화기관 | 负担 fùdān 명 동 부담(하다) | 保持 bǎochí 동 유지하다, 지키다 | 饮食 yǐnshí 명 음식 | 随着 suízhe 전 ~에 따라 | 年龄 niánlíng 명 연령, 나이 | 增长 zēngzhǎng 동 증가하다, 늘어나다 | 适当 shìdàng 형 적당하다 | 尽量 jǐnliàng 부 가능한 한, 되도록 | 合理 hélǐ 형 합리적이다 | 均衡 jūnhéng 형 고르다, 균형이 잡히다 | 搭配 dāpèi 동 배합하다, 조합하다 | 有利于 yǒulì yú ~에 유리하다, ~에 이롭다

모범 답안 简单版

서론

"吃"是我们生活中非常重要的一部分，吃饭不但可以补充体力，还能放松心情。对我来说，吃各种各样的美食是一件很幸福的事。
"chī" shì wǒmen shēnghuózhōng fēicháng zhòngyào de yíbùfen, chīfàn búdàn kěyǐ bǔchōng tǐlì, hái néng fàngsōng xīnqíng. Duì wǒ láishuō, chī gèzhǒng gèyàng de měishí shì yí jiàn hěn xìngfú de shì.

본론

至于我的饮食习惯，第一，我不能吃太辣的东西，吃辣的东西会让我觉得肚子不舒服；第二，我喜欢吃甜的东西，因为吃蛋糕之类的东西能让我心情变好；第三，我的主食一般是米饭，我不怎么喜欢吃面，所以我午饭都会吃米饭；第四，我不喜欢吃凉的东西，我喜欢吃热的菜，尤其是冬天，我很喜欢喝热汤。
Zhìyú wǒ de yǐnshí xíguàn, dì yī, wǒ bù néng chī tài là de dōngxi, chī là de dōngxi huì ràng wǒ juéde dùzi bù shūfu; dì èr, wǒ xǐhuan chī tián de dōngxi, yīnwèi chī dàngāo zhīlèi de dōngxi néng ràng wǒ xīnqíng biàn hǎo; dì sān, wǒ de zhǔshí yìbān shì mǐfàn, wǒ bù zěnme xǐhuan chī miàn, suǒyǐ wǒ wǔfàn dōu huì chī mǐfàn; dì sì, wǒ bù xǐhuan chī liáng de dōngxi, wǒ xǐhuan chī rè de cài, yóuqí shì dōngtiān, wǒ hěn xǐhuan hē rè tāng.

另外，我平时比较忙，所以我一天吃两顿饭。一般十二点左右吃午饭，吃完午饭我会再买一杯咖啡，帮助消化；下班以后我会回家自己做晚饭吃，吃完晚饭后会再吃一些水果，所以每天的吃饭时间还是比较有规律的。
Lìngwài, wǒ píngshí bǐjiào máng, suǒyǐ wǒ yì tiān chī liǎng dùn fàn. Yìbān shí'èr diǎn zuǒyòu chī wǔfàn, chīwán wǔfàn wǒ huì zài mǎi yì bēi kāfēi, bāngzhù xiāohuà; xiàbān yǐhòu wǒ huì huíjiā zìjǐ zuò wǎnfàn chī, chīwán wǎnfàn hòu huì zài chī yìxiē shuǐguǒ, suǒyǐ měitiān de chīfàn shíjiān háishi bǐjiào yǒu guīlǜ de.

결론

我一直保持着这样的饮食习惯，不过我觉得我应该改变一下，比如每天吃三顿饭，多吃蔬菜，这样对身体更健康。
Wǒ yìzhí bǎochí zhe zhèyàng de yǐnshí xíguàn, búguò wǒ juéde wǒ yīnggāi gǎibiàn yíxià, bǐrú měitiān chī sān dùn fàn, duō chī shūcài, zhèyàng duì shēntǐ gèng jiànkāng.

해석 '먹는다'는 것은 우리 생활에서 매우 중요한 부분으로, 식사는 체력을 보충할 수 있을 뿐만 아니라 마음도 편하게 할 수 있다. 나에게 여러 가지 맛있는 음식을 먹는다는 것은 하나의 매우 행복한 일이다.

나의 식습관에 관해 말하자면 첫째, 나는 너무 매운 음식을 먹을 수 없는데, 매운 음식을 먹으면 배가 불편한 것을 느끼게 된다. 둘째, 나는 단 것을 좋아하는데, 케이크 같은 음식을 먹으면 내 기분을 좋아지게 만들어주기 때문이다. 셋째, 나의 주식은 보통 쌀밥으로, 나는 면을 별로 좋아하지 않아서 점심은 모두 밥으로 먹는다. 넷째, 나는 찬 음식을 먹는 것을 좋아하지 않고, 뜨거운 음식 먹는 것을 좋아하는데, 특히 겨울에 나는 뜨거운 국물을 마시는 걸 좋아한다.

그 밖에 나는 평소에 비교적 바빠서, 하루에 두 끼 식사를 먹는다. 보통 12시쯤 점심을 먹고, 점심을 먹고 나서 커피 한 잔을 더 사서 소화를 돕는다. 퇴근 후에 나는 집에 가서 직접 저녁을 지어 먹고, 저녁을 먹은 후에 과일을 더 먹는다. 그래서 매일 식사 시간이 꽤 규칙적인 편이다.

나는 이런 식습관을 계속 유지하고 있지만, 나는 내가 좀 바뀌어야 한다고 생각한다. 예를 들어 매일 세끼 식사를 하고 야채를 많이 먹어야 하며, 이렇게 하면 몸에 더 건강할 것이다.

어휘 放松 fàngsōng 동 풀다, 늦추다, 완화시키다, 이완시키다 | 幸福 xìngfú 형 행복하다 | 至于 zhìyú 전 ~에 관해서는, ~으로 말하면 | 肚子 dùzi 명 배, 복부 | 左右 zuǒyòu 명 가량, 안팎 | 规律 guīlǜ 명 규율, 규칙 형 규칙적이다 | 改变 gǎibiàn 동 바뀌다, 바꾸다

주요 표현 정리

至于我的饮食习惯,

★ 至于 : 화제를 바꾸거나 제시할 때 쓰임

예 我打算读研究生，至于上哪个大学还没决定。
나는 대학원을 갈 생각인데, 어느 대학에 갈 것인지에 관해서는 아직 결정하지 않았다.

🎧 10-06

6 你怎么看待上班族辞职以后去国外留学这一现象？

맥락 구상

관점 제시	첫 번째 단락	이해할 수 있음
논거	두 번째 단락	사회적 변화와 관념의 변화
	세 번째 단락	장점과 단점이 있음
논점	네 번째 단락	미래가 더 멋질 거라고 믿음

🔊 모범 답안 高级版

관점 제시 🎤
近些年，逐渐兴起了上班族辞职以后去国外留学的热潮，我
Jìn xiē nián, zhújiàn xīngqǐ le shàngbānzú cízhí yǐhòu qù guówài liúxué de rècháo, wǒ
认为，这种想法 是可以理解的 。
rènwéi, zhè zhǒng xiǎngfǎ shì kěyǐ lǐjiě de.

논거 🎤
从这一现象产生的社会背景来看 ，随着经济全球化的
Cóng zhè yí xiànxiàng chǎnshēng de shèhuì bèijǐng láikàn, suízhe jīngjì quánqiúhuà de
水平不断提高，国际贸易和文化交流也越来越频繁，很多企业对
shuǐpíng búduàn tígāo, guójì màoyì hé wénhuà jiāoliú yě yuè lái yuè pínfán, hěn duō qǐyè duì
员工的外语水平、学历等方面的要求也不断提高，因此很多人
yuángōng de wàiyǔ shuǐpíng, xuélì děng fāngmiàn de yāoqiú yě búduàn tígāo, yīncǐ hěn duō rén

논거

希望辞职去留学，回国后找更好的工作；从人们观念的变化
xīwàng cízhí qù liúxué, huíguó hòu zhǎo gèng hǎo de gōngzuò; cóng rénmen guānniàn de biànhuà

来看，现代人认为学习不应该再受到年龄的限制，有了一定的经济
láikàn, xiàndài rén rènwéi xuéxí bù yīnggāi zài shòudào niánlíng de xiànzhì, yǒu le yídìng de jīngjì

基础，随时都可以重返校园，同时认为出国留学可以开拓眼界，是
jīchǔ, suíshí dōu kěyǐ chóngfǎn xiàoyuán, tóngshí rènwéi chūguó liúxué kěyǐ kāituò yǎnjiè, shì

人生中难得的机会。
rénshēngzhōng nándé de jīhuì.

我认为上班族辞职去国外留学有利有弊。好处是在留学期间，
Wǒ rènwéi shàngbānzú cízhí qù guówài liúxué yǒu lì yǒu bì. Hǎochù shì zài liúxué qījiān,

可以学习地道的外语，提升学历，同时体验当地的文化，结交外国
kěyǐ xuéxí dìdao de wàiyǔ, tíshēng xuélì, tóngshí tǐyàn dāngdì de wénhuà, jiéjiāo wàiguó

朋友，丰富自己的人生经历；坏处是辞职以后失去了收入，同时
péngyou, fēngfù zìjǐ de rénshēng jīnglì; huàichù shì cízhí yǐhòu shīqù le shōurù, tóngshí

毕业回国以后也面临着一定的风险，比如重新找工作时失去了
bìyè huíguó yǐhòu yě miànlín zhe yídìng de fēngxiǎn, bǐrú chóngxīn zhǎo gōngzuò shí shīqù le

年龄的优势等问题。
niánlíng de yōushì děng wèntí.

논점

虽然有一定的风险，但我认为每个人都有追求梦想的
Suīrán yǒu yídìng de fēngxiǎn, dàn wǒ rènwéi měi ge rén dōu yǒu zhuīqiú mèngxiǎng de

权利，上班族们也不例外。如果已经下定了决心，只要好好儿规划
quánlì, shàngbānzúmen yě bù lìwài. Rúguǒ yǐjīng xiàdìng le juéxīn, zhǐyào hǎohāor guīhuà

留学后的人生，勇于迎接挑战，相信他们的未来会更精彩。
liúxué hòu de rénshēng, yǒngyú yíngjiē tiǎozhàn, xiāngxìn tāmen de wèilái huì gèng jīngcǎi.

해석 당신은 직장인이 퇴사 후 해외로 유학 가는 현상을 어떻게 보나요?
최근 직장인이 퇴사 후 해외로 유학 가는 붐이 점점 일고 있는데, 나는 이런 생각을 이해할 수 있다.
이 현상이 발생하게 된 사회적 배경에서 보면, 경제 글로벌화 수준이 끊임없이 높아지면서, 국제 무역과 문화 교류도 점점 잦아지고, 많은 기업에서 직원들의 외국어 실력, 학력 등에 대한 요구도 계속 높아지고 있으므로, 많은 사람들이 퇴사하고 유학을 갔다가 귀국 후 더 좋은 직장을 찾고 싶어한다. 사람들의 관념의 변화로 보면, 현대인들은 공부는 더 이상 나이의 제약을 받지 않아서 어느 정도 경제적 기초가 있으면 언제든지 학교로 돌아갈 수 있다고 생각하며, 동시에 해외 유학은 시야를 넓힐 수 있는, 인생에서 얻기 어려운 기회라고 생각한다.
나는 직장인이 퇴사하고 해외로 유학을 가는 것은 장단점이 있다고 생각한다. 좋은 점은 유학하는 기간에 본토 외국어를 배우고 학력을 높일 수 있고, 동시에 현지 문화를 체험하며 외국 친구를 사귀고 자신의 인생 경험을 풍부하게 할 수 있다. 나쁜 점은 퇴사 후 수입을 잃고, 동시에 졸업하고 귀국 후 예를 들어 다시 일을 찾을 때 나이의 유리함을 잃는 등의 일정한 위험에도 직면하게 된다.
비록 어느 정도의 위험은 있지만, 나는 모든 사람은 다 꿈을 추구할 권리가 있고 직장인들도 예외는 아니라고 생각한다. 만약 이미 결심을 했다면, 유학 후의 인생을 잘 계획하고 용감하게 도전을 받아들이기만 한다면, 그들의 미래는 더욱 멋질 것이라고 믿는다.

어휘 逐渐 zhújiàn 부 점점, 점차 | 兴起 xīngqǐ 동 일어나다, 흥기하다 | 上班族 shàngbānzú 명 샐러리맨, 직장인 | 辞职 cízhí 이합사 사직하다 | 热潮 rècháo 명 열기, 최고조, 붐(boom) | 理解 lǐjiě 동 알다, 이해하다 | 经济全球化 jīngjì quánqiúhuà 경제 글로벌화(다국적 기업이 주체가 되어 자본·기술·제품 등을 전 세계에 독점으로 갖게 된 경제 현상) | 不断 búduàn 부 끊임없이, 부

단히, 늘 끊임없다 | 国际贸易 guójì màoyì 명 국제 무역 | 频繁 pínfán 형 잦다, 빈번하다 | 企业 qǐyè 명 기업 | 员工 yuángōng 명 직원 | 年龄 niánlíng 명 연령, 나이 | 限制 xiànzhì 동 제한하다, 제약하다, 규제하다 | 重返 chóngfǎn 동 되돌아오다, 복귀하다 | 校园 xiàoyuán 명 교정, 캠퍼스 | 开拓 kāituò 동 개척하다, 개발하다, 개간하다 | 眼界 yǎnjiè 명 시야, 식견 | 难得 nándé 형 얻기 어렵다, 하기 쉽지 않다 | 有利有弊 yǒu lì yǒu bì 좋은 점도 있고 나쁜 점도 있다, 장단점이 있다 | 地道 dìdao 형 정통의, 오리지널의, 진짜의 | 提升 tíshēng 동 진급하다 | 学历 xuélì 명 학력 | 结交 jiéjiāo 동 사귀다, 친구가 되다 | 丰富 fēngfù 동 풍부하게 하다 형 풍부하다 | 失去 shīqù 동 (추상적인 것을) 잃다, 잃어버리다 | 收入 shōurù 명 수입, 소득 | 面临 miànlín 동 (문제나 상황에) 직면하다, 당면하다 | 风险 fēngxiǎn 명 위험성 | 优势 yōushì 명 우세, 우위 | 追求 zhuīqiú 동 추구하다 | 梦想 mèngxiǎng 명 꿈, 이상 동 1. 꿈꾸다 2. 갈망하다 | 权利 quánlì 명 권리, 권세와 재력 | 例外 lìwài 동 예외이다, 예외로 하다 | 决心 juéxīn 동 결심(하다) | 规划 guīhuà 명 발전 계획, 기획 동 계획하다, 기획하다 | 勇于 yǒngyú 동 용감하다, 과감하다 | 迎接 yíngjiē 동 영접하다, 맞이하다 | 挑战 tiǎozhàn 명 도전 이합사 도전하다

🔊 모범 답안 : 简单版

관점 제시

近几年有上班族选择辞职以后去国外留学，我觉得这样的做法是 可以理解 的。
Jìn jǐ nián yǒu shàngbānzú xuǎnzé cízhí yǐhòu qù guówài liúxué, wǒ juéde zhè yàng de zuòfǎ shì kěyǐ lǐjiě de.

논거

从社会背景来看，随着经济全球化的发展，国家之间的交往越来越多，很多公司对员工的外语水平、学历等方面的要求也不断提高，所以很多人认为应该辞职以后去国外留学，这样回国以后能找到更好的工作； 从人们的想法的变化来看 ，现代人认为学习跟年龄没有关系，只要有合适的机会，可以随时重新回到学校学习，同时，人们认为出国留学可以开阔眼界，是很好的人生机会。
Cóng shèhuì bèijǐng láikàn, suízhe jīngjì quánqiúhuà de fāzhǎn, guójiā zhī jiān de jiāowǎng yuè lái yuè duō, hěn duō gōngsī duì yuángōng de wàiyǔ shuǐpíng、xuélì děng fāngmiàn de yāoqiú yě búduàn tígāo, suǒyǐ hěn duō rén rènwéi yīnggāi cízhí yǐhòu qù guówài liúxué, zhèyàng huíguó yǐhòu néng zhǎodào gèng hǎo de gōngzuò; cóng rénmen de xiǎngfǎ de biànhuà láikàn, xiàndài rén rènwéi xuéxí gēn niánlíng méiyǒu guānxi, zhǐyào yǒu héshì de jīhuì, kěyǐ suíshí chóngxīn huídào xuéxiào xuéxí, tóngshí, rénmen rènwéi chūguó liúxué kěyǐ kāikuò yǎnjiè, shì hěn hǎo de rénshēng jīhuì.

我认为上班族辞职去留学有好处也有坏处， 好处 是可以提高外语水平，得到更高的学历，还能认识外国朋友，了解他们的文化； 坏处 是辞职以后就没有收入了，而且毕业回国的时候，年龄更大了，重新找工作可能也不容易。
Wǒ rènwéi shàngbānzú cízhí qù liúxué yǒu hǎochù yě yǒu huàichù, hǎochù shì kěyǐ tígāo wàiyǔ shuǐpíng, dédào gèng gāo de xuélì, hái néng rènshi wàiguó péngyou, liǎojiě tāmen de wénhuà; huàichù shì cízhí yǐhòu jiù méiyǒu shōurù le, érqiě bìyè huíguó de shíhou, niánlíng gèng dà le, chóngxīn zhǎo gōngzuò kěnéng yě bù róngyì.

논점
虽然有一些需要担心的问题，但我认为每个人都有追求
Suīrán yǒu yìxiē xūyào dānxīn de wèntí, dàn wǒ rènwéi měi ge rén dōu yǒu zhuīqiú
梦想的权利，上班族们也一样，做出决定以后，只要好好儿做计划，
mèngxiǎng de quánlì, shàngbānzúmen yě yíyàng, zuòchū juédìng yǐhòu, zhǐyào hǎohāor zuò jìhuà,
勇敢地面对困难，相信他们的未来会更精彩。
yǒnggǎn de miànduì kùnnan, xiāngxìn tāmen de wèilái huì gèng jīngcǎi.

해석 최근 몇 년간 퇴사 후 해외 유학을 선택하는 직장인들이 있는데, 나는 이렇게 하는 것을 이해할 수 있을 것 같다.
사회적 배경에서 보자면, 경제 글로벌화가 발전함에 따라, 국가 간의 교류가 갈수록 많아지고, 많은 회사들이 직원의 외국어 실력, 학력 등의 측면에 대한 요구도 끊임없이 높아지고 있고, 그래서 많은 사람들이 퇴사 후 외국으로 유학을 떠나야 돌아와서 더 좋은 직장을 얻을 수 있다고 생각한다. 사람들의 생각의 변화로 볼 때, 현대인은 공부는 나이와 관련이 없고, 적합한 기회만 있으면 언제든지 다시 학교로 돌아가서 공부할 수 있다고 생각하며, 동시에 사람들은 해외로 유학 가는 것은 시야를 넓힐 수 있고, 좋은 인생의 기회라고 생각한다.
나는 직장인이 퇴사하고 유학을 가면 좋은 점도 있고 나쁜 점도 있다고 생각한다. 좋은 점은 외국어 실력을 높이고, 더 높은 학력을 얻을 수 있으며, 외국인 친구들도 사귀어 그들의 문화를 잘 알 수 있다. 나쁜 점은 퇴사 후 수입이 없어지고, 게다가 졸업하고 귀국할 때 나이가 더 많아져 다시 직업을 찾는 것이 아마도 쉽지 않을 것이다.
비록 걱정해야 하는 문제도 있지만, 나는 모든 사람들은 다 꿈을 추구할 권리가 있고 직장인들도 마찬가지라고 생각한다. 결정을 한 뒤 계획을 잘 세워 어려움에 용감하게 대처하기만 하면 그들의 미래는 더 멋질 것이라고 믿는다.

어휘 交往 jiāowǎng [동] 왕래하다, 교제하다 | 合适 héshì [형] 적합하다, 알맞다 | 开阔 kāikuò [형] 넓다 [동] 넓히다 | 眼界 yǎnjiè [명] 시야, 식견 | 面对 miànduì [동] 직면하다, 대면하다